江苏高校一流本科专业建设成果

师范生素养养成导论

Introduction To The Cultivation Of Normal Students

主　编

张舒予　黄　俊

副主编

乔　虹　郝红翠　张清海

参编人员

（按姓氏笔画排序）

朱宏洁　乔　虹　刘卫东　杨　慧　张玉洁

张清海　金　鑫　郝红翠　黄　俊　龚春艳

南京师范大学出版社

图书在版编目(CIP)数据

师范生素养养成导论 / 张舒予，黄俊主编. —南京：南京师范大学出版社，2021.9（2023.4重印）
新时代教师教育系列教材
ISBN 978-7-5651-4912-2

Ⅰ.①师… Ⅱ.①张… ②黄… Ⅲ.①师范教育—师资培养—高等学校—教材 Ⅳ.①G655.1

中国版本图书馆 CIP 数据核字(2021)第 127170 号

丛 书 名	新时代教师教育系列教材
书　　名	师范生素养养成导论
主　　编	张舒予　黄　俊
丛书策划	张　春　于丽丽
责任编辑	于丽丽
出版发行	南京师范大学出版社
地　　址	江苏省南京市玄武区后宰门西村 9 号(邮编:210016)
电　　话	(025)83598919(总编办)　83598412(营销部)　83373872(邮购部)
网　　址	http://press.njnu.edu.cn
电子信箱	nspzbb@njnu.edu.cn
照　　排	南京凯建文化发展有限公司
印　　刷	南京玉河印刷厂
开　　本	787 毫米×1092 毫米　1/16
印　　张	18
字　　数	302 千
版　　次	2021 年 9 月第 1 版　2023 年 4 月第 2 次印刷
书　　号	ISBN 978-7-5651-4912-2
定　　价	52.00 元

出 版 人	张　鹏

序

为了实现高质量教育目标，促进教育公平，我国发布了《中国教育现代化2035》，对我国教育现代化做出了中长期战略规划。师范教育是国家实现高质量教育目标的基础，受到社会极其广泛的关注与重视，上至国家的政策制定，下至大众的职业选择，师范教育都倾注了人们太多的期待与寄托。师范教育事业发展面临极佳机遇，又面临严峻挑战。如何把师范生培养好？如何造就更多更优秀的师范专业人才？《师范生素养养成导论》这本书正是回应社会关切，对师范生培养展开了理论与实践的深入建构。

伴随着世界多极化、经济全球化、文化多样化、社会信息化深入发展，各国都在思考21世纪的学生应具备哪些核心素养才能成功适应未来社会这一前瞻性战略问题。培养学生核心素养是教育的根本目标，而教师是促进学生形成核心素养的关键，并必须通过课程、教学、评价等环节落实。提升教师核心素养的源头应从培养师范生开始，只有把师范生培养好，才能“造就最优秀的教师去培养更优秀的人才”。因此，“师范生素养养成”是师范教育成功的关键保障。我国的师范教育已有百年历史，师范生的培养方式如何与时俱进，传统的教育方式如何在新时代得到传承、发展与创新等，这些都是本书深入讨论的主要内容。

环顾全球，世界各国在珍视传统、适应现状的基础上，采取了不少行之有效的面向未来的新举措，也提出了一些颇具启示意义的新观点。同样，养成教育的优良传统在中国源远流长，许多内容都值得继承、学习与借鉴。中国古人提出了“蒙以养正”或“养正以蒙”的教育理念，传统的养成教育主要针对童蒙或中小学生，内容集中于思想道德品质和行为习惯的培养，探讨师范生养成教育的相对较少，而恰恰是师范生的培养更需要采用养成教育，这是因为当前的教育正在发生深刻的变化，从关注“教”向关注“学”转化，从关注课堂内教育向关注空间融合转化，从关注外部输入到关注内部“养成”转化，这就要求师范教育也需要更注重师范生“自我培养”“自我教育”，其核心是发展动力的变化，由“外控被动式”变为“内驱主动式”，强调师范生素养的自觉养成。

将养成教育融入师范教育，便可从较高层次和较完备的意义上获得教师教育的新内涵和新途径。师范生培养需要在日积月累的过程中进行，需要将严格管理、行为规范、长期实践、外在培养与自我内化等多种教育手段相结合。同时，师范生养成教育不仅强调专业知识技能的学习，更注重教师职业信念、情感和能力的发展。采用养成教育的方式可以解决师范生人格信仰问题，可以回应师范生教师职业能力标准的要求，更好达成师范类专业认证对学生毕业要求的规定，全面系统地提升学生素养。

《师范生素养养成导论》对如何开展师范生的养成教育做了深入浅出的理论诠释与实践途径探究，其创新的理念、可行的方法、有效的措施，为师范生培养提供了新的知行合一思路。该书是在国家核心素养、师范类专业认证和“新文科”建设理念指引下历经多年师范教育改革探索实践的创新成果，融汇了长期深入的理论研究、师范生素养养成教育实践训练以及课程资源平台建设的多元成果。其策划与撰写更顺应时代需求，以培养优秀的教师为指引，从“核心素养”与“新文科”建设两个视角切入，建构教材内容，探讨人才培养方案，在新时代师范生培养过程中创新运用养成教育理念，引领师范生领悟教师的养成之道，是教师教育改革成果的提炼与总结。

该书立意高远、构思独到、内容实用、形式新颖，是由文字、图表、网络资源共同构成的立体化教材，适合于师范专业新生作为“教师专业导论”或“教师专业发展入门”等课程的教材和教学参考用书，其丰富的内容素材资源与循序渐进的教学设计，也为选用该教材的任课教师提供极大的方便与有力的支持。

顾建军

2021 年 1 月于南京师范大学随园

前 言

新一轮世界科技革命和产业变革的兴起，颠覆了现有产业的形态、分工和组织方式，重构着人们的思维、工作和生活方式。世界正经历着深刻的变革，需要革新教育形式以适应未来社会发展的需要，这是高等教育现代化发展面临的时代使命和历史重任。时代变革呼唤新文科产生，推动新文科建设，人才培养机制创新是教育变革的理论基础与实施路径。教师是教育改革的“践行者”，只有变革师范生教育模式，造就适应未来需要的人才，才能实现国家教育现代化发展目标。党的十九大提出要培养高素质教师队伍，中共中央、国务院印发的《关于全面深化新时代教师队伍建设改革的意见》要求不断提高教师培养质量，《教师教育振兴行动计划》中提出了五大目标任务、十大行动，强调用五年左右时间建设一支高素质、专业化、创新型教师队伍。可见，国家从战略高度认识到教师工作的极其重要性，把加强教师队伍建设作为基础工作来抓，并全面实施师范类专业认证，建立人才培养质量保障体系。2021 年 5 月，教育部又印发了《中学教育专业师范生教师职业能力标准(试行)》等五个文件，分别明确了中学教育、小学教育、学前教育等专业师范生教师职业基本能力，即师德践行能力、教学实践能力、综合育人能力和自主发展能力，这是着眼新时代教师培养目标，旨在提高师范类专业人才培养质量，从源头上提升教师队伍教书育人的能力水平。

可见，当前我国教育事业的改革与发展已经进入全面提高教育质量的新阶段，进一步提高教师职前培养的教育质量是重中之重。在国家颁布学生发展核心素养的背景下，深入认识并建构师范生素养及其养成教育将有助于按照国家教育事业发展规划，建立健全教师教育质量保障体系，提高师范类专业人才培养质量。新文科建设强调对中国传统优秀文化的坚守和传承，倡导中国特色，因此，师范生培养要体现原创性、民族性，将传统养成教育与高校师范生教育相结合，与当今世界先进的教育理念相融合，使养成教育在继承中得到创新，在创新中得到发展，形成独具中国特色的育人模式，开辟我国师范类专业人才培养的新思路。

基于以上指导思想，本教材按照“什么是新时代师范生所应具备的素养—为什么要培养师范生素养—怎样培养师范生素养”这一逻辑线路进行结构设计，我们首先引导师范生了解当代世界的发展格局以及对师范类专业人才的要求与挑战，领会新时代教师教育的新内涵；其次，帮助师范生了解成为一名合格教师应该具备哪些基本素养，理解师范生所应掌握的基本能力、所应达成的毕业要求，形成对教师职业的正确认知；同时，指导学生深入认识培养师范生素养的养成教育方式，养成教育不同于传统“教”的方式，它更注重师范生在体验与感悟中的“自我养成”；再次，介绍师范生素养养成教育的途径，分析“强支撑课程＋典型实践活动＋学校文化熏陶”的养成教育路径，阐述师范生素养养成教育课程体系和实践教育体系，以便师范生能遵循此思路发展自身，并把成为一名专业的教师作为自己的终身追求；最后，从职业发展的角度分析了师范生专业发展的目标、计划和策略，介绍师范生素养养成教育平台的创设及其实现。

本书可以作为师范专业导论课程教材，其提出的师范生培养理念、策略和方法以及教学设计与教学资源可供借鉴与运用；也可作为师范专业学生自学的参考书，有助于师范生整体了解高校师范生培养方式，加深对专业的理解，明确学习目标，及早做好专业学习规划；还可以作为在职教师提升素养的修炼教程，指导教师专业终身持续发展。本书在编写过程中力求做到理论与实践相结合，指导与运用相适应，内容与时俱进，体例设置合理，具体特色体现在如下方面。

(1) 遵循顶天立地原则。顶天，即宏观大视野，在国家新文科建设的大背景下，与国家核心素养培养战略相挂钩，在对“中国学生发展核心素养”的内涵解析、普适价值阐释与培养战略分析基础上，深入剖析师范生素养的内涵，探讨其养成教育的路径；立地，即微观接地气，紧密结合师范生教育的现实需求，人才培养的实操运用，介绍具体培养策略与方案。

(2) 强调“双向”指导作用。本书对师范专业人才培养具有“双向”指导，引领思路的作用。一方面师范院校能够明确专业培养思路，采取可供借鉴的培养方法开展教学活动；另一方面师范院校学生通过学习了解自身所应掌握的素养，平时注重积累，可以明确学习方向，配合学校开展教学，做好职前学习规划和职后专业发展规划。

（3）体现内容创新性。目前国内鲜有关于师范生素养养成教育方面的教材，在本书中我们采用新理念、新视野和新思维来培养师范生素养，同时在深入理解师范生素养的基础上赋予时代新气息、赋予专业新内涵、赋予培养新意蕴，将新文科建设、核心素养、专业认证等理念融入教材编写之中，体现了较强的创新性。

（4）采用多样化图像表征。本书借助现代信息媒介手段，采用图表及思维导图等呈现知识结构，并用二维码链接资源的方式拓展教学和阅读资料，使得配套的课堂教学资源更加丰富。

本书是"江苏高校一流本科专业"建设的阶段性成果，由南京师范大学张舒予、南京师范大学泰州学院黄俊担任主编，负责全书前期的框架设计、组织编写、交流讨论及后期的内容修改、文字润色、统稿等工作。参与本教材编写工作的人员均是从事教师发展和教师教育研究的骨干教师，在此领域都有一定的思考与积累。各章的具体编写分工如下：第一章，乔虹；第二章，黄俊、乔虹；第三章，杨慧；第四章，张清海；第五章，龚春艳；第六章，张玉洁；第七章，郝红翠；第八章，金鑫、黄俊；第九章，刘卫东；第十章，朱宏洁。

本书所反映的成果是师范生培养过程中长期理论思索与实践探索的积累。感谢全体参与编写的老师们，在编写过程中大家全情投入、交流探讨、反复打磨、终成本书；感谢编写过程中一直给予我们精神鼓舞与智慧引领的张舒予教授，她深邃的哲思与研究的热情，感染着参编的每一个人；感谢编写过程中给我们提供诸多建设性意见的南京师范大学顾建军教授、沈书生教授、朱曦老师以及南通大学的陆平老师等；最后，还需要感谢的是南京师范大学出版社倾注的热情与全力的支持，他们的建议为本书增色很多。

教材编写工作人员付出了真诚的努力，由于经验与水平有限，恐教材还存在一些不足，敬请广大读者批评指正，所有宝贵意见将在未来的修订中得到体现。

编　者

2021 年 8 月

目　录

第一章 01

素养概论

本章内容概述

师范生素养教育是近年来受到教育者、研究者和社会各界广泛关注的重大课题之一。师范生素养教育承担着培养优秀师范人才、为教师专业发展奠定基础的重任。在师范生素养教育过程中，不仅要注重师范生通识课程、学科专业课程、教师教育理论课程与实践课程等课程体系的构建，还应注重师范生核心素养的养成教育。熟悉素养、核心素养和师范生素养的内涵与构成，掌握师范专业认证的要求，正确面对新文科带来的挑战与机遇，这将更好地帮助我们理解与实施师范生素养教育。

本章内容结构图

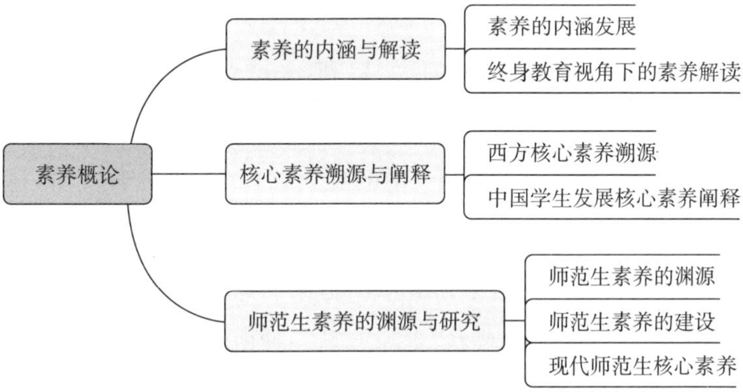

本章学习目标

- 了解素养的发展过程，熟悉中西方现代语境下的素养内涵。
- 掌握学习素养、职业素养、心理素养的构成要点。
- 熟悉中国学生发展核心素养的指标体系、主要表现和实施路径。
- 了解师范生素养的提出背景、发展现状，以及师范生核心素养的研究现状。

第一节
素养的内涵与解读

回顾素养内涵的发展历程，对于理解素养和素养教育的内涵具有重要意义。在中西方语境中，“素养”一词经历了漫长的发展过程。随着时代发展，素养的现代含义已经从“素质”逐步演变为后天通过训练而获得的“素质群”。从个体的终身发展过程来看，素养教育可以分为学习教育、职业教育和心理教育三个部分。本节从学习、职业、心理三个角度，分别对素养教育领域中的素养内涵进行解读。

一、素养的内涵发展

“素养”一词在我国由来已久，其本义为“修习涵养”和“平素所供养”。例如，《汉书·李寻传》中有“马不伏枥，不可以趋道；士不素养，不可以重国”，《后汉书·刘表传》中有“（越）有所素养者，使人示之以利，必持众来”。尽管对“素养”一词的具体阐述与理解不尽相同，但典籍中大多认可以下观点：素养偏于人文素养，最终归结到道德领域。如《孟子·尽心上》中的经典名句“穷则独善其身，达则兼济天下”，就是我国古代人文素养向道德领域转化的最经典范例之一，前半句表达了儒家的理想主义和入世精神，而后半句显示出道家的豁达态度与出世境界。从这个角度来说，我国古代语境中的“素养”实际上是一种由训练和实践而获得的道德修养，很少涉及自然科学领域的素养。①

随着时代发展，“素养”一词的内涵也在不断拓展、丰富和完善。从广义上讲，现代的素养一词包括道德品质、外表形象、知识水平、思维品质等多个方面，涵盖了思想政治素养、文化素养、能力素养、发展素养等多重含义。现代意义上的素养是知识、技能和态度的综合表现，是知识、能力、态度、价值观等各方面的融合。它既

---

① 但这并不意味着我国传统文化中不存在自然科学领域的探讨。事实上，我国传统文化中蕴含着丰富的自然科学领域思想方法。例如，“格物”就是我国古代对于自然科学领域“物之理”的规律探究。

包括问题解决、探究能力、批判性思维等认知性素养，又包括自我管理、组织能力、人际交往等非认知性素养。

在国外，表示素养的英语单词主要有 accomplishment、literacy、disposition、development 等，它们都曾出现在哲学、教育学、心理学等多个学科的研究中。因此，素养具有多种理解性的表述，内涵比较丰富，与意向（inclination）、心态（mind-set）、趋势（tendency）、冲动（urge）、习惯（habit）、习性（propensity）、偏爱（predilection）、倾向（proneness）、特点（characteristic）、能力（capability）、潜力（potential）、亲和力（affinity）、感情（affection）、适应性（aptness）、嗜好（proclivity）等词语含义密切相关。

素养的养成具有个性和共性。一方面，基于个体的知识基础、思维品质、教育背景、性别等差异，素养养成具有显著的个性化特点。另一方面，由于人的社会性，素养养成又具有符合社会群体发展的一般规律性。了解素养养成的上述特点，有助于我们更好地理解基于哲学、教育学、心理学的科学的素养内涵。

21 世纪以来，信息化、全球化急速发展，知识呈现爆炸级增长，人工智能自我学习能力迅速发展，这些都给人类的认知能力发展带来了前所未有的挑战。以教育学为例，如果现代课程仍然基于传统的“学科结构”或“做中学”，学生将会有学不完的知识和技能，或刚学完就会过时或淘汰。此时，人类教育面临的时代性问题就是“应用怎样的新理论引领学习和教育”，从“谁来学”的角度思考教育问题。也就是说，让教育的本体再次回归到学习者，回归到人，回归到教育的真正本体，回归到人的需要。① 而这显然属于教育哲学的研究范畴。所以，教育学领域中关于素养内涵的观点多集中在教育哲学领域。

其中，最具有特点和代表性的观点是罗伯特·恩尼斯（Robert Ennis）在 1996 年提出的。他认为，素养（思维素养）是具体条件下做某事的倾向。故而，素养并不是自发的，其培养过程与反思同行并举。还有不少研究者认为，现代意义上的思维素养应当以批判性素养为核心。例如，斯蒂芬·诺里斯（Stephen Norris，1992）认为，学生不仅在主观意念上渴望或倾向于批判性地思考，还必须形成主动思考的能力与习惯。这样才能将批判思维的素养内化，才能在特定情境下做到批判性思考。

与此同时，心理学研究者也对素养的内涵进行了解读。例如，珀金斯等人

---

① 杨志成. 核心素养的本质追问与实践探析[J]. 教育研究，2017(7)：15.

(Perkins,Jay & Tishman,1993)提出了“敏感性”“倾向”与“能力”的思维素养三元概念。他们认为,引发素养行为的心理学成分如下:① 敏感性(sensitivity)——特定行为的适当感知;② 倾向(inclination)——有做出某个行为的冲动;③ 能力(ability)——做出行为的基本能力。加弗里尔·所罗门(Gavriel Salomon,1994)在此基础上提出,思维素养是偏好、态度和意图的集合,是一种会在特定方式中体现偏好的综合能力。

综上不难看出,西方学者普遍认为,素养是一种与人相伴的、通过后天学习而形成的行为模式。素养具有主观能动性,它是动态的、多样的、特殊的,包含各种行为能够在特定情境发展过程中产生。可见,素养是后天形成的,是若干技能和行为的复杂集合。素养必须与必要的能力相结合,同时它会对能力的发展产生激励、引导的作用,这正是“现代学习的关键是素养”一句的最佳注解。

二、终身教育视角下的素养解读

素养教育旨在培养学生适应终身发展和社会发展所需的基本品格与综合能力,体现了终身教育的理念,遵循了终身教育的要求。为了更好地实施素养教育,对于素养的解读还应回归到终身教育本身,即用终身教育的理念去解析素养的构成。下面以学习素养、职业素养和心理素养为例,对终身教育视角下的素养内涵进行解读。

(一) 学习素养

从个体学习的终身性角度来看,学习素养可以分为学会学习和乐于学习(见图1-1)。其中,学会学习包括知识迁移能力、灵活思考能力、终身学习能力和反思总结能力。

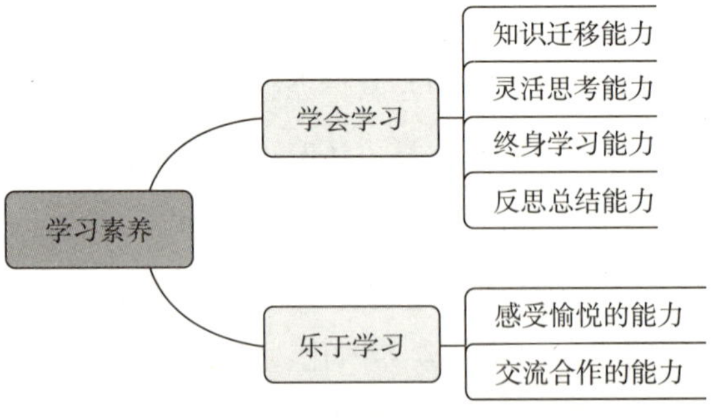

图1-1 学习素养的构成

（1）知识迁移能力：能将所学知识应用到新的情境，是解决新问题时所体现出的素质和能力。包含对新情境的感知和处理能力、旧知识与新情境的链接能力、对新问题的认知和解决能力等。①

（2）灵活思考能力：能改变视角，形成多种方案，考虑多种可能；对学习有前期监测、实施监控与调整；能不限于问题表面，挖掘问题核心。

（3）终身学习能力：包括自主学习能力、信息素养、问题解决能力、批判性思维能力、持之以恒的能力以及自我评价能力，上述能力相互影响、相互支持，共同成为终身学习能力的核心能力项。②

（4）反思总结能力：具有独立思考和批判性思考能力，能在认真思考他人的观点的基础上，承认自己的观点可能存在偏差，并不断尝试、修改与完善自己的观点。

乐于学习主要包括感受愉悦的能力、交流合作的能力。其中，感受愉悦的能力是指，个体能感知事物的本质和价值，并能从中体会或产生喜悦等正面的情绪。交流合作的能力是指，个体能够意识到自身有能力用清晰、准确、简洁、互相尊重、互相爱护的方式去进行交流与沟通；同时，学会做一个优秀的聆听者。

（二）职业素养

职业素养是满足某一特定职业所需要的关键、必备的素养，其主要包括职业道德、职业理念、职业知识和职业技能等多个要素（见图 1－2）。

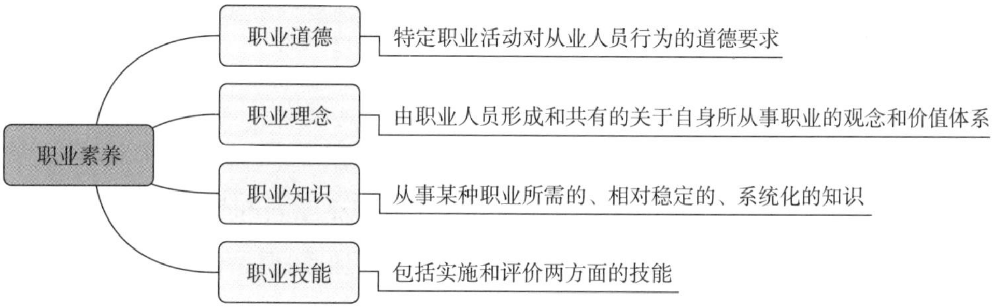

图 1－2　职业素养的构成

职业道德的内容与职业实践活动紧密相连，反映了特定职业活动对从业人员

---

① 薛彬．生物教学中训练学生知识迁移能力方法的研究[D]，天津师范大学，2012.

② 杨帆，穆肃．终身学习能力构成及能力项关系的研究[J]，开放教育研究，2011，17(03)：81—88.

行为的道德要求。每一种职业道德都只能规范本行业从业人员的职业行为，在特定的职业范围内发挥作用。所以，不同的行业和职业，有不同的职业道德标准。一般来说，职业道德包括爱国守法，爱岗敬业；忠于职守，乐于奉献；实事求是，不弄虚作假；依法行事，严守秘密；公正透明，服务社会等。

职业理念是指由职业人员形成和共有的关于自身所从事职业的观念和价值体系，是一种职业意识形态，它能够指导个体的职业行为，使个体正确认识自己所从事的职业及其存在价值。简而言之，良好的职业理念对员工的职业生涯发展具有良好的指导作用，能促进职业能力的提高与发展。教师的职业理念包括教育观、教师观和学生观（见表 1－1）。其中，教育观是素质教育观，教师观依托于教师专业发展，而学生观则以“以人为本”的理念为核心。

表 1－1　教师职业理念的构成

教师的职业理念	具体指标
教育观	理解素质教育的内涵 熟悉素质教育的意义 掌握素质教育实施的方法 熟悉素质教育与应试教育的区别
教师观	树立终身学习、教师专业发展的意识 理解教师职业的责任与价值 具有从事教育工作的热情与信心
学生观	了解“以人为本”的学生观 理解学生的学习主体地位 尊重学生并且了解学生的发展性 关心爱护全体学生

职业知识是从事某种职业所需的相对稳定而系统化的知识，也就是说，职业知识是一整套知识体系。例如，教师的职业知识主要包括学科知识、学科教学知识、教学设计知识、课程设计与实施知识、学习者及其特点的知识、班级管理知识、教学实施知识、教学评价知识、教育哲学和历史背景的知识等。这些知识并不是相互孤立的，而是一个相互联系、相互印证、相互协作的整体。职业知识相对稳定，但会随着科技进步与时代发展而发展、优化和更迭。

与职业知识相似，职业技能是从事某种职业所必备的能力，往往包括实施和评价两方面的技能。其中，实施技能是职业行为顺利进行的保证，评价技能则促进职业行为的效果和效率不断提高。职业技能也会随时代发展与科技进步不断发展、优化和更迭。例如,教师职业技能主要有表达能力、观察能力、调控能力、思维能力、操作能力等(见表1-2)。

表1-2　教师职业技能的构成

职业技能	技能的构成
表达能力	语言表达流畅、简洁、清晰 行为表达直观,具有可理解性和交互性
观察能力	面向全体学生,充分注意、照顾不同学生的差异性 在课堂教学和班级管理教育过程中,根据不同学生的表现情况进行诊断与评价
调控能力	能够根据学生的学习情况,及时调整教学进度、教学方式和教学内容 能够根据课堂教学进展及时调控教学策略、课堂气氛
思维能力	在课堂教学的全过程中做到思维清晰,分析问题合乎逻辑,传授知识准确、到位
操作能力	具备实验操作能力 运用现代教学手段进行教学的能力

(三)心理素养

根据《3—6岁儿童学习与发展指南》和基础教育相关课程标准的要求,结合学前教育与基础教育教学的特点,素养教育中的心理素养可以分为情感素养、态度素养、价值观素养三个维度。

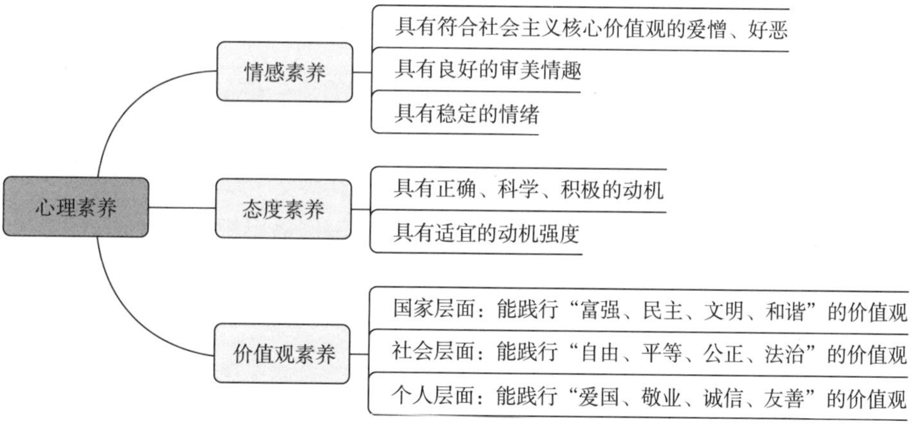

图1-3　心理素养的构成

情感素养是指个体具有符合社会主义核心价值观的爱憎、好恶，具有独立、良好的审美情趣，情绪稳定。情感（emotion）是一个典型的心理学词语，内涵比较丰富。我们之所以将素养教育中的情感限定为爱憎、好恶、美感等，是为了更好地区分心理素养上的情感、态度和价值观这三个维度。《心理学大辞典》中将“情感”解释为：情感是人对客观事物是否满足自己的需要而产生的态度体验；普通心理学一般将“情感”进行如下解读：情绪和情感都是人对客观事物所持有的态度体验，只是情绪倾向于个体基本需求欲望上的态度体验，而情感则更倾向于社会需求欲望上的态度体验。所以，心理学领域中的情感事实上是态度的一部分。

态度素养是指个体具有正确、科学、积极的动机，且强度适宜，有利于促进学习效果和生活质量的提高。态度是人们在自身道德观和价值观基础上对事物的评价和行为倾向。态度有三方面的构成要素：对外界事物的内在感受（道德观和价值观）、情感（“喜欢—厌恶”“爱—恨”等）和意向（谋虑、企图等）。这三要素具有协调一致性。显然，一般意义上的态度与情感、价值观均有一定的逻辑重复。故而，我们将素养教育中的态度限定为意向，即动机、企图等。

价值观素养是指个体能自觉培育和践行社会主义核心价值观。就教师而言，社会主义核心价值观是引领教师自身价值观建设与学生价值观培养的根本出发点与依据。各级各类学校的教师均要以培养担当民族复兴大任的时代新人为着眼点，强化教育引导、实践养成，用教育教学活动确保社会主义核心价值观培养与教育的引领作用，进而把社会主义核心价值观融入社会发展各方面，转化为学生的情感认同和行为习惯。

推荐阅读

胡杰. 社会参与素养的培育模型与干预机制[M]. 上海：华东师范大学出版社，2020.

周灵. 融合式媒介素养教育研究[M]. 北京：中国广播影视出版社，2018.

[美]亚瑟·L. 科斯塔，贝纳·卡利克. 聚焦素养：重构学习与教学[M]. 滕梅芳，陆琦，沈宁，译. 福州：福建教育出版社，2018.

第二节
核心素养溯源与阐释

现代素养中必然有一些是最普遍、最关键、最必要，居于核心地位且便于学校教育实施的素养，这就是核心素养。西方国家对核心素养的研究始于经济合作与发展组织和欧盟理事会的研究报告，而我国对于核心素养的集中研究则始于对中国学生核心素养的探讨。

一、西方核心素养溯源

在现代的终身教育理念下，个体的学习与发展贯穿生命始终。在生命的整个发展过程中，个体必然需要具备各种素养来应对学习、工作和生活中出现的各种情形。

作为一系列跨越学科、超越能力范畴的素养，核心素养是现代素养中普遍、关键、必要且便于学校教育实施的“素养群”。也就是说，核心素养不局限于特定学科、特定情境、特定人群，它是适用于一切情境和所有人的“普遍”素养。一言以蔽之，核心素养是人类最关键、最必要的共同素养。

西方的“核心素养”(core literacy)概念最早是在经济合作与发展组织(Organization for Economic Co-operation and Development，OECD)和欧盟理事会的研究报告中提出的。OECD、欧盟以及其他国际组织认为，核心素养是根据信息时代和知识社会的需要，解决复杂问题的能力，主要包括跨学科核心素养和学科核心素养。联合国教科文组织(United Nations Educational Scientific and Cultural Organization，UNESCO)以“学会求知、学会做事、学会发展、学会共处、学会改变”为基础，强调核心素养是“21 世纪公民生存、社会进步所必备的素养”①。

① 联合国教科文组织国际教育发展委员会．学会生存——教育世界的今天和明天[M]．北京：教育科学出版社，1996：1—10.

20世纪中后期，西方各国分别对核心素养的内涵、构成、课程、教学和教师发展等展开了研究。例如，美国颁布了《21世纪预备教师的知识和技能》和《教师素养：面向个性化、学生中心的教学》等指导性文件，并拟订了学生《升学与就业准备标准》，以指导学校组织课程建设。随后，澳大利亚制订了分层培养的课程模式。综观西方各国的研究，虽然有不尽相同的核心素养内涵理解和实施路径，但各国均认为核心素养体系应体现终身发展的教育理念，课程内容应兼顾个人、社会、国家发展需要。

二、中国学生发展核心素养阐释

为了应对日趋激烈的国际竞争，提升我国教育的国际竞争力，促进人才培养质量的提升，我国对核心素养开展了集中研究，并形成了核心素养培养的指导性文件——《中国学生发展核心素养》。《中国学生发展核心素养》对学生发展核心素养的内涵、原则、表现和实施路径等进行了详细阐释，深入回答了"培养什么人、怎样培养人"的问题。

（一）核心素养的提出背景

我国关于核心素养的集中探讨高潮出现于2014年。2014年3月，教育部颁布了《关于全面深化课程改革 落实立德树人根本任务的意见》（以下简称《意见》）。《意见》的出台主要基于以下三个方面的考虑。第一是落实党的十八大和十八届三中全会精神的需要。十八大报告中强调，把立德树人作为教育的根本任务，培养德智体美全面发展的社会主义建设者和接班人；十八届三中全会进一步提出要"坚持立德树人"。第二是解决现实问题的需要。"重智轻德""重分数轻育人"的现象一度比较普遍，课程改革整体规划、协同推进不够，尚未形成育人合力。第三是迎接未来挑战的需要。信息网络、多元文化使得学生的成长环境更为复杂，会对学生的健康成长产生很大影响；国际竞争日趋激烈，对学生综合素质的培养提出更高要求。

《意见》在"着力推进关键领域和主要环节改革"等的相关阐述中，首次提出了"研究制订学生发展核心素养体系和学业质量标准"。一方面，这是为了遵循学生的成长规律和满足社会对人才的需求，把对学生德智体美全面发展的总体要求和社会主义核心价值观的有关内容具体化、细化。另一方面，通过进一步修订课程方案、课程标准和教材，增强课程的思想性、科学性、时代性、适宜性、可操作性和整体性。《意见》中尚未对“核心素养”的内涵进行准确定义。

随后，一些研究者从多个角度对中国学生的核心素养内涵进行了探讨。林崇德(2016)认为，核心素养是指学生在接受相应学段的教育过程中，逐渐形成的适应个人终身发展和社会发展需要的必备品格与关键能力。① 如何将学生核心素养的培育贯彻落实于一线具体学科、学段的教育教学实践活动中，成为兼具理论与实践双重意义的热门话题。

中国学生发展核心素养研究成果发布会于 2016 年 9 月 13 日在北京师范大学举行，会上发布了对提升我国教育国际竞争力具有重要标志性意义的《中国学生发展核心素养》，对学生发展核心素养的内涵、原则、表现和落实途径等进行了详细阐释。该报告中明确指出，学生发展核心素养，主要是指学生应具备的能够适应终身发展和社会发展需要的必备品格和关键能力。“核心素养是关于学生知识、技能、情感、态度、价值观等多方面要求的综合表现；是每一名学生获得成功生活、适应个人终身发展和社会发展都需要的、不可或缺的共同素养，其发展是一个持续终身的过程，可教可学，最初在家庭和学校中培养，随后在一生中不断完善。”②

中国学生发展核心素养研究以科学性、时代性和民族性为基本原则，以培养“全面发展的人”为核心。它充分反映了新时期经济社会发展对人才培养的新要求，系统落实了社会主义核心价值观。

(二) 核心素养指标体系③

中国学生发展核心素养分为文化基础、自主发展、社会参与三个方面，综合表现为人文底蕴、科学精神、学会学习、健康生活、责任担当、实践创新六大素养(见图 1-4)。各素养之间相互联系、互相补充、相互促进，在不同情境中整体发挥作用。

---

① 林崇德.21 世纪学生发展核心素养研究[M].北京：北京师范大学出版社，2016：29.

② 林崇德.中国学生发展核心素养：深入回答“立什么德、树什么人”[J].人民教育，2016(19)：14.

③ 指标体系、主要表现、实施路径等均主要引自《中国学生发展核心素养：深入回答“立什么德、树什么人”》一文。

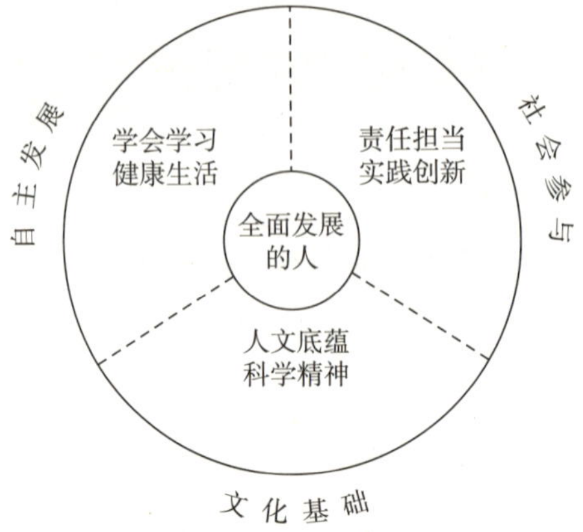

图 1－4　中国学生发展核心素养

1. 文化基础

文化是人存在的根和魂。文化基础重在强调能习得人文、科学等各领域的知识和技能，掌握和运用人类优秀智慧成果，涵养内在精神，追求真善美的统一，发展成为拥有宽厚文化基础、更高精神追求的人。文化基础包括人文底蕴和科学精神两个板块。人文底蕴主要是指学生在学习、理解、运用人文领域知识和技能等方面所形成的基本能力、情感态度和价值取向，具体包括人文积淀、人文情怀和审美情趣等基本要点。科学精神则主要是指学生在学习、理解、运用科学知识和技能等方面所形成的价值标准、思维方式和行为表现，具体包括理性思维、批判质疑、勇于探究等基本要点。

2. 自主发展

自主性是人作为主体的根本属性。自主发展重在强调能有效管理自己的学习和生活，认识和发现自我价值，发掘自身潜力，有效应对复杂多变的环境，主动成就出彩人生，发展成为有明确人生方向和生活品质的人。自主发展包括学会学习和健康生活两个板块。学会学习主要是指学生在学习意识形成、学习方式方法选择、学习进程评估调控等方面的综合表现，具体包括乐学善学、勤于反思、信息意识等基本要点。健康生活则主要是指学生在认识自我、发展身心、规划人生等方面的综合表现，具体包括珍爱生命、健全人格、自我管理等基本要点。

3. 社会参与

社会性是人的本质属性。社会参与重在强调能处理好自我与社会的关系，养成现代公民所必须遵守和履行的道德准则和行为规范，增强社会责任感，提升创新精神和实践能力，促进个人价值实现，推动社会发展进步，发展成为有理想信念、敢于担当的人。社会参与包括责任担当和实践创新两个板块。责任担当主要是指学生在处理与社会、国家等关系方面所形成的情感态度、价值取向和行为方式，具体包括社会责任、国家认同、国际理解等基本要点。实践创新则主要是指学生在日常活动、问题解决、适应挑战等方面所形成的实践能力、创新意识和行为表现，具体包括劳动意识、问题解决、技术应用等基本要点。

（三）核心素养主要表现

具体来说，人文底蕴、科学精神、学会学习、健康生活、责任担当、实践创新六大核心素养可以具体细化为人文积淀、人文情怀、审美情趣、理性思维、批判质疑、勇于探究、乐学善学、勤于反思、信息意识、珍爱生命、健全人格、自我管理、社会责任、国家认同、国际理解、劳动意识、问题解决和技术应用等 18 个要点(见表 1－3)。这些细化的要点从不同角度明确了学生发展核心素养的主要表现。其中，人文积淀、人文情怀、审美情趣属于人文底蕴素养，理性思维、批判质疑、勇于探究属于科学精神素养，乐学善学、勤于反思、信息意识属于学会学习素养，珍爱生命、健全人格、自我管理属于健康生活素养，社会责任、国家认同、国际理解属于责任担当素养，劳动意识、问题解决和技术应用属于实践创新素养。

表 1－3　中国学生发展核心素养的指标体系

所在领域	素养名称	核心要点
文化基础	人文底蕴	人文积淀、人文情怀、审美情趣
	科学精神	理性思维、批判质疑、勇于探究
自主发展	学会学习	乐学善学、勤于反思、信息意识
	健康生活	珍爱生命、健全人格、自我管理
社会参与	责任担当	社会责任、国家认同、国际理解
	实践创新	劳动意识、问题解决、技术应用

（四）核心素养实施路径

第一，通过课程改革落实核心素养。应基于学生发展核心素养的顶层设计，指导课程改革，把学生发展核心素养作为课程设计的依据和出发点，进一步明确各学段、各学科具体的育人目标和任务，加强各学段、各学科课程的纵向衔接与横向配合。

知识链接

中国学生发展核心素养要点阐释

第二，通过教学实践落实核心素养。学生发展核心素养明确了“21 世纪应该培养学生什么样的品格与能力”，可以通过引领和促进教师的专业发展，指导教师在日常教学中更好地贯彻落实党的教育方针，改变当前存在的“学科本位”和“知识本位”现象。此外，通过引领学生发展核心素养，可以帮助学生明确未来的发展方向，激励学生朝着这一目标不断努力。

第三，通过教育评价落实核心素养。学生发展核心素养是检验和评价教育质量的重要依据。建立基于核心素养的学业质量标准，明确学生完成不同学段、不同年级、不同学科学习内容后应该达到的程度要求，把学习的内容要求和质量要求结合起来，可以有力推动核心素养的落实。

（五）关键价值

《中国学生发展核心素养》中确立的学生发展核心素养，是为了顺应教育部提出的“各学段学生发展核心素养体系，明确学生应具备的适应终身发展和社会发展需要的必备品格和关键能力”之要求，更是为了适应世界教育改革发展的趋势，进而提升我国教育的国际竞争力。随着世界多元化、经济全球化、文化多样化、社会信息化深入发展，各国都在思考 21 世纪的学生应具备哪些核心素养才能成功适应未来社会这一前瞻性战略问题，核心素养研究浪潮席卷全球。面对日趋激烈的国际竞争，我国要深入实施人才强国战略，提升教育的国际竞争力，也必须解决这一关键问题。

学生发展核心素养是全面贯彻党的教育方针，落实立德树人根本任务的迫切需要。研究制订中国学生发展核心素养体系，根本出发点是将党的教育方针具体化，落实立德树人根本任务，培养全面发展的人，提升 21 世纪国家人才核心竞争力。新时期的教育方针明确指出，坚持教育为社会主义现代化建设服务、为人民服务，把立德树人作为教育的根本任务，全面实施素质教育，培养德智体美全面发展的社会主义建设者和接班人，努力办好人民满意的教育。党的教育方针从宏观层面规定了教育的培养目标，对于我国的人才培养具有全局性的指导意义。将党的教育方针细化为学生应该具备的核心素养，更有利于方针政策在具体教育教学过程中的贯彻落实。

学生发展核心素养是全面推进素质教育、深化教育领域综合改革的迫切需要。

素质教育作为一种具有宏观指导性质的教育思想，主要是相对于应试教育而言的，重在转变教育目标指向，从单纯强调应试应考转向更加关注培养全面健康发展的人。核心素养是对素质教育内涵的具体阐述，可以使新时期素质教育目标更加清晰，内涵更加丰富，也更加具有指导性和可操作性。此外，核心素养也是对素质教育过程中存在问题的反思与改进。尽管素质教育已深入人心并取得了显著成效，但我国长期存在的以考试成绩为主要评价标准的问题，影响了素质教育的实效。解决这一问题，要从完善评价标准入手。全面系统地凝练和描述学生发展核心素养指标，建立基于核心素养发展情况的评价标准，有助于全面推进素质教育，深化教育领域综合改革。近年来，素质教育取得显著成效，但也存在课程教材的系统性、适宜性不强，高校、中小学的课程目标有机衔接不够，部分学科内容交叉重复，学生的社会责任感、创新精神和实践能力较为薄弱等具体问题。要解决这些问题，关键是进一步丰富素质教育的内涵，建立以“学生发展核心素养”为统领的课程体系和评价标准，树立科学的教育观。

学生发展核心素养是党的教育方针的具体化，是连接宏观教育理念、培养目标与具体教育教学实践的中间环节。党的教育方针通过核心素养这一桥梁，可以转化为教育教学实践中可用的、教育工作者易于理解的具体要求，明确学生应具备的必备品格和关键能力，从中观层面深入回答“立什么德、树什么人”的根本问题，有利于引领课程改革和育人模式变革。

推荐阅读

杨九诠. 学生发展核心素养三十人谈[M]. 上海：华东师范大学出版社，2017.

钟启泉. 核心素养十讲[M]. 福州：福建教育出版社，2018.

[美]罗斯玛丽·希普金斯，雷切尔·博斯塔德. 面向未来的核心素养[M]. 高振宇，译. 上海：华东师范大学出版社，2020.

成尚荣. 核心素养的中国表达[M]. 上海：华东师范大学出版社，2018.

施久铭. 核心素养的中国实践[M]. 上海：华东师范大学出版社，2018.

第三节
师范生素养的渊源与研究

明晰师范生核心素养的内涵是培养师范生核心素养的前提，这对于提升师范生核心素养的培养质量具有至关重要的意义。作为高校师范专业的学生，师范生素养应首先符合学生发展核心素养的一般要求，以中国学生发展核心素养为前提；又作为特殊的学生，师范生素养的内涵与体系应充分体现师范专业特色、符合师范专业建设要求。本节从师范生素养的渊源出发，对师范生核心素养的现有相关研究进行评述，以利于学习者了解现有师范生素养研究的特点和未来研究的发展方向。

一、师范生素养的渊源

师范生首先是学生，是一类特殊的学生——未来的教师储备人才。师范生素养既要满足中国学生发展素养的要求，又要符合师范专业的特殊要求。所以，师范生素养要以中国学生发展核心素养为前提，同时师范生素养的内涵与体系应充分体现师范专业特色，符合师范专业建设要求。

（一）师范生素养的提出以中国学生发展核心素养为前提

“国将兴，必贵师而重傅”。2014 年 9 月 9 日，习近平总书记在北京师范大学师生座谈会上指出，教师是立教之本，兴教之源。随后，党的十九大上提出了我国教师队伍建设的总体要求，即培养高素质教师队伍。为实现上述目标，2018 年，中共中央国务院印发了《关于全面深化新时代教师队伍建设改革的意见》。该意见是新中国成立以来党中央出台的第一个专门面向教师队伍建设的文件，其中提出了“造就党和人民满意的高素质专业化创新型教师队伍”的发展目标，对新时代教师队伍建设作出了顶层设计。该文件将教师队伍建设工作提升到前所未有的政治高度，标志着我国教师队伍建设迎来了战略机遇期。显然，要培养与造就高素质的教师队伍，师范生的培养是起点也是基点：必须在具有足够的政治向心力和价值判断力的基础上，形成完善的师范生素养体系，让师范生勇于主动承担党和国家的教育事业。

作为教学改革的顶层设计和上位概念，师范生发展核心素养要落实到教学实践中，就必须针对师范生核心素养的培育与发展要求，进行长期探索和实践。要做好师范生素养教育，提高师范生素养的培养效果与效率，那就应了解师范生发展核心素养的研究背景，深入理解师范生发展素养的内涵，切实把握核心素养的培养要求，准确理解师范生素养的核心内涵与实施要求。

（二）师范生素养的内涵与体系应充分体现师范专业特色

为贯彻党的十七届六中全会精神，落实教育规划纲要，构建教师专业标准体系，建设高素质专业化教师队伍，2012 年 2 月 10 日教育部公布了《幼儿园教师专业标准（试行）》《小学教师专业标准（试行）》《中学教师专业标准（试行）》；2013 年 9 月 20 日教育部公布了《中等职业学校教师专业标准（试行）》；2015 年 8 月 21 日教育部公布了《特殊教育教师专业标准（试行）》。在印发的通知中，教育部明确指出，“教师专业标准”是国家对各级各类学校教师专业素质的基本要求，是各级各类学校教师开展教育教学活动的基本规范，是引领各级各类学校教师专业发展的基本准则，是各级各类学校教师培养、准入、培训、考核等工作的基本依据。各地教育行政部门、各级各类学校师资培养培训院校（机构）、各级各类学校要把贯彻落实“教师专业标准”作为加强教师队伍建设的重要任务和举措，认真制订工作方案，精心组织实施，务求取得实效。

尽管各级各类学校的“教师专业标准”的具体阐述并不完全一致，但均包括以下四个基本理念：师德为先、学生为本、能力为重、终身学习。这正是“教师专业标准”对于培养师范生核心素养的总体要求。

第一，“教师专业标准”要求师范生核心素养的培养以师德为先。主要包括热爱教育事业，具有职业理想、敬业精神和奉献精神，践行社会主义核心价值体系，履行教师职业道德规范，依法执教。立德树人，为人师表，自尊自律，关爱学生，团结协作。

第二，“教师专业标准”要求师范生核心素养的培养以学生为本。主要包括树立“人人皆可成才”的教育观。遵循学生身心发展规律，以学生发展为本，培养学生的学习兴趣和自信心，激发学生的主动性和创造性，发挥学生特长，挖掘学生潜质，为每一个学生提供适合的教育，提高学生的终身学习能力，促进学生健康快乐成长。

第三，“教师专业标准”要求师范生核心素养的培养以能力为重。“以能力为重”就是要在教学和育人过程中，把专业理论与专业实践相结合、教育理论与教育实践相结合；遵循教育规律和学生身心发展规律，提升教育教学专业化水平；坚持实践、反思、再实践、再反思，不断提高专业能力。

第四，“教师专业标准”要求师范生核心素养的培养重视终身学习。也就是说，不仅要学习专业知识、教育理论与技能，学习和吸收国内外先进教育理念与经验；还要参与实践活动，优化知识结构和能力结构，提高文化素养和职业素养；进而具有终身学习与持续发展的意识和能力，做终身学习的典范。

（三）师范生素养的内涵与体系应符合师范专业建设要求

21 世纪以来，前三次工业革命带来了人类发展的空前繁荣，但其伴随的巨大能源和资源消耗使得人类面临着前所未有的生存压力与挑战。为了应对和解决全球能源、生态、环境和气候危机，人类开始了第四次工业革命——绿色工业革命。此次变革的特征为生产要素从自然要素转为绿色要素，以期降低人类与自然之间的矛盾。绿色工业革命带来了科学进步与技术变革的需要，教育的作用与地位再次凸显。以美国为首的发达国家多次进行了教育改革尤其是教师教育改革，希望提高教育质量和教师素养，培养有能力在日益以科学和技术为导向的全球经济中进行竞争的教师。①

以美国为例，截至目前，美国师范专业认证已经走过 60 余年历程，认证经验丰富、认证标准科学、认证程序完善。② 在美国，所有大学教师培养项目必须接受所在州的基本认证，以实现该专业的合法化生存。此外，教师培养项目还可以自愿参与专业机构组织的高级认证。其意图可以从国家、大学和专业三个层面来解析，国家层面是为了实现教师教育利益均衡，大学层面是为了监控专业建设质量，对于专业自身而言是为了提高专业声誉、表达专业建设诉求。

① Margareta Maria Thomson，Ellen McIntyre. Prospective teachers' goal orientation：an examination of different teachers' typologies with respect to motivations and beliefs about teaching[J]. Teacher Development，2013，17(4)：409—430.

② 龙宝新. 论美国师范专业认证工作的特点与走向[J]. 教师教育学报，2018(6)：93.

美国师范专业认证流程也比较科学规范，可以为我国开展教师培养项目认证等提供有效的历史经验与现实参照。第一，认证机构要通过全国认证委员会(National Commission on Accreditation，NCA)的认证，才能取得师范专业认证资格。第二，专门设立中学后教育委员会(Council for Post-secondary Education，CPE)和美国大学教师教育问题协调委员会(The Coordinating Committee on Collegiate Problems of Teacher Education，CCCPTE)，作为负责协调各师范专业的认证机构。第三，虽然实施细则不一，但认证机构均采用规范化的操作流程，一般都包括认证准备、现场走访和结论形成3个阶段。第四，专业认证实施由民间认证机构独立自主开展。民间认证机构独立自主开展专业认证，不仅能体现师范专业认证的权威性、科学性与独立性，更能突破利益链条的束缚，吸引教师培养机构自愿参与认证。第五，美国师范专业认证工作具有持续改进性。比如，每个教师培养项目都必须每5年认证1次；现场走访之前，所有认证数据、认证信息可以在线直接修改；认证完成之后，项目会根据认证结论加以改进、完善，认证机构参与跟踪指导，确保项目始终处在改进状态之中。

随着经济全球化进程加快，我国逐渐提高了对教师教育培养及其质量保障体系建设的重视程度，但就我国国情而言，师范教育实施及其体系仍存在不少实际问题。首先，中等师范学校数量锐减，而本科师范类高校培养师范类学生比例不足。1999年时全国的中等师范学校数量为816所，到2015年中等师范学校数量已经削减为185所，据不完全统计，2021年中等师范学校数量已经减至128所。显然，中等师范学校数量的缩减必然需要本科类师范院校的师范专业人才数量有相应提升，但目前本科类院校的师范专业数量不足以支撑这种提升。比如，2021年，北京师范大学共有76个本科专业，其中师范专业有13个，占专业总数量的17.11%；南京师范大学共有78个本科专业，其中师范专业有16个，占专业总数量的20.51%。另据不完全统计，各地方师范院校非师范专业占学校全部专业的比例已经达到70%，在校生中非师范生的数量也已经超过50%，①而这类数据仍呈现持续上升状态。其次，现有教师教育的培养规模与质量不能完全适应时代需要的急剧变化速度，尤其是无法完全适应学历提升的相应要求。有研究发现，专科学历的普通小学专任教师队伍呈现不断缩小的趋势：在2009年到2018年的十年间，从55.04%急剧下

① 解艳华.地方本科师范院校转型：坚守？突围？[N].人民政协报，2015-09-09(09).

降到了37.38%，十年的降低率接近20%。而本科学历的普通小学专任教师逐渐撑起小学教师队伍的“半壁江山”，从2009年的19.71%猛增到2018年的57.97%。[①]

究其原因，一是师范生培养的数量未能在历史问题、现实实施与长远规划三者之间取得完美平衡，从而导致部分地区、部分专业的师范生数量或深度饱和，或供远大于求；二是师范专业培养缺乏准入机制，导致培养机构良莠难辨。前者直接导致学生报考师范专业意愿下降，生源质量总体不高；后者导致师范专业培养无序开放，专业化程度参差不齐。[②] 可见，在当时我国教师教育管理与规范体系中既没有专业、课程、教学、师资与支持等教师教育相关的质量保障基准，也缺乏教师培养的国家标准，教师教育处于“野蛮生长”阶段，不仅有组织无序之嫌，更有培养质量之忧。

二、师范生素养的建设

2001年，为解决我国师范生培养与教师教育转型过程中出现的实际问题与现实困境，国务院提出“完善以现有师范院校为主体、其他高等学校共同参与、培养培训相衔接的开放的教师教育体系”的要求。之后，党的十九大提出“加强师德师风建设，培养高素质的教师队伍”的要求；2018年1月，国家又出台《关于全面深化新时代教师队伍建设改革的意见》，对师资队伍的建设与改革规范等提出了明确的要求。

从我国目前师范生培养的开放体系建设角度来看，师范专业认证势在必行。2018年11月23日，在第十五届中国师范大学联席会暨2018年中国教育学会教师培训者联盟年会上，教育部教师工作司司长任友群讲话称，2017年全国共有师范生培养高校589所，其中师范院校192所(包括师范大学46所，师范学院73所，师范高等专科学校73所)，培养师范生的非师范院校397所(包括综合大学61所，综合学院166所，独立学院21所，高等职业院校141所，省市教育学院8所)。2012年至今，没有一所师范院校更名为非师范院校；2017年，师范院校比2012年增加38所，在校师范生规模增加29.3万人。截至2020年，全国在校师范生共225.9万

① 姜文啸.高学历化趋势下普通小学教师队伍建设的走向——以近十年普通小学专任教师学历变化为视角[J].继续教育研究，2021(3)：82.

② 张松祥.我国师范专业认证需要关注的若干问题及其对策研究[J].教育发展研究，2017(15)：38.

人，师范院校和非师范院校的在校师范生分别为 119.4 万人、106.5 万人，培养规模接近 1∶1。目前，全国共有教育学一级学科博士点 35 个、硕士点 99 个，教育学专业博士点 27 个、硕士点 164 个；2018 年新增教育学一级学科博士点 8 个、硕士点 19 个，新增教育学专业博士点 12 个、硕士点 24 个。这足以说明我国师范院校与非师范院校共同举办师范教育的开放体系已经基本形成，师范院校的校均师范生数量超过非师范院校。《教育部教师工作司 2017 年工作要点》中明确提出了“印发师范类专业认证标准及认证办法，启动师范专业认证工作，加强培养质量监测评估，促进各地不断提升教师培养质量”的要求①，师范专业认证从“以评促建”的思路出发，以“学生中心、产出导向、持续改进”为基本理念，“以学生发展为中心、人才培养质量以学习效果为导向、专业教学的持续改进”的专业建设，促进与保障师范类培养的质量层次得以稳步提升。自此，师范专业认证标准、教师资格标准和教师专业标准共同构成了我国中小学教师从培养、入职到岗位发展、贯穿终身的标准系统，标志着我国教师教育的培养和管理机制形成了制度闭环。

综上，高校师范专业认证工作，是教育部在我国教师教育走向综合化、开放化的总体背景下，基于对高校师范专业办学现状的全面认识所作出的重大战略部署。② 师范专业认证工作既是我国教育行政主管部门针对教师教育运行发展的顶层制度设计，更是确保我国教师教育实施质量的根本所在。故而，为贯彻落实党的十九大精神，培养高素质教师队伍，按照国家教育事业发展“十三五”规划工作要求，推进教师教育质量保障体系建设，提高师范类专业人才培养质量，教育部 2017 年 10 月 26 日印发了《普通高等学校师范类专业认证实施办法(暂行)》，其中明确指出，为规范引导师范类专业建设，建立健全教师教育质量保障体系，不断提高教师培养质量，分类制定中学教育、小学教育、学前教育、职业教育、特殊教育等专业认证标准，作为开展师范类专业认证工作的基本依据。

各专业师范生素养培养要达到国家规定的质量标准，师范生素养培养的内涵与要求必然需要符合师范专业建设要求，符合各专业认证标准的规定。以中学教育专业为例，《中学教育师范专业认证标准》分为三个等级的认证标准。第一级标准是国

① 教育部教师工作司. 关于印发《教育部教师工作司 2017 年工作要点》的通知[EB/OL](2017-1-24)[2020-05-18]. http://www.moe.gov.cn/s78/A10/tongzhi/201701/t20170124_295674.html.

② 张怡红，刘国艳. 专业认证视阈下的高校师范专业建设[J]. 高教探索，2018(8)：25—29.

家对中学教育专业办学的基本要求，主要依据国家教育法规和中学教师专业标准、教师教育课程标准制定，包括课程与教学、合作与实践、师资队伍、支持条件等四个考察维度(见表1-4)。第二级标准是国家对中学教育专业教学质量的合格要求，主要依据国家教育法规和中学教师专业标准、教师教育课程标准制定，包括培养目标、毕业要求、课程与教学、合作与实践、师资队伍、质量保障、学生发展等考察维度。第三级标准是国家对中学教育专业教学质量的卓越要求，主要依据国家教育法规和中学教师专业标准、教师教育课程标准及教育部关于实施卓越教师培养计划的意见制定，包括培养目标、毕业要求、课程与教学、合作与实践、师资队伍、质量保障、学生发展等考察维度。本书中的师范生素养体系以第三级标准为依据制定。

表1-4　中学教育专业认证标准(第一级)认证指标

维度	监测指标		参考标准
课程与教学	1	教师教育课程学分	必修课≥10学分 总学分≥14学分
	2	人文社会与科学素养课程学分占总学分的比例	≥10%
	3	学科专业课程学分占总学分的比例	≥50%
合作与实践	4	教育实践时间	≥18周
	5	实习生数与教育实践基地数比例	≤20∶1
师资队伍	6	生师比	≤18∶1
	7	学科课程与教学论教师	有
	8	具有高级职称教师占专任教师的比例	≥学校平均水平
	9	具有硕博士学位教师占专任教师的比例	≥60%
	10	中学兼职教师占教师教育课程教师的比例	≥20%
支持条件	11	教学日常运行支出占生均拨款总额与学费收入之和的比例	≥13%
	12	生均教学日常运行支出	≥学校平均水平
	13	生均教育实践经费	≥学校平均水平
	14	生均教育类纸质图书	≥30册
			每6个实习生配备中学学科教材≥1套
	15	微格教学、语言技能、书写技能、学科实验教学实训室等教学设施	有

如前所述，从师范生素养体系的渊源来看，师范生素养必须以中国学生发展核

心素养为前提。这是因为师范生素养的内涵十分宏大，如果求大求全，将会导致师范生素养的学校教育实施过程重点不明，反而影响了师范生素养教育的效果与效率。所以本书中所提及的师范生素养体系其实是一种基于核心素养的师范生素养培养体系，即师范生核心素养体系。基于上述理解，下面对师范生核心素养的现有相关研究进行评述，以明确现有师范生素养研究的特点和未来研究的发展方向。

三、现代师范生核心素养

随着社会的发展，与教育相关的两个核心原点问题："教育应该培养怎样的人？""如何才能培养这样的人？"始终同教育的发展如影随形。在我国，从党的教育方针的几次修改，从"双基"到"三维目标"，再到"核心素养"概念的提出，以及《中国学生发展核心素养》的发布，标志着我国对"教育应该培养怎样的人"这一问题的探索实现了一个新跨越，取得了历史性的进展。①

学生核心素养的培养效果与效率直接取决于教师。要培育学生的核心素养，教师素养的提升是关键。而教师的素养是在职前教育——师范教育的过程中初步养成，并随后在职后教育中不断提升的。所以，师范生作为师资力量的重要来源，师范生素养对学生核心素养的培养与发展具有重要的价值。不仅如此，学生核心素养作为知识、技能、态度、情感与价值观的"动态集合体"，它的提出对师范生的培养及其发展方向提出了新的思考。教师要胜任学生核心素养的培育工作，就必须从学生核心素养构成的角度出发，掌握针对性的必备核心素养。也就是说，无论从学生培养角度，还是从教师成长这一角度来看，研究与培育师范生核心素养都非常必要。因此，根据学生发展核心素养及其要求，研究者们提出了"师范生核心素养"这一概念并进行了相关论述。

1. 师范生核心素养的内涵研究

由于师范生专业众多，涉及学科、学段等差异，研究者对师范生核心素养的内涵研究也大多从学科、学段的角度去进行了解析。例如，王勇兵(2018)认为，数学师范生的核心素养由数学情怀、数学思想、数学教学组成。② 丁晓婷(2019)认为，化学师范生的核心素养包括数学与定量推理科学计算、研究能力、技术应用能力、

---

① 刘明.课程建设是落实"中国学生发展核心素养"的重要途径[J].基础教育研究，2019(1)：5—10.

② 王勇兵.乡村小学全科师范生数学学科核心素养的内涵及培育途径[J].教育导刊，2018 (2)：81—85.

实验操作技能、职业精神、榜样示范、终身学习、表达交流等。[①] 左群等(2017)提出了思想政治教育专业师范生职业素养的“四位一体”模型:“四位”是指道德与信仰、知识与见识、能力与思维、人格与个性;“一体”是指培育具有核心素养视野型的思想政治课教师。[②] 又如,庞昊(2019)从卓越小学教师培养的角度出发,将师范生核心素养定义为一种职业核心素养,是核心素养的下位概念,它不仅具有核心素养的一般特征,还具有鲜明的教师职业特色,主要指教师在教育活动和个人生活中形成、发展的,教师能适应个人幸福生活、满足教师自身终身发展和学生发展需要,从而促进社会发展的必备品格和关键能力。[③]

也有一部分研究者从师范生培养的整体角度对师范生核心素养内涵进行了界定。例如,刘雨(2019)从《幼儿园教师专业标准(试行)》《小学教师专业标准(试行)》《中学教师专业标准(试行)》等三个标准的视角出发,将师范生的核心素养界定为职业道德、专业知识和专业能力。[④] 又如,温小军(2019)认为,师范生核心素养的内涵包括态度、知识、能力,师范生核心素养的生成应以态度为先、以知识为基础、以能力为重。[⑤] 孟燕平(2018)则认为,师范生的专业核心素养包括扎实的学科综合素养、全面的教育技能素养、积极的职业道德素养等。[⑥]

2. 师范生核心素养培养路径研究

师范生核心素养培养路径的相关研究主要有对存在问题的分析、师范生核心素养的构成、学科与学段等多种视角,并提出了具有一定建设性和针对性的培养路径与建议。

部分研究者从师范生核心素养培养的现实困境出发,提出具有一定针对性和操作性的建议。例如,雷宏友(2019)认为,师范生核心素养的培养应从突出文化基础、深化自主发展、加强教育实践等三个方面入手解决现实困境。[⑦] 朱桂琴(2017)认为,目前师范生核心素养的培养主要是实用性的教育理念,忽视了师范生文化底蕴的积淀、程序化的教学逻辑,规避了师范生专业自主的生成、平面化的知性训练,限

---

① 丁晓婷.基于专家型教师视角的化学学科核心素养研究[D].南京:南京师范大学,2019:60—61.
② 左群,邱斌.核心素养视野下思想政治教育专业师范生职业素养培育[J].教师教育论坛,2017(9):57—63.
③ 庞昊.卓越小学教师核心素养体系构建及职前培养对策研究[D].大连:大连大学,2019:34—36.
④ 刘雨.师范生最需要什么素养——基于三个专业标准的视角[J].河南科技学院学报,2019(4):52—55.
⑤ 温小军.师范生核心素养的内涵及其生成路径[J].教育导刊,2019(2):86—90.
⑥ 孟燕平.试论师范生专业核心素养的内涵及提升策略[J].中国人民大学教育学刊,2018 (2)143—152.
⑦ 雷宏友.地方院校师范生核心素养培养的现实困境与必然出路[J].陕西教育(高教),2019(3):67—78.

制了师范生社会角色的定位。因此，师范生核心素养的培养过程中应重构课程系统，夯实文化基础；焕发生命活力，深化自主发展；联结学习资源，丰富社会参与。①

有些研究者依据师范生核心素养的内涵，提出各内涵板块相应的培养策略。例如，郭柏林等(2018)从教育理念、教育监管、教育环境三方面提出对策。② 又如，刘雨(2019)认为，培养师范生核心素养的路径有制定培养师范生核心素养的顶层设计、开展实践取向的师范生专业知识和能力培训、完善基于师范生核心素养的评价标准等。

还有研究者从学科视角出发，提出相应学科或学段的师范生核心素养培养路径与建议。例如，李岚(2018)认为，语文学科的师范生核心素养的培育路径有采取模块化的人才培养方式、突出课程的实践性和连贯性以"大语文"理念优化课堂教学内容和教学方法、将中华优秀传统文化融入人才培养体系。③ 李东航等(2019)指出，要有效培养思想政治教育师范生的核心素养，首先，应满足思想政治教育师范生发展需求，推进适应核心素养培育的变革；其次，要加强教学实践，凸显学科核心素养的培养，完善师范生培养方案；再次，抓实教师职业道德素养教育，树立师范生正确的育人观；最后，构建和实施"核心素养—教学评价—教学实践"三位一体的培养过程体系。④

一些研究者从人才培养体系的角度，对师范生核心素养的培养路径提出了建议。例如，有研究认为，可以从以下六个方面培养师范生核心素养：适当减少专业必修课和专业考查课；在教师教育课程结构中，增加美学、形象礼仪、舞蹈和形体课程为必修课；在专业基础教育课程结构中，增加西方哲学、逻辑学、现代西方哲学，以培养小学教育专业师范生的批判思维能力和语言表达能力；在通识教育课程结构中，增加文化概论、宗教学和国学；在专业技能课程结构中，增加职业生涯规划必修课程，培养小学教师专业师范生的职业理想，帮助其树立职业目标；在专业基础课结构中，增加社会学概论或者教育社会学课程必修课。⑤

---

① 朱桂琴.核心素养视域下的师范生实践教学变革：方向、困境与路径[J].教育发展研究，2017(12)：46—51.

② 郭柏林，杨超."以生为本"的高师院校师范生核心素养的构成及培养路径[J].当代教师教育，2018(4)29—34.

③ 李岚."大语文"理念下语文师范生核心素养的培育路径[J].开封教育学院学报，2018(8)：142—143.

④ 李东航，廖小明.核心素养视野下师范生学科核心素养的培育探析——以云南师范大学思政专业的调研为例[J].教育与教学研究，2019(2)：68—78.

⑤ 谷亚华，张迎春.基于小学生核心素养发展目标的小教专业师范生人才培养探索[J].教育理论与实践，2017(17)：35—37.

综上所述，研究者对于师范生核心素养的内涵和实施途径均进行了多元的研究。显而易见的是，师范生核心素养的培养必须以师范生核心素养的科学内涵为前提和规范，师范生核心素养的科学、准确的内涵与外延对于师范生核心素养与人才培养质量具有至关重要的意义。基于上述事实，师范生核心素养的内涵亟待规范化、标准化、系统化和科学化。

根据学生核心素养的内涵，可以看出核心素养涵盖文化基础、自主发展、社会参与三个领域，以人的“全面发展”为核心，是作为当代社会“自然人”所应当具备的基本素养。故而，应在参照学生发展核心素养的基础上，尽快确定师范生的核心素养培养统一标准，再分学科、分专业、分学段地对师范生的核心素养进行有针对性的细化，使之符合各类型学校、各学科、各专业的师范生培养工作。因此，根据上述对现有研究的回顾与展望，结合师范生自身特点，顺应新文科建设及师范专业认证对师范生培养的要求，我们认为，师范生核心素养应涵盖践行师德、学会教学、学会育人、学会发展四个领域，这是教师教育实施与效果评价的出发点与依据。其中，践行师德包括师德规范与教育情怀两个维度，学会教学包括学科素养和教学能力两个维度，学会育人包括班级指导和综合育人两个维度，学会发展包括自主学习能力、终身学习意识、教育反思能力、交流沟通能力等四个维度。

课堂教学互动

1. 讨论：根据本专业师范专业认证要求，比较师范专业认证标准三个等级的不同。

2. 讨论：比较美国《升学与就业准备标准》和《中国学生发展核心素养》的异同，谈谈你对两者的认识。

思考题

1. 学习素养包括学会学习、乐于学习，你是如何理解两者的关系的？试举例证明你的观点。

2. 你如何理解终身教育的五大支柱：学会求知、学会做事、学会发展、学会共处、学会改变？

3. 中国学生核心素养与课程标准的关系是什么？在教学中如何平衡两者？

第二章 02

师范生素养及养成教育

本章内容概述

本章结合新文科建设的理念，针对师范类专业认证“一践行三学会”的毕业要求，阐述师范生素养构成，构建养成教育路径。养成教育是以教师的标准规范要求师范生，通过长期培养、熏陶、积累，使师范生品行端正、内外兼修，为未来走上教师岗位奠定基础。师范生养成教育遵循教师的职业素养形成规律，具有实践性、体验性、过程性、渗透性的特点。师范生素养养成需要在课程学习中培养、在实践活动中孕育、在学校文化熏陶中涵养。

本章内容结构图

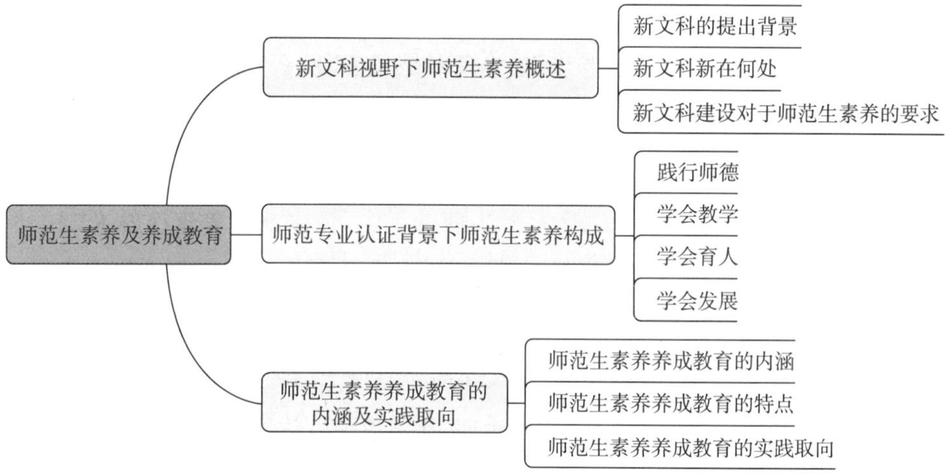

本章学习目标

- 了解新文科建设对师范生素养的要求。
- 了解师范类专业认证对师范生素养的要求。
- 理解师范生养成教育的内涵。

第一节
新文科视野下师范生素养概述

“四新”建设和“六卓越一拔尖”计划 2.0 的提出，标志着新文科建设从概念提出走向正式实施阶段。随着当前新技术的发展，面对新需求的产生、新国情的要求，文科正面临新的挑战，也呈现出很多新特点。新文科建设对于师范生素养教育的要求主要有三个方面，分别是打破学科壁垒、重视知识创新、体现中国特色。其中，打破学科壁垒是师范生素养教育实施的基本思路，重视知识创新是师范生素养教育的基本要求，体现中国特色是师范生素养教育设计的基本前提。

一、新文科的提出背景

为了切实提高我国高等教育的质量，教育部陆续提出了“四新”建设和“六卓越一拔尖”计划 2.0。“新文科”这一概念的提出是基于“四新”建设，而“六卓越一拔尖”计划 2.0 启动大会标志着新文科建设正式进入实施阶段。

（一）“四新”建设

2018 年 8 月，在全国教育大会召开之前的半个月，中共中央在所发文件中提出“高等教育要努力发展新工科、新医科、新农科、新文科”（简称“四新”建设），其中正式提出新文科这一概念。①

“四新”建设提出的主要背景是“中国本科教育的三部曲”的推进，即在 21 世纪前 30 年，树立高等教育的“质量意识”，走向“质量革命”，达到“质量中国”。教育部高等教育司吴岩司长在高等学校专业设置与教学指导委员会第一次全体会议上的讲话中指出，过去的说法是“质量是高等教育的生命线，是高等教育永恒的主题”，现在新时代的说法是“质量意识、质量革命、质量中国”。过去的“生命线”“永恒的主题”是讲高等教育质量的重要性，是讲“为什么”。现在讲“质量意识、质量革命、

① 黄启兵，田晓明.“新文科”的来源、特性及建设路径[J].苏州大学学报（教育科学版），2020，8(2)：75—83.

质量中国”，是从“为什么”，到“干什么”，到“怎么干”，是上了一个台阶，是发展了、深化了、落地了。①

显然，“四新”中的新工科、新医科、新农科、新文科交织交融、相互支撑。比如，新文科可以为新工科、新医科、新农科注入新元素。新工科对应的是如人工智能、智能制造、机器人、云计算等新兴产业，也包括传统工科专业的升级改造；因此，理科、工科已经逐渐从原本的“泾渭分明”逐步出现交叉的“灰色地带”，再慢慢融入人文社科的内容，包括工程伦理、工程管理、工程心理学等。从这个意义上来说，科技革命和产业变革浪潮不仅仅是理工科、经济方面的事，而且是高等教育的事。显然，在科技革命、产业变革的形势下，我国的高等教育从形式到内容都要进行一场革命。从这个意义上来看，“四新”建设是下一轮高等教育改革的先行者、探索者、引领者，是全球共同的责任、共同的探索、共同的行动。

（二）“六卓越一拔尖”计划 2.0

2019 年 4 月 29 日，教育部、科技部、财政部等部门在天津联合召开了“六卓越一拔尖”计划 2.0 启动大会，标志着国家“四新”建设工程正式开启，也标志着新文科建设从概念提出走向正式实施阶段。在系列卓越拔尖人才教育培养计划 1.0 的基础上，“六卓越一拔尖”计划 2.0 成为一个全国计划，而不是一个小众计划。“六卓越一拔尖”计划 2.0 的实施目的在于引导高校全面优化专业结构，深化专业综合改革，激发学生学习兴趣和潜能，让学生忙起来、让教学活起来、让管理严起来，全面振兴本科教育，提高人才培养质量。“六卓越一拔尖”计划 2.0 通过拓围、增量、提质、创新等四个关键词，扩大了各个计划的实施范围，增强了各项改革举措的力度，提升了改革发展的质量内涵。

从实施效果上来看，2009 年系列卓越拔尖人才教育培养计划的启动实施，为经济社会发展提供了有力的人才支撑。启动实施“六卓越一拔尖”计划 2.0，将原先的单个计划变成系列计划的组合，由“单兵作战”转向“集体发力”，标志着高等教育改革发展走向成型、成熟阶段，是新时代中国高等教育写好“奋进之笔”的一次“质量革命”。②

① 吴岩司长在高等学校专业设置与教学指导委员会第一次全体会议上的讲话[EB/OL].[2020-03-07]. https://jdx.cdtu.edu.cn/info/2042/3358.htm.

② 教育部启动实施“六卓越一拔尖”计划 2.0[OB/OL]. http://www.xinhuanet.com/politics/2019-04/29/c_1210122557.htm.

从时间维度上来看，教育部将分三年全面实施“六卓越一拔尖”计划 2.0。其中，新工科建设将应对第四次工业革命的需要，加强战略急需人才培养。新医科作为构建健康中国的重要基础，要实现从治疗为主到生命全周期、健康全过程的全覆盖，提升全民健康力。新农科要运用现代科学技术改造升级涉农专业，助力打造天蓝水净、食品安全、生活恬静的美丽中国。新文科建设则是要推动哲学社会科学与新科技革命交叉融合，培养新时代的哲学社会科学家，创造光耀时代、光耀世界的中华文化。

（三）人才培养机制创新

2019 年 6 月 20 日，在高等学校专业设置与教学指导委员会第一次全体会议上，教育部高等教育司吴岩司长指出，作为一项战略部署，国家试图通过实施“六卓越一拔尖”计划 2.0，推进人才培养体制机制创新，提高高校服务经济社会发展能力，最终实现“四新”建设总目标。新文科建设这一国家战略的启动，将对未来的中国大学文科、中国教育乃至中国社会产生巨大影响。

吴岩司长在该次会议上特别强调指出，新工科、新农科、新医科都是自然科学，一定要让新文科这个翅膀硬起来，中国高等教育才能飞得平衡、飞得高，所以新文科建设应是一个亮点。而要推动新文科建设，人才培养机制创新是“必由之路”。人才培养机制创新路径可以概括为“三金一高”，即“金牌专业、金牌课程、金牌教师，高地”。其中，专业是人才培养的基本单元，是人才培养的“腰”，一头连着提高质量，一头连着推进公平。这个“腰”如果不硬，人就站不直，就挺不起胸，抬不起头。所以，人才培养机制要以解决高等学校的专业结构优化调整问题为前提，做好“四个关系”“四个着力点”“三个导向”（见表 2－1）。

表 2－1　人才培养机制创新要点一览表

要点名称	要点内涵
四个关系	关系质量、关系服务、关系引领、关系根本
四个着力点	着力解决与社会、经济、创新脱节的问题 着力解决科教融合、产教融合、医教融合、校企结合、校地结合的问题 着力解决高等教育培养的专业人才支撑社会经济发展的问题 着力于扩展、提升高等教育的作用，即高等教育不仅能支撑经济社会发展，还要发挥引领作用
三个导向	需求导向、标准导向、特色导向

二、新文科新在何处

显然,新文科之“新”是理解新文科、建设新文科的前提。新文科的“新”体现在哪里呢?目前学界对于此“新”的理解不尽相同。

部分学者认为,新文科的“新”是某一方面创新之“新”,是“立足于新科技时代,为了未来创新型人才培养,对文科提出的提升要求”①,是“强调学科建设的交叉融合性、开放包容性与技术人文性”的求同存异、协同发展、互鉴共进之“新”②。也有部分学者认为,新文科的“新”是全面创新,是“学科协同、信息技术融入、人才培养模式”的创新③,是“新科技革命与文科的融合化发展,历史新节点与文科新使命,进入新时代与文科中国化,全球新格局和文科国际化”④。

值得注意的是,虽然对“新”的解读存在差异,但大多数研究者都认可以下观点:在当前新技术的发展、新需求的产生、新国情的要求等新背景下,文科正面临新的挑战,也呈现出很多新特点。学界普遍认为,新文科的“新”至少包括以下内容。⑤

第一,新文科提倡学科交叉。由于学科之间的交叉日益显著,文科内各学科的交叉、文理之间的交融日趋重要,新文科要体现学科融合之“新”。众多调查显示,交叉学科是当今科学的前沿研究领域。在全球近万个独立学科中,一半左右属于交叉学科;目前比较成熟的学科大约有 5550 门,其中交叉学科总数约 2600 门,占全部学科总数的 46.8%,其发展表现出良好势头和巨大潜力。⑥ 21 世纪以来,世界各国对交叉学科研究极为重视,美国和英国等众多发达国家先后建立了多个学科交叉研究中心,为前沿学科建设开辟道路。故而,新文科必须体现学科融合之新。

第二,新文科要体现知识生产之“新”。在新时代背景下,知识生产呈现“知识在应用下生产,知识为未来生产”的全新模式,故而新文科要体现知识生产之“新”。

---

① 陈跃红.新文科:智能时代的人文处境与历史机遇[J].探索与争鸣,2020(1):11—13.

② 魏琛.新文科视域下认知语言学研究的五个维度[J].北京科技大学学报(社会科学版),2020(1):39—50.

③ 刘艳红.新文科建设背景下的高校图书馆服务研究[J].图书与情报,2019(4):115—118.

④ 夏文斌.新文科新在何处[J].石河子大学学报(哲学社会科学版),2019,33(6):133.

⑤ 黄启兵.“新文科”的来源、特性及建设路径[J].苏州大学学报(教育科学版),2020(6):75—83.

⑥ 孙昌朋,林萍,陈望忠,郎朗.国际重大创新性论文的发表倾向分析——以 1989—2019 年诺贝尔生理学或医学奖获得者论文为例[J].中国科技期刊研究. 2020,31(12):1595—1500.

迈克尔·吉本斯(Michael Gibbons,1995)将传统的、“解释过去”式的知识生产模式称为“模式1”,将“面向未来、基于应用”的知识生产模式称为“模式2”。随后,埃利亚斯·G.卡拉亚尼斯(Elias G. Carayannis,2012)等人进一步提出了知识生产“模式3”:为了知识创造、扩散与使用,由“创新网络”和“知识集群”组成。知识生产“模式3”特别强调创新,强调知识集群,体现学科交叉的必要与学科边界的模糊。显然,新文科更符合知识生产“模式3”的要求,也更需要知识生产“模式3”的培养模式。

第三,体现中国特色,构建中国学派。新文科要体现中国发展之“新”,即新文科发展不仅要适合国情发展需要、体现中国特色,还要在世界学术舞台上发声。首先,中国的文科发展要体现中国特色,发展中国学派。习近平总书记指出,中国特色哲学社会科学具有的特点应从三个方面把握,即体现继承性、民族性,体现原创性、时代性,体现系统性、专业性。① 其次,中国的文科发展应在遵循“人类命运共同体”的前提下,参与国际竞争,在世界学术舞台上担当大任。习近平总书记指出,哲学社会科学是人们认识世界、改造世界的重要工具,是推动历史发展和社会进步的重要力量,其发展水平反映了一个民族的思维能力、精神品格、文明素质,体现了一个国家的综合国力和国际竞争力。一个国家的发展水平,既取决于自然科学发展水平,也取决于哲学社会科学发展水平。一个没有发达的自然科学的国家不可能走在世界前列,一个没有繁荣的哲学社会科学的国家也不可能走在世界前列。

三、 新文科建设对于师范生素养的要求

从新文科的“新”之解读中不难看出,为了顺应学科融合趋势,体现“知识在应用下生产,知识为未来生产”的时代发展要求,培养师范生的文化自信,新文科建设对于师范生素养教育的要求主要有三个方面:打破学科壁垒、重视知识创新、体现中国特色。

(一) 打破学科壁垒

培养师范生素养,必须通过学科和课程体系来探索师范生素养落地的路径。新文科建设要求师范生培养打破学科的壁垒,以师范生素养培养为依托,顺应学科内

① 习近平:在哲学社会科学工作座谈会上的讲话[EB/OL].(2016-05-18)[2020-03-07].https://www.xinhuanet.com/politics/2016-05/18/c_1118891128.htm.

部、学科之间的融合趋势。这里的学科融合(Fusion of Subjects,FOS)是指,在承认学科差异的基础上,不断打破学科的"边界",促进学科间相互渗透、交叉的活动。"从教育的目的和价值诉求来看,学科融合旨在通过多门学科资源的介入,有效地化解问题,更好地达成教学目标,并在问题探究的过程中全面培养和训练学生的学习能力和综合素养。"①学科融合既是现代学科发展的趋势,也是产生创新性成果的重要途径。

从学科发展的历史进程来看,15 世纪末至 19 世纪初,自然科学、社会科学逐步从哲学中分离出来,在此之前,是没有学科概念与体系的。到 20 世纪上半叶,自然科学、社会科学和人文科学都逐步在大学中确立了独立的经典学科地位。显然,学科的分化、学科分支的发展都是学术研究深入和细化的必然结果,也有效地促进了科学的发展。但随着社会发展,不断出现需要学科内多分支、多学科知识协同解决的复杂问题,这直接导致传统经典学科分支之间、学科之间的界限不断被打破和重新划分,最终出现了学科内部与外部的融合趋势。

具体而言,要打破学科壁垒,做好本科课程设计,首先要根据师范专业认证要求,结合专业特点和人才培养定位,做好各专业课程群的顶层设计和整体规划。这就要首先基于专业培养目标、学校办学理念提出课程群的整体设计理念,这样才能真正实现课程之间具有充分的关联性和结构性,避免专业学科课程群处于"假融合,真拼盘"的状态。如果缺乏学科融合的视角,而只看重各学科的知识与技能传授,这是对本科人才培养的"买椟还珠"。在学科融合的视角下,各学科都应跳出学科桎梏,在教学、学习过程中,不仅形成具有学科特质的素养,还要帮助学生形成跨学科整合的关键能力和必备品格,体现学科与课程的育人功能。

例如,按照师范专业认证的相关要求,现有的本科师范专业人才培养方案课程体系一般包括通识教育课程群、学科基础课程群、教师教育课程群、实践课程群等课程类别。而从课程性质上来看,课程又包括必修课程和选修课程。在核心素养的视角下,学校课程群一般呈现蜂巢状、多维联动、依照逻辑组合的课程体系。所以,师范生素养教育的课程体系既要符合师范专业认证的相关要求,又要根据师范生素养培养的内在逻辑与师范生素养组织结构,凝练课程群的理念定位、逻辑起点,建立多层设计、多维联动、多科融合的师范生素养课程群。

---

① 赵军,陆启威. 学科融合不是简单的跨学科教育——学科融合教育的实践和思考[J]. 江苏教育研究,2017(6):32.

（二）重视知识创新

新文科建设要求师范生素养培养体现“知识在应用下生产，知识为未来生产”，强调“创新网络”与“知识集群”的应用。就我国本科师范生素养培养而言，知识创新可以从发展综合素质教育、推动创新创业教育两个方面实施。

第一，发展综合素质教育。综合素质教育是基于个体德智体美劳全面发展的，包括“知识与技能”“过程与方法”“情感态度价值观”多重内容、多样形式的教育，它以“知识集群”为特征。具体来说，首先，要深入推进智育、德育、体育、美育的教学改革，尤其应注意加强劳动教育，弘扬劳动精神，促进学生身心健康，提高学生的审美和人文素养。其次，把国家安全教育融入教育教学，提升学生的国家安全意识和维护国家安全的能力。再次，要把生态文明教育融入课程教学、校园文化、社会实践，增强学生生态文明意识。最后，在课程实施的过程中，要重视社会实践、合作学习活动的作用，增强学生表达沟通、团队合作、组织协调、实践操作的能力。

第二，推动创新创业教育。在本科教育中，创新创业教育是以培养具有创业基本素质和开创型个性的人才为目标，是以培育在校学生的创业意识、创新精神、创新创业能力为主的教育，它以“创新网络”为特征。推动创新创业教育，就要把深化高校创新创业教育改革作为推进高等教育综合改革的突破口，面向全体、分类施教、结合专业、强化实践，促进学生全面发展。在创新创业教育的具体实施中，应将创新创业教育与专业教育、思想政治教育紧密结合，强化创新创业实践，发挥“互联网＋”大赛引领推动作用，逐步深化创新创业课程体系、教学方法、实践训练、队伍建设等关键领域改革，进而提升创新创业教育水平。

（三）体现中国特色

新文科建设要求师范生培养体现中国特色，保持原创性、民族性，故而师范生素养的培养不能简单地将西方经验“拿来”，而应根据国情、学情，在注重专业特点与学科融合的前提下，探究不同专业的师范生素养培养的中国化路径。

首先，在课程体系设计与建设过程中要渗透文化自信。党的十八大以来，习近平总书记曾在多个场合提到文化自信。2014 年到 2015 年期间，习近平总书记多次论述：“增强文化自觉和文化自信，是坚定道路自信、理论自信、制度自信的题中应有之义。”“中国有坚定的道路自信、理论自信、制度自信，其本质是建立在 5000 多年文明传承基础上的文化自信。”2016 年 5 月和 6 月，习近平又连续两次对“文化自信”加以强调，指出“我们要坚定中国特色社会主义道路自信、理论自信、制度自信，说到底是要坚持文化自信”。在庆祝中国共产党成立 95 周年大会的讲话上，习近平对“文化自信”特别加以阐释，指出文化自信是更基础、更广泛、更深厚的自信。可见，文化自信不仅仅是文化理念，更应成为高等教育的基本指导思想。只有对民族的传统文化有坚定的信心，才能获得坚持、坚守、传承优秀传统文化的从容，鼓起奋发进取的勇气，焕发创新创造的活力。

其次，中外差异提示我们不能直接照搬他国的经验。以新加坡的初等教育课程体系为例，新加坡为每一个孩子量身打造“课程跑道”。新加坡的中学教育通常是 4～5 年，分为快捷课程和普通课程。其中，普通课程包括普通学术课程和普通工艺课程，快捷课程提供高水平的学术型教育。这三类课程可以互相灵活转换，学生通过考试，可以申请转换到另一类课程学习。这种互相融通的课程体系，给予学生不同的发展通道和多样选择，为学生的发展带来更多、更适合的机会。但这种经验我国并不能简单拿来运用。一是因为我国人口基数较大，师生比无法实现这种量身打造；二是因为我国整体的学制设置与新加坡存在较大差异，这也是我国无法直接复制新加坡课程体系模式的根本原因之一。

综上，要做好师范生素养教育，必须在打破学科壁垒的基础上，重视师范生素养课程体系的内容、形式与知识创新，突出人才培养的中国特色，体现文化自信。

第二节
师范专业认证背景下师范生素养构成

随着我国开放性教师教育体系的形成，除专门的高等师范院校能够培养专业教师外，各综合性院校也能够培养未来的教师。如何保障我国师范类专业建设的规范性与产出人才的合格性成为社会大众关心的问题。各国纷纷通过建立健全教师教育质量保障体系，颁布标准、严格选拔、开展认证、加大投入，从源头上保障教师队伍整体素质和专业化水平。因此，2017 年，我国教育部正式出台《普通高等学校师范类专业认证实施办法（暂行）》，分别制订了各阶段教育专业认证标准，为师范专业认证工作的开展提供了依据，使我国教师产出的质量提升进一步得到保障。

教育部针对师范类专业层次类型的复杂多样，各地各校发展不平衡、不充分的现状和特点，构建起横向三类覆盖、纵向三级递进的认证监测体系：第一级定位于师范类专业办学基本要求监测，第二级定位于师范类专业教学质量合格标准认证，第三级定位于师范类专业教学质量卓越标准认证。师范类专业认证理念为"学生中心、产出导向、持续改进"，这一理念贯穿于师范类专业人才培养全过程。其中，学生中心（Student-Centered，SC），强调从以"教"为中心的传统模式向以"学"为中心的新模式转变，要求遵循师范生成长成才规律，以师范生学习效果和个性发展为中心配置教育资源和安排教学活动。产出导向（Outcome-based Education，OBE），强调立足社会需要和人的全面发展，以师范生发展成效为导向，聚焦师范生毕业后"学到了什么"和"能做什么"，反向设计课程体系与教学环节，配置师资队伍和资源条件，评价师范类专业人才培养质量。持续改进（Continuous Quality Improvement，CQI），强调聚焦师范生核心能力素质要求（毕业要求），对师范类专业人才培养活动进行全方位、全过程的跟踪与评价，并将评价结果用于人才培养工作改进，形成"评价—反馈—改进"流程闭环，建立持续改进的质量保障机制并追求卓越的质量文化，推动师范类专业人才培养质量不断提升。

不断提高师范生素养是当前推进师范教育教学改革，推动人才培养质量亟待突破的重要课题。师范专业认证标准明确了通过高校培养师范生毕业后所达成的毕业要求，即践行师德、学会教学、学会育人、学会发展（一践行三学会）的目标，这也内在规定了师范生的素养要求。

一、践行师德

师德乃教师之魂，也是师范生素养的核心，最能体现教师的精神与气度。师范生要明确教师的职责，做到为人师表、爱岗敬业、关爱学生，具备高尚师德。

（一）师范专业认证标准要求

“践行师德”这一维度主要从教师在职业领域应有的外在行为表现和内在修养水平两个方面来进行阐述，即师德规范与教育情怀。

表 2－2 “践行师德”标准要求

专业	等级	标准要求概要
学前教育	第二级	[师德规范]社会主义核心价值观、中国特色社会主义、教育方针、立德树人、教师职业道德规范、依法执教、“四有”好老师 [教育情怀]从教意愿、积极的情感、端正的态度、正确的价值观、人文底蕴、科学精神、尊重幼儿、启蒙者、“四个”引路人
	第三级	[师德规范]社会主义核心价值观、中国特色社会主义、教育方针、立德树人、教师职业道德规范、依法执教、“四有”好老师 [教育情怀]从教意愿、积极的情感、端正的态度、正确的价值观、人文底蕴、科学精神、尊重幼儿、启蒙者、“四个”引路人
小学教育	第二级	[师德规范]社会主义核心价值观、中国特色社会主义、教育方针、立德树人、教师职业道德规范、依法执教、“四有”好老师 [教育情怀]从教意愿、积极的情感、端正的态度、正确的价值观、人文底蕴、科学精神、尊重学生、“四个”引路人
	第三级	[师德规范]社会主义核心价值观、中国特色社会主义、教育方针、立德树人、教师职业道德规范、依法执教、“四有”好老师 [教育情怀]从教意愿、积极的情感、端正的态度、正确的价值观、人文底蕴、科学精神、尊重学生、“四个”引路人

续 表

专业	等级	标准要求概要
中学教育	第二级	[师德规范]社会主义核心价值观、中国特色社会主义、教育方针、立德树人、教师职业道德规范、依法执教、“四有”好老师 [教育情怀]从教意愿、积极的情感、端正的态度、正确的价值观、人文底蕴、科学精神、尊重学生、“四个”引路人
	第三级	[师德规范]社会主义核心价值观、中国特色社会主义、教育方针、立德树人、教师职业道德规范、依法执教、“四有”好老师 [教育情怀]从教意愿、积极的情感、端正的态度、正确的价值观、人文底蕴、科学精神、尊重学生、“四个”引路人

（二）对“践行师德”标准的解读

师德规范是对教师外在行为表现的要求，它是教师工作必须遵守的道德规范和行为准则的总要求，是引领和指导师范生学会教学、学会育人和学会发展的基础素养。该指标对应培养目标中师德素质定位，从教师的价值观、教育责任意识、依法执教及教育理想等多角度提出具体培养规格要求。教育引导师范生要准确把握新时代中国特色社会主义特征，贯彻党的教育方针，践行社会主义核心价值观，以立德树人为己任，遵守职业道德规范，以积极的态度对待职业、对待学生、对待工作，注重提升自身修养。师范院校要立足“知行合一”，创设师德践行环境，创新师德养成路径、形式和方法，注重将师德认识内化为师德认同，转化为师德行为，帮助师范生成长为思想政治信念坚定，职业发展目标明确，具有立德树人理念，理解依法执教内涵，认同师德规范并能在专业实践中积极践行的新时代好教师。

教育情怀是对教师内在个人修为的要求，它是以情系学生、胸怀育人为标志的教师核心素养，是师范生学会教学、学会育人、学会发展的持久保障。该指标对应培养目标中的师德素养定位，聚焦促进学生成长，提出具体培养规格要求。师范生要以“做学生成长引路人”为目标，通过参与式课程学习、示范性榜样熏陶、反思性案例分析、主题性教育活动、行动性实践体验、激励性成长评价等养成途径和形式，树立正确的教师观，理解教师是学生学习的促进者，认同教师工作的意义和专业性在于创造条件促进学生自主和全面发展，加强自身修养，丰富人文底蕴和科学精神，养成积极向上的情感、端正奋发的态度和持续努力的行为。师范院校应当帮助师范生树立正确的学生观，以学生成长的引路人为职业角色预期，在教育教学实践中，引导学会正确处理师生关系，尊重学生人格，尊重学生的学习和发展权利及个体差异，对学生富有爱心和责任心，对工作具有耐心和细心，乐于为学生成长创造发展的条件和机会等。

二、学会教学

“学会教学”是教师最基本的素养，不论学前教育、小学教育，还是中学教育的师范生都要求具备一定的人文与科学素养，掌握教育教学的基本知识与能力。

（一）师范专业认证标准要求

“学会教学”要求师范生在具备一定的人文与科学素养基础上，掌握学科的基础知识技能，熟悉学科知识体系，理解所教学科与其他学科、社会实践、学生生活实践的联系。同时，能依据课程标准、学生认知特点及所学教育教学知识与原理进行教学设计、实施与评价，掌握教学技能，具备教学能力和教学研究能力等。

表 2-3 “学会教学”标准要求

专业	等级	标准要求概要
学前教育	第二级	[保教知识]科学素养、人文素养、幼儿身心发展规律、学习特点、学科基本知识、教学基本方法、知识整合 [保教能力]科学规划一日生活、科学创设环境、合理组织活动、观察幼儿的能力、与幼儿沟通的能力、评价幼儿园活动的能力
	第三级	[保教知识]通识知识、儿童发展知识、专业领域知识体系、思想与方法、专业领域核心素养、知识整合、专业领域教学知识、学习指导方法和策略 [保教能力]科学规划一日生活、创设教育环境、实施教育活动、指导学习过程、实施融合教育、运用多种方法、进行学习评价
小学教育	第二级	[学科素养]人文素养、科学素养、主教学科基本知识及技能、学科知识体系、兼教学科基本知识及技能、学习科学知识、学科整合、学科与社会生活的联系 [教学能力]进行教学设计、教学实施和评价、具备教学基本技能、具有教学能力和教学研究能力
	第三级	[知识整合]人文素养、科学素养、主教学科基本知识及技能、学科知识体系、兼教学科基本知识及技能、跨学科知识结构、学科教学知识、学习指导方法和策略 [教学能力]创设学习环境、指导学习过程、进行学习评价、课程整合、综合性学习设计与实施的能力

续 表

专业	等级	标准要求概要
中学教育	第二级	[学科素养]所教学科的基本知识及技能、学科知识体系、学科之间的联系、学科与社会实践的联系、了解学习学科相关知识 [教学能力]进行教学设计、教学实施和评价、具备教学基本技能、具有教学能力和教学研究能力
	第三级	[知识整合]学科知识体系、思想与方法，学科核心素养，跨学科知识，整合形成学科教学知识、学习指导方法和策略 [教学能力]创设适合的学习环境、指导学习过程、进行学习评价

（二）对“学会教学”标准的解读

学科素养是从事各学段教学工作的基础素养，是师范生形成教学能力的前提条件。学前教育专业要求具有保教知识，要以“保教知识扎实、知识运用能力突出”为培养目标，系统建构以整合知识观为统领、以幼儿保育和教育知识为核心、以幼儿学习发展领域知识体系为主线、以通识性知识为基础、以学习科学为中介、以各领域教学知识为重点的课程学习体系；小学教育专业师范毕业生要求形成合理的知识结构和良好的学科素养；中学教育专业要以“系统扎实掌握学科知识”为目标，系统创新学科课程教学，突出以学生为中心，改变单一讲授教学陈规的现象，引导师范生开展自主、合作和探究性学习。学科素养帮助师范生形成科学的学科观，能够立足学科思想和方法，深入把握学科知识体系的发展历史和前沿，并注重拓宽专业视野，了解相关学科基本知识，了解领域与领域之间的逻辑关联，理解各领域在社会生活中的实践价值，形成综合的知识结构和跨学科的思维方式，从而能够在未来的教育教学实践中，灵活运用学科知识解决学科教学内容问题，提高学科教学的科学性和实效性。

教学能力是教师胜任教学工作的关键能力。学前教育专业的保教能力应以“初步习得以学定教的教学能力”为培养目标，构建结果导向、知行合一的保教能力培养体系；小学教育专业要求以“形成整合性知识与能力结构”为培养目标，以掌握学科核心素养为重点，形成学科内有序整合和跨学科相关整合的知识结构；中学教育专业应以“具备初步的教学能力和一定的教学研究能力”为目标，立足全程化、综合化培养，系统构建教学知识学习与教学技能训练互动、教学实践体验与问题解决研究融通的教学能力培养系统，突出做中学，注重问题教学、案例分析和情境体验，强化表现性评价，帮助师范生了解中学生身心发展一般规律和学科认知特点，准确理解学科课程标准内涵和要点，初步掌握重难点教学策略、结构化学习指导和学科思维方式培养等学科教学知识，具备教学设计、课堂教学、学业评价、应用信息技术辅助教学等教学基本技能。通过教学实践，形成一定的教学经验，并能针对教学难点问题，进行实证化的行动研究，形成研究成果。

三、学会育人

“学会育人”是教师最根本的素养，各专业师范生都应掌握管理班级和运用各种途径综合育人的能力。

（一）师范专业认证标准要求

“学会育人”指标主要从班级管理和综合育人两个方面来阐述。班级管理方面，要求树立德育为先的理念，掌握班级组织与建设的工作规律和基本方法；能够在班主任工作实践中，参与德育和心理健康教育等教育活动的组织与指导，获得积极体验。综合育人方面，要求了解学生身心发展规律；理解学科育人价值，能够有机结合学科教学进行育人活动，了解学校文化和教育活动的育人内涵和方法，依托综合育人方法对学生进行教育和引导。

表 2-4 “学会育人”标准要求

专业	等级	标准要求概要
学前教育	第二级	[班级管理]幼儿园班级的特点、班级环境、同伴关系、师幼关系、家园关系、班级氛围、为人师表、榜样作用 [综合育人]幼儿社会性—情感发展的特点和规律，幼儿良好意志品质和行为习惯，环境育人，幼儿园、家庭和社区各种资源全面育人
	第三级	[班级管理]班级常规工作的方法与要点、班级工作的规律、班级环境、同伴关系、师幼关系、班级氛围 [综合育人]德育为先，幼儿社会性—情感发展的特点和规律，幼儿良好意志品质和行为习惯，环境育人，幼儿园、家庭和社区各种资源全面育人
小学教育	第二级	[班级指导]德育为先、班级组织与建设的工作规律和基本方法、德育、心理健康教育、积极体验 [综合育人]小学生身心发展和养成教育规律、学科育人、学校文化育人和教育活动的育人、主题教育、少先队活动和社团活动、全面健康发展
	第三级	[班级指导]德育为先、班集体建设、班级教育活动组织、学生发展指导、综合素质评价、与家长及社区沟通合作、德育、心理健康教育、积极体验 [综合育人]育人为本、全面发展、个性发展、学科育人、学校文化育人、教育活动育人、主题教育、少先队活动和社团活动

续 表

专业	等级	标准要求概要
中学教育	第二级	[班级指导]德育为先、中学德育原理与方法、班级组织与建设的工作规律和基本方法、德育、心理健康教育、积极体验 [综合育人]中学生身心发展和养成教育规律、学科育人、学校文化育人、教育活动育人内涵和方法、主题教育、社团活动
	第三级	[班级指导]德育为先、班集体建设、班级教育活动组织、学生发展指导、综合素质评价、与家长及社区沟通合作、德育、心理健康教育、积极体验 [综合育人]全程育人、立体育人、学科育人、学校文化育人、教育活动育人、主题教育、社团活动

(二) 对“学会育人”标准的解读

班级指导是教师从事育人工作的关键能力。该指标对应培养目标中育人能力定位,从班级指导能力养成要素的角度,提出具体培养规格要求。专业要以“掌握班级指导技能与方法,具有班主任工作有效体验”为目标,以德育课程和班级实务训练为基础,以专题实践与表现评价为重点,构建班级指导能力培养系统,引导师范生树立德育为先的理念,了解学生身心发展特点,把握德育目标、原理、内容与方法,掌握班集体建设与管理的策略与技能,能够在教育实践中,担任或协助班主任工作,参与德育和心理健康等教育活动的组织与指导,获得积极有效的体验。

综合育人体现了育人为本的理念,是育人工作需要的教师专业核心能力。该指标对应培养目标中育人能力定位,从育人环节综合化的角度,提出具体培养规范要求。师范生要了解学生身心发展的一般规律与世界观、人生观和价值观形成特点,了解学生思想品德培育、人格塑造、行为习惯养成的过程与方法;理解学科独特的情感、态度和价值观,初步掌握教书育人的途径与方法,以及在校园文化活动中开展主题育德和社团育人原则和策略;能够在教育实践中,设计综合育人目标,整合学科德育、主题教育和社团活动,具有综合育人的积极体验。

四、 学会发展

“学会发展”是对师范生自身的要求,也是师范生素养核心要义所在。各师范专业学生要学会主动提升自我素养,具备终身学习、教学反思、持续发展的能力。

(一) 师范专业认证标准要求

“学会发展”指标对应培养目标中知识与能力素养定位、发展能力定位,对师范生的自主学习能力、终身学习意识、教育反思能力、交流沟通能力提出了明确的培养规范要求。

表 2-5 “学会发展”标准要求

专业	等级	标准要求概要
学前教育	第二级	[学会反思]终身学习、专业发展意识、职业生涯规划、反思方法和技能、创新意识、批判性思维方法、分析和解决问题 [沟通合作]学习共同体、团队协作精神、沟通合作技能、小组互助和合作学习体验
	第三级	[自主学习]终身学习、专业发展意识、专业发展核心内容、制订自身学习和专业发展规划、自主学习习惯、自我管理能力 [国际视野]全球意识、开放心态、参与国际教育交流、借鉴国际先进教育理念和经验 [反思研究]反思型实践者、批判性思维方法、创新意识、教育教学研究能力 [交流合作]学习共同体、团队协作精神、沟通合作技能、小组互助和合作学习
小学教育	第二级	[学会反思]终身学习、专业发展意识、职业生涯规划、反思方法和技能、创新意识、批判性思维方法、分析和解决问题 [沟通合作]学习共同体、团队协作精神、沟通合作技能、小组互助和合作学习体验
	第三级	[自主学习]终身学习、专业发展意识、专业发展核心内容、制订自身学习和专业发展规划、自主学习习惯、自我管理能力 [国际视野]全球意识、开放心态、参与国际教育交流、借鉴国际先进教育理念和经验 [反思研究]反思型实践者、批判性思维方法、反思分析问题、教育实践研究方法、指导学生探究学习技能、创新意识、教育教学研究能力 [交流合作]学习共同体、团队协作精神、沟通合作技能、小组互助和合作学习
中学教育	第二级	[学会反思]终身学习、专业发展意识、职业生涯规划、反思方法和技能、创新意识、批判性思维方法、分析和解决问题 [沟通合作]学习共同体、团队协作精神、沟通合作技能、小组互助和合作学习体验
	第三级	[自主学习]终身学习、专业发展意识、专业发展核心内容、制订自身学习和专业发展规划、自主学习习惯、自我管理能力 [国际视野]全球意识、开放心态、参与国际教育交流、借鉴国际先进教育理念和经验 [反思研究]反思型实践者、批判性思维方法、反思分析问题、创新意识、教育教学研究能力 [交流合作]学习共同体、团队协作精神、沟通合作技能、小组互助和合作学习

(二) 对“学会发展”标准的解读

“学会发展”要求各师范专业应以“能够规划专业学习与职业发展，具有一定的反思能力与实践体验，体验掌握沟通合作学习方式”为学生培养目标。一是师范院校要开设专业学习与发展模块课程，帮助师范生了解专业发展核心内容、发展阶段与路径方法，形成专业发展意识，树立终身学习理念；把握国内基础教育课程改革前沿动态和国外教育发展趋势；指导师范生理性分析自我、明确发展目标重点、选择发展路径，制订专业学习与职业发展规划；理解并体验学习共同体的特点与价值。二是师范院校要系统进行批判性思维方法和反思技能训练，使师范生学会基于质疑、求证、判断进行独立思考，掌握反思笔记、课堂观察、叙事分析和行动研究等反思方法与技能。三是重在创设反思教学实践情境，使师范生能够在教育实践中收集信息、自我诊断、自我改进，具有积极的教学反思体验。四是帮助师范生系统掌握团队协作学习的知识与技能，积极主动参加小组学习、专题研讨、团队互动、网络分享等协作学习活动；能够在教学实践中，深入体验观摩互助、合作研究、小组实习等，乐于与学习伙伴分享交流实践经验，共同探讨解决问题的方法；具备与同事、学生、家长及社区沟通交流的知识与技能。

第三节 师范生素养养成教育的内涵及实践取向

师范生素养养成是教师职业发展的核心内涵，也是师范生毕业要求的具体体现。近几年来，我国的教师教育改革迅速推进，传统的知识本位、技术取向的教师教育模式受到质疑和批判。由于传统教师培养模式难以培养满足未来核心素养需求的师范毕业生，为此，教育部大力倡导实践取向的教师教育培养模式，特别强调了教师养成教育。2011 年，《教育部关于大力推进教师教育课程改革的意见》中就提到，“加强教师养成教育。注重未来教师气质的培养，营造良好教育文化氛围，激发师范生的教育实践兴趣，树立长期从教、终身从教信念”。教师教育改革非常重视师范生素养养成教育，素养养成教育也符合教育专业人才培养的特点，因为师范生的职业情感、教学技能、自主发展、终生学习的意识并不是通过说教或者课堂教学就能够形成的，而是需要在良好的教师文化环境的长期熏陶下、自我感悟中、不断地参与教育实践的体验中逐渐生成的。加强师范生素养养成教育，可以使师范生树立坚定的职业理想和信念，提高师范生职业道德修养，加深其对教师职业的情感，从而更好地学会教学、学会育人、学会发展，养成教师应具备的专业核心素养。

一、 师范生素养养成教育的内涵

养成教育的传统在中国源远流长，中国古人特别重视儿童的蒙养教育，提出了“蒙以养正”或“养正以蒙”的教育理念，其核心就是让教育对象学会做一个正直、有道德的人。养成教育与高校师范生教育相结合，便具有了新的含义，可以为师范类专业人才培养提供一个新视角。

（一）养成教育的概念

“养成”一词在《辞海》中有两条释义，一是“培养而使之形成或成长”，二是“教育”。《现代汉语大词典》对“养成”的解释是“修养使形成；培育使长成”。可见，养成本身就是一个长期的过程。现代学界对“养成”概念的分析，主要是从教育的角度来理解的。有研究者认为，养成即人的长期培养、熏陶、积蓄和内化成俗的过程，养成就是教育。有学者认为，所谓“养成”不是指单纯追求绝对化的知识及其讲授上、片面追求学科知识逻辑的简单的“线性教育”，而是在生活中、与人交往中、社会实践中对知识的咀嚼、消化、融合、升华，自觉地修养自己的德行，使道德成为自觉的意识、自然的习惯、自动的行为，使个体成为道德自律、内外兼修、品行高尚之人。还有学者对养成的过程进行描述，认为养成一般来说是指人们按其公认的准则或规范，通过家庭、学校、社会等思想教育途径，要求共同遵守大家公认的准则或规范，经过社会实践，以及反复的训练、教育、培养，使得社会群体或个体由被动变为主动，自觉形成良好的习惯和人格的过程。综上所述，养成是一个经过外部力量的强化而逐渐内化的过程，即通过长期的实践体验、训练和文化熏陶，使个体从被动发展向自主发展转变的过程。

人们经常将“养成”理解为培养或者局限于培养，认为两者没有区别，甚至把两个概念互换使用，如培养中小学教师，培养创新型人才，培养学生的自学能力，培养学生的优良学习习惯等。实际上，它们是有所不同的。根据《现代汉语大词典》，培养是“按照一定的目的长期地教育和训练，使成长”；在《教育大辞典》中，对“培养”有所阐述：(培养是指)使学生掌握系统的科学文化知识和技能，形成思想品德，健全体魄的过程。可见，培养更加重视外在教育手段或外部力量的作用，没有充分体现主体的主观能动性、自身的主动性，并认为人是“被成”“使成”的，忽视人的“自我养成”，而且它更强调的是教育者的地位，忽视受教育者自身的主动性。从教育者的角度出发，它更倾向于指受教育者按照教育者的意愿和事先制订好的计划模式或者标准来进行教育活动，这一过程是一个被动接受而缺乏主动吸收和自我生成的过程。培养只能作为教育的外在手段，起到帮助和引导受教育者(学生)的作用，并不对其发展起决定性作用。教育者(教师)的角色也不再只是知识和技术的传递教授，而是转向受教育者(学生)的思想和精神的引导启迪。从本质上来讲，学生是真正意义上的教育主体，任何一种“培养”模式，如果没有受教育者的主动参与与自觉自主地接受和认同，是很难内化为自己的东西并长久维持的。

因此，“养成”是一个潜移默化的自然生成过程，“养成”的重点在于“养”，“养”与生活、实践、体验、文化熏陶是紧密联系的，所以养成更强调个体素质内化的过程。养成的最终结果是形成一种内在的、固定而长久的素质，从而影响和支配个体的思想和行为，并通过外在行为自然而然地把内在素质表现出来。

（二）师范生养成教育的概念

师范生养成教育是指在高校教育者有意识、有目的地对师范生进行长期的专业培养及在教师文化环境的熏陶之下，师范生通过自我体验、自我实践和自我教育，自然而然地生成教师应该具备的专业素养的过程和方式。教师职业是一个教书育人的专门职业，教师职业的专业化促使教师必须具备专业的素养。随着学生发展核心素养的提出和新文科建设的发展需要，对教师专业素养的要求越来越高，教师不仅要掌握专业知识，更要加强其专业情怀、专业能力等各方面的素养。

师范生是高校中的一类特殊学习群体，他们具有“今日之学生”和“明日之教师”的双重身份，既承担着所有大学生应该承担的使命，又肩负着师范生自身独特的使命——教书育人。所以，师范生除了要具备一般大学生的基本素质之外，还要养成与教师职业相关的专业素养和教师人格，为以后更好地适应教师职业做准备。当然，师范生要实现向教师角色的转变，成为一名合格的教师，不是一朝一夕、一蹴而就的事，也不是仅靠在大学课堂上通过系统学习教师专业理论和知识就能够达到的，而是需要在大学学习期间，通过不断地实践、训练、体验和熏陶，使师范生主动地把外在的专业理论知识不断内化为自己的专业素质。这个过程强调教师专业素养的自动生成，即师范生养成教育的过程，其本质是强调外在强化和自我内化的统一。

师范生养成教育是由高校的培养目标、培养手段和育人环境所决定的，是教育者为使受教育者具有良好的素质、能力及行为习惯，而对受教育者反复和长期进行的教育、疏导、训练及培养的过程，最终依托于受教育者的自觉体验和实践而逐步完成。养成教育是以教师的标准规范要求师范生，通过长期培养、熏陶、积累，使师范生加以消化、融合、升华，自觉地形成良好的意识、自然的习惯、自律的行为，从而品行端正、内外兼修，初具未来教师的模样。养成教育是培养师范生精神内核的重要途径，能为他们未来走上教育岗位打下坚实的基础。

二、师范生素养养成教育的特点

传统的教师培养模式更趋向于技术化、工具化，忽视教师专业发展的过程性、实践性、体验性，这深刻地体现了师范院校师范性的缺失。而师范生养成教育不仅强调专业知识技能的学习，更注重教师职业信念、情感和能力的发展，它遵循教师职业素养的形成规律，具有实践性、体验性、过程性、渗透性的特点。

1. 实践性：强调培养的实践取向

不论是教师的实践性知识，还是教师职业情感、职业信念或者师德都主要来自师范生的日常教育实践，而并不是完全来源于课堂教学，只有在长期不断的教育实践训练和体验下，才能主动生成教师职业素养。

师范生养成教育是基于实践取向的培养模式，体现出实践性的特点。这是因为师范生养成教育的过程是经过不断地参与教育实践活动和在教学体验中完成的，这里的实践除了强调教育实践外，还强调在生活实践中的养成，在环境熏陶中的养成。养成就要求师范生必须融入教师文化当中，而这种教师文化或教师共同体要求师范生必须参与到日常教育情境和生活中，只有深入教育现场和教育实践，在教育文化的适应和陶冶之下，才能更好地把教师职业的外在需求真正内化为自身职业品质。所以，师范生的专业素养不仅仅是通过课堂教学的方式获得，更多的是通过在日常生活和实践中形成的，作为师范院校就必须努力营造好教师教育文化，并强调将教育实践和体验贯穿于整个教师培养过程的始终。

2. 体验性：注重获得理解的过程

“体验”是对“经历”一词的再构造。德国著名哲学家汉斯-格奥尔格·伽达默尔（Hans-George Gadamer）指出：“如果某个东西不仅被经历过，而且它的经历存在还获得了一种使自身具有继续存在意义的特征，那么这种东西就属于体验”。[①] 师范生的职业情感和职业精神、专业素养是需要通过长期地深入教育现场，在不断参与不同形式的校内外教育实践活动中产生情感体验，从而转化为专业素养。因此，师范生养成教育具有体验性。

养成教育强调让师范生在实践活动、在校园文化中增进体验。学习的本质是个体参与到实际情境，经过实践和体验，与他人及环境相互作用的过程。不管是人的道德品质还是习惯的养成，都不是完全靠教出来的，必须经历个体的实践，通过发自内心的体验才能形成。在实践活动中，师范生能够体验教师职业特点，感受教

① [德]汉斯-格奥尔格·伽达默尔. 真理与方法：哲学诠释学的基本特征(上卷)[M]. 洪汉鼎，译. 上海：上海译文出版社，2004：79.

师人格特质，了解师生之间、生生之间的关系，通过这一体验过程来发展自身。

当然，体验不仅仅是感官的，还是感觉的，是获得理解的过程。师范生不仅在实践活动和文化熏陶中听到、看到、感受到，更重要的是将这些感受转化为自身的认识，内化为自我的素养。师范生在基于身体的体验中理解教师职业的价值与意义，感受教师工作的伟大，进而增进职业认同，树立从教的坚定信念，这体现了体验对于自身发展的存在意义。从某种层面而言，养成教育不仅是一种教育方式，更是一种生活方式。

3. 过程性：表现为量变到质变的积累

不管是实践，还是体验，都需要一个长期的过程。一方面，师范生养成教育体现了教师的培养过程，即个人从非专业人员逐渐向教师专业角色转变的过程，也就是个人从“普通人”“自然人”变成“专业教育者”的发展过程，这一发展过程不仅是专业知识的获得和丰富的过程，更是其专业精神的形成并发挥作用的过程，是其教育教学素质不断提高和更新的过程；是一个不断学习、不断实践、不断创新的过程；是一个不断利用外部资源和条件进行优势积累的过程；更是一个不断实施自我监控、自我调节和自我超越的过程。① 从本质上看，养成教育是一种全过程性的教育，是自然人的社会化过程，它贯穿于人的一生。从大学四年的师范生培养看，养成教育伴随着师范生从入学到毕业，包括寒暑假。同时，养成教育贯穿于师范生的一日学习生活中，不仅仅包括课堂，还有课外的生活、课外的活动。

另一方面，师范生养成教育是一个由量变到质变的发展过程。师范生教育不是一蹴而就的，而是一项长期的育人工作，需要一个长期的训练和培养过程。养成教育是通过被教育者切身的体验和反复的实践去完成的，可以说是一种动态的教育，它更强调实践、体验和活动的过程。在师范生养成教育过程中，就必须重视其过程性，注意量的积累，在长期不断的教育实践、职业情感体验和教师文化熏陶的教育过程中，促进师范生的专业发展，从而养成并不断加强教师专业素养。

4. 渗透性：体现为无声之教

养成主要是一个内化生成的过程，育人无形，润德无声，师范生养成教育不仅需要时间的滋养，也需要环境的浸濡。养成教育的渗透性是指教育力量虽然见之无影、摸之无形、听之无声、觉之无察，但又无处不在、无时不有。如果说培养是外

---

① 王铁军，方健华. 名师成功：教师专业发展的多维解读[J]. 课程·教材·教法，2005(12)：71.

在的教育、训练、引导、规范、强化，强调一个由外而内的教育过程，那么，养成教育则更加重视自我的、内在的、自觉的生成，是一个由内到外的教育过程，是一个潜移默化的自然生成过程，它将过去那种重视“教”的教育模式进行了修正，而引入了“养”这个模式。“养”与学生的生活体验、文化熏陶密切相关，更加重视在日常教育生活和体验中渗透，养成教育更多地体现了以人为本的精神，更侧重于人的思想和精神素质方面的培养。

师范生养成教育就是一个由内至外的过程，它更多强调的是发自内心的情感体验和陶冶，是自我养成的过程，体现为渗透性。师范生养成教育是一种无声之教，教师教育文化的熏陶、教师的影响、榜样的感召等都在悄无声息地影响着师范生。师范生身处一个良好的教师教育文化环境中，有助于养成教师的职业情感和气质，师范院校教师或一线教师的精神感染、优秀教师行为的榜样引领也都会对师范生产生影响，这些精神、制度、文化等无形或有形的教育元素，在日常教育生活和情境当中，不断内化并生成稳定的教师专业素养和职业性格，都在润物无声地促成师范生素养的养成，使师范生在日常教育实践和生活中自觉生成教师专业素养。

三、师范生素养养成教育的实践取向

师范生素养养成教育主要通过长期的教育实践训练和教育生活体验以及教师文化熏陶，使个体自觉主动地形成良好的教师专业素养和教师人格的过程和方式。师范教育不仅注重让学生在知识、能力和专业素质方面得到应有的发展，更注重未来教师气质的培养，最重要的培养途径之一是文化熏陶。师范院校的专门训练，不限于教学的技能传授，而尤其在于教师教育文化氛围中涵濡浸渍，使学生对教育实践的兴趣油然而生，对教育事业的敬仰也日益坚定。养成教育是通过长期践行、外在培养与内在熏陶等多种教育手段，它侧重于行为教育与认知教育相对应，二者相辅相成、互相促进。因此，师范生需要在课程学习中培养素养、在实践活动中孕育素养、在学校文化熏陶中涵养素养，这是师范生素养养成的三条途径。

（一）在课程学习中培养素养

“课程是实现教育目标的基本途径。从世界各国的经验来看，不进入课程改革的层面，任何教育改革都是难以取得实质性成效的。”①高等师范院校要从教学计

① 高有华，王银芬.改革开放以来中国高校课程改革述评[J].当代教育论坛，2009(10):56.

划着手，改革课程结构体系，将师范生素养养成教育的内容、要求等纳入课程教学和课程考核，充分发挥课程教学在培养师范生素养方面的主阵地作用。根据师范专业认证的要求，目前师范生培养强调产出导向的教育理念（Outcome-based Education，OBE），这是国际工程认证体系提出的工程教育改革的思路与方法，它以学习产出为动力系统，其目的是通过学习产出来带动课程活动和学业评价。该理论认为，学生受教育后获得什么能力和能够做什么，一切教育活动、教学过程和课程设计都要围绕实现学生预期的学习结果。产出导向教育是一种为教育系统所关注、界定每一位学生所达成的最终学习成果的教育，是一种依据学生预期达成的最终学习成果反向设计课程体系的教育模式。根据 OBE 教育理念“反向设计，正向实施”的原则，师范生养成教育应确立如下教育模式：明确师范生素养构成、确定素养与课程的对应关系、探索师范生素养养成有效路径。（见图 2－1）

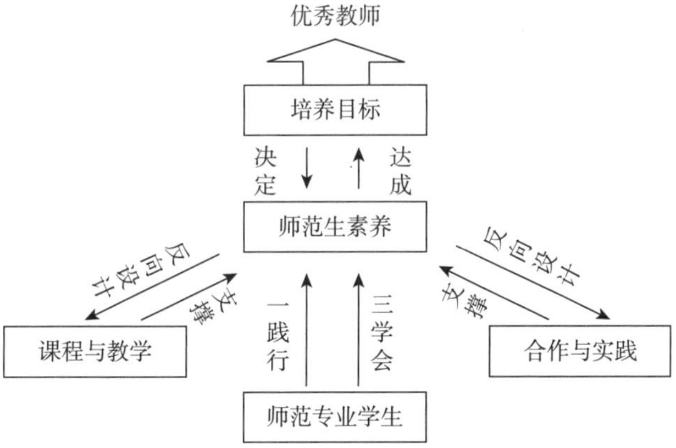

图 2－1　基于产出导向的课程设置

课程是促成师范生素养养成的主要载体，通过反向的课程设置，明确各课程板块与师范生素养之间的逻辑关系；通过构建课程矩阵图，锚定课程内容与师范生素养之间的对应关系；正向实施教学，保证师范生素养养成。师范生素养养成教育围绕践行师德、学会教学、学会育人、学会发展四个方面展开，建立师范生各素养与各门课程之间的支撑关联，根据各门课程知识体系对师范生素养的关联程度确定支撑强度，每一门课程都属于课程体系的组成部分，课程教学目标对应课程的一个或多个知识点，课程知识点必须能达成教学目标，最终促成师范生某类素养的形成。

在师范专业人才培养方案的课程设置中，针对不同的素养开设相应的强支撑课程，如针对师范生践行师德，开设教师职业道德等系列课程；针对师范生教学能力培养，开设教学设计、教学方法等课程；针对师范生育人能力培养，开设班级管理、班主任工作等课程；针对师范生自我发展能力培养，开设职业发展规划等课程，这些课程使教学内容的目标指向性更强，有助于师范生素养养成。

（二）在实践活动中孕育素养

前面提到养成教育是一种实践取向的教育，师范生应该在活动、体验、经历中去孕育教师素养。如果说师范教育课程体系为师范生的知识拓展打下了一个框架的话，那么，其本质的深化和结构的优化还需要教师个体独到的感悟、体验和经验的总结，而这一切都离不开教育教学实践。师范院校要尽可能多地给师范生们提供教育实践的资源、机会和经历，这有利于师范生更快地实现由学生角色向教师角色转变，使得他们能提前适应教育教学工作，并在参与教育实践活动中，加深对教师职业的理解和认识，帮助他们树立起崇高的教师职业理想和信念，即让师范生在活动中形成教师的人格和素养。

师范生的实践活动由四个部分构成：课内教学与课外教学相结合的实践活动——属于基础实践；学习活动与学生活动相结合的实践活动——属于综合实践；学校教育与社会教育相结合的实践活动——属于社会实践；教育教学知识与技能实际运用的实践活动——属于专业实践（见图 2－2）。他们共同构成了师范生养成教育的重要途径。

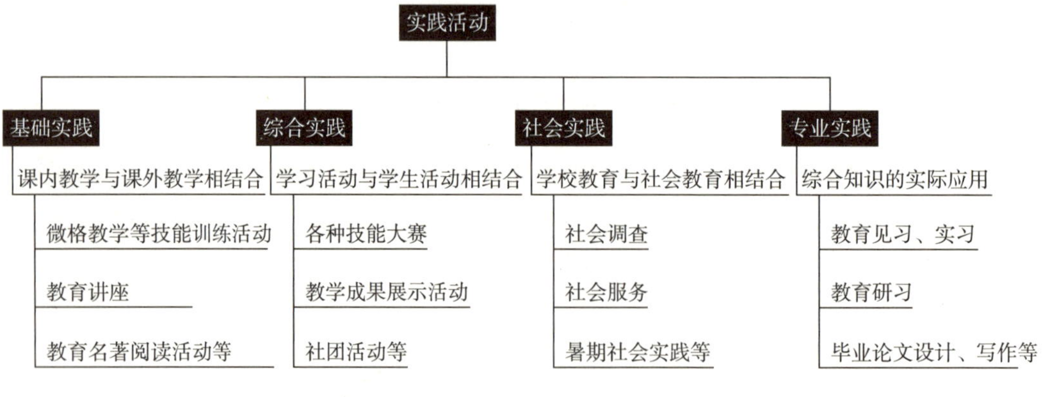

图 2－2　实践活动分类图

1. 基础实践

主要是课堂教学、课外开展的教学训练活动，包括书写技能训练、口语表达技能训练、课堂教学技能训练(微格教学)、绘画技能训练、弹唱技能训练、舞蹈技能训练、说课技能训练、讲座活动、教育名著阅读、教育影片欣赏等与课堂教学内容相关的,在课外进行的实践活动。

2. 综合实践

主要包括教学技能大赛、演讲比赛、辩论比赛、写字比赛、手工作品展、书画作品展,以及毕业汇报演出、教学成果展示、社团活动等实践,它们是以学生活动的方式呈现,但内容是结合专业学习的展示、提升而展开。

3. 社会实践

主要包括社会调查、社会服务(家教、支教等)、暑期社会实践、志愿者活动等,开展学生志愿服务,学生以志愿者的身份走进孤儿院、走进社区,主动运用所学的知识、技能为社会服务,从而在生活情境中养成教师职业素养。社会实践将学校教育延伸到社会,既是学校所学知识的实践运用,也是服务社会的体现。

4. 专业实践

主要包括教育见习、教育实习、教育研习、毕业论文(设计)写作等专业实践活动,体现为综合知识在实践活动中的运用。

这些实践活动,不仅可以锻炼师范生的教育实践能力,也陶冶了师范生的情操,培养了师范生的责任感和爱心,促进师范生素养养成。

(三) 在学校文化熏陶中涵养素养

良好的学校文化对于培养师范生的职业责任、职业作风、道德情操等都具有重要作用。皮特森(Kent D. Peterson)教授关于学校文化的阐述在西方,乃至整个学术界都具有深远的影响,他指出:“学校文化是一组规范、价值和信念、典礼和仪式、象征和事迹,这些因素构成了一所学校不同于其他学校的个性,正是这些不成文的因素随着时间的流逝促使教师、管理者、家长和学生一起工作,一起解决问题,共同迎接挑战和面对失败”。[①] 文明有序、整洁优美、蓬勃向上、健康和谐的校园环境,会形成浓郁的校园文化氛围,对师范生的行为起到良好的引导作用;体现着学校文化风貌的建筑景观、校训校貌、校规校纪、校风学风等,可以创设出一种精神气候和文化氛围;入学典礼、宣誓仪式、祭奠仪式、毕业典礼等学校仪式,是学校教育“以文化人”的重要载体;互联网时代的网络、视觉影像、微博、微信公众号等媒体,可以为

① 李红霞.国外学者关于文化与学校文化的理解与启示[J].外国教育研究,2007(2):19—20.

师范生营造一个积极、健康、充满学习氛围的网络环境。总之,学校文化内在表现为学校的信念价值观,外显为学生的生活方式、行为方式和意识方式,它具有价值导向、行为约束、人心凝聚、异质同化、文化育人等功能。

一般来说,学校文化可以分为学校的物质文化、制度文化、精神文化和行为文化四个方面。物质文化包括校园建筑和环境设施等,这是学校文化以实体形式存在的外在体现,是学校文化的外在形象。制度文化包括学校的规章制度、道德规范和行为准则,这是学校办学思想、办学理念和管理体制、管理模式的集中表现,反映和体现着学校文化的发展水平。精神文化包括学校办学思想、价值观念、教育理念、校训、校风等,这是一种内在的理性文化,是学校文化的精神核心和最高目标。行为文化包括师生的行为举止以及学校开展的仪式行为等,从实践角度看,学校所有的文化都是由人和人的行为来建构的,行为文化是构成学校文化的无形力量。

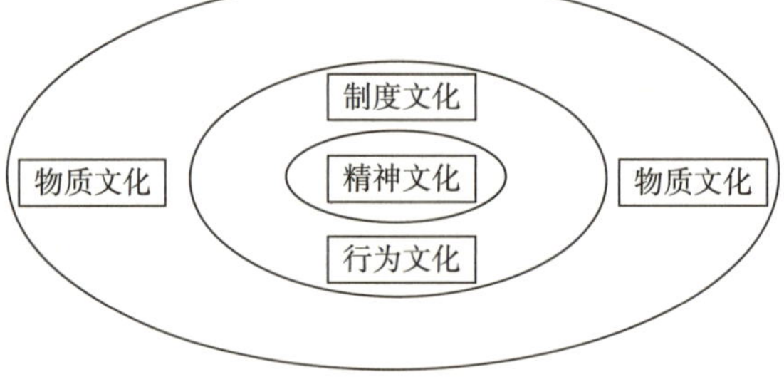

图 2-3　校园文化关系图

在学校文化系统中处于核心地位的是精神文化,起着统率作用;中间层级是行为文化和制度文化,是精神文化在关系和方式上的映射,是价值观念对行为和制度的认识和看法;处于最外层的是物质文化,以物化的形式反映价值与观念。不同的学校具有不同的学校文化,作为培养教师的师范院校应该要有明显区别于其他综合性院校的学校文化,这种师范学校文化必然是能体现师范院校教师教育的特色文化。不管是物质文化、制度文化、行为文化,还是精神文化,在本质上,对学生的情感、态度和价值观有着润物细无声的作用。学生在经过学校文化尤其是精神文化的"无声之教"下,潜移默化地生成与学校文化一致的素养。所以,对于教师专业素质的养成,师范院校也必须营造具有师范特色的教师教育文化氛围,使身处校园里的师范生能感到处处有景致、处处有寓意,使学生深受这种深厚文化积淀的影响，在优美的校园环境中得到某种启迪，有所感知、感悟，做到明理与践行。

总之，好教师是经年累月之修习、历练、沉淀、聚变与累积的结果。好教师需要养成，这是规范和指导教师教育的根本规律。师范生养成教育，不但有利于师范生个人成长成才，而且对中国教育未来发展具有长远影响。

课堂教学互动

1. 讨论：师范生素养研究中应如何体现文化自信？你认为可以如何实施？

2. 讨论：你认为师范生"培养"与师范生"养成教育"有何不同？

思考题

1. 如何理解高等教育人才培养的"四个关系""四个着力点""三个导向"？

2. 新文科提倡学科交叉，你认为哪些学科更容易融合？举例说明。

3. 西方国家是如何实施师范生素养教育的？选取一个国家，查找相关资料，和同学一起讨论。

4. 师范生养成教育有哪三条途径？作为师范生，如何去践行？

第三章 03

践行师德：师范生素养之核心

本章内容概述

作为教师队伍的后备军，师范生应加强师德素养提升，始终坚持践行师德。师范生师德素养包含师德规范与教育情怀。师德规范体现社会对教师群体在职业领域中最基本的要求，教育情怀则体现教师职业对教师群体的内在要求。师德素养养成是一个渐进的修炼过程，需要在不间断的学习、实践中慢慢求索得之。师范生需要把践行师德始终贯穿四年专业学习实践，在不同阶段有不同侧重和发展内容。

本章内容结构图

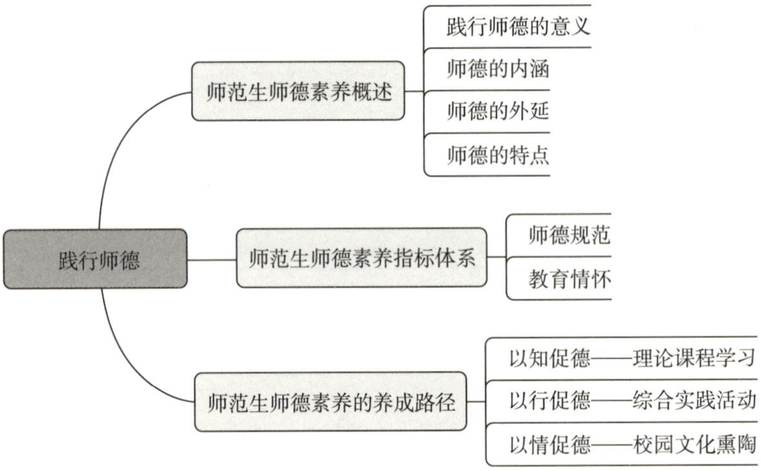

本章学习目标

◆ 理解践行师德的意义；厘清师德内涵、外延及特点。

◆ 理解专业认证指标体系中“践行师德”板块内容及层次关系，为师德素养养成确定方向。

◆ 了解师德素养养成的基本路径，能够根据发展需要构建符合个体发展需求的师德素养养成思路。

第一节
师范生师德素养概述

一、践行师德的意义

教师承担着传播知识、传播思想、传播真理的历史使命，肩负着塑造灵魂、塑造生命、塑造人的时代重任，是教育发展的第一资源，是国家富强、民族振兴、人民幸福的重要基石。[①] 人类社会的延续和发展离不开教师。师德是教师素养的根基与核心。教师践行师德是教师队伍建设之要义，是教师专业化发展不可缺少的内容，同时也是一种不可取代的教育力量，其意义深远。

（一）践行师德是教师队伍建设的逻辑起点

21 世纪，国际教育委员会认为："教学质量和教师素质的重要性无论怎么强调都不过分""提高教师的素质和能力应该是所有国家优先考虑的问题。"[②]从新世纪发展的趋势来看，教育质量与教师素质已经被提上国家战略发展的地位。2014 年教师节前夕，习近平总书记在同北京师范大学师生代表座谈时指出："国家繁荣、民族振兴、教育发展，需要我们大力培养造就一支师德高尚、业务精湛、结构合理、充满活力的高素质专业化教师队伍，需要涌现一大批好老师。"[③]为深入贯彻落实党的十九大精神，造就党和人民满意的高素质专业化创新型教师队伍，2018 年国务院出台了《关于全面深化新时代教师队伍改革的意见》，文件中指出，教师队伍建设具有重要意义，在改革中应当坚持突出师德的原则，并强调要着力提升思想政治素质，全面加强师德师风建设。教师是教育事业发展的推动者，教师要能明晰自身社会角色和责任，遵守职业道德规范，愿意做学生成长道路上的引路人，应能在教育

① 中国中央，国务院. 关于全面深化新时代教师队伍建设改革的意见[N]. 人民日报，2018 - 02 - 01(12).
② 康建朝，李栋. 芬兰基础教育[M]. 上海：同济大学出版社，2015：165.
③ 习近平同北京师范大学师生代表座谈时的讲话[EB/OL]. (2014 - 09 - 10)[2019 - 12 - 04]. http://politics. people. com. cn/n/2014/ 0910/c70731 - 25629093 - 2. html.

工作中找到社会价值感和个人价值感，并乐于终身为之奋斗。因此，师德是教师社会价值发挥的前提条件，是教师队伍建设之要义。

知识链接

践行师德的楷模——于漪

师德是教师职业得以维系的根本所在，是教师专业发展的应有之义。教师的师德水平指导着教师的教育实践，影响着教师在教育领域的行为选择。教师只有具备良好的师德，才能正确地选择自己的教育行为，处理和调节好教育领域的各种关系，自在应对教育过程中的各种矛盾和冲突，保障教育工作顺利进行并且富有成效。同时，良好的师德是教师奉献于教育事业的持久动力。一个拥有良好师德的教师，会深刻理解个人肩上的社会责任，把个体自我价值实现与社会价值实现高度统一，全身心投入教育事业，为国家的繁荣与发展贡献自己的力量。有鉴于此，师德无疑是“高素质专业化教师队伍”的建设要义，是国家教育事业发展之根基。

（二）践行师德是教师专业发展不可或缺的内容

现代社会，教师在职前必须经过专业化训练，经过一定的考核评估方可承担育人角色。然而在人类教育最初出现时，一般是由年长者承担教育任务，把与生产生活相关的经验传递给年轻一代。进入奴隶社会后，教育成为少数统治阶级子弟的特权，而承担教育任务的基本是社会上的博学之士和智者。随着第一次、第二次工业革命，普通大众的劳动素质已经不能满足飞速发展的社会需求，义务教育开始普及，大批量的人接受教育意味着需要大批量的教师，在社会发展的迫切需求之下，师范教育应运而生。师范教育主要是为基础教育专门培养教师的，至此，教师教育步入专门化发展之路。随着社会的发展，对人才质量要求也不断增加，社会对教育的要求不断提升，终身学习已经成为个体发展的必然趋势，而作为教育者的教师更应率先成为终身学习者，教师教育因此也走上专业化道路。为满足社会发展需求，教师素质备受社会关注。各个国家在教师专业标准中对教师专业素质都有系统、详细的要求，并且会依据标准对教师素质进行严格考核，而师德就是教师专业素质中不可或缺的内容。

教师的职业是培养人、发展人，教师被比作人类灵魂的工程师。教师专业发展几乎贯穿教师的整个职业生涯，是其个体不断完善的过程。教师不仅应在具体教育、教学实践活动中，按照社会要求，尽自己所能培养、教育学生，而且在日常教育教学过程中要善于反思。教学过程中反思能引导教师在实践中体会教师职业的社会责任及价值，进一步坚定其职业理想和信念，提高师德修养的自觉性。江苏徐州特级教师于永正老师曾说："我应该是一本写着一个大大的'人'字的教科书。"①在他看来，当学生用稚嫩的小手轻轻翻开语文书的第一页时，也就翻开了"老师"这本书的第一页。所以，他总是要求自己一方面不断为自己写上新的内容，另一方面不断修改过去已经写的那一部分。正是因为在实践的过程中于老师体会到教师肩上的责任，因为他自觉自律，不断完善自我要求，从而提升了自我师德修养。

教师每日和学生在一起，能有幸成为学生成长路上的见证人，并能深切感受学生成长的点滴变化。在这一过程中，教师能体会到教育工作带来的成就感与幸福感，愿意把教师职业作为自己毕生的职业追求，认真履行教师的社会责任，充分发挥自己的才干。全国十佳师德模范、南京浦口区行知小学校长杨瑞清老师从师范学校毕业后主动申请到乡村做教师，扎根乡村教育事业。正是因为作为一名师范生，他深受陶行知先生感染，立志要像先生一样为乡村教育作贡献，同时作为一名教师，他自己始终坚持对教育事业的执着追求，深深明白自身的教育责任，从而甘愿扎根乡村无私奉献。②

教育情境是复杂多变的。首先，学生群体在变，学生成长的时代背景也在变；其次，社会环境是动态发展的，并非一成不变。教育情境的复杂性不仅对教师的教育教学水平提出较高要求，还对教师的师德素养提出高要求。复杂的教育情境更需要以先进、科学的教育理念武装教师的头脑，使教师的教育行为既符合社会基本要求，又能更好地履行自己的职业责任。

（三）践行师德是一种不能替代的教育力量

现代社会，个体的成长离不开学校教育，学校教育的对象主要是青少年，他们正处于身心发展的关键时期，具有较强的模仿能力和可塑性。教师们是青少年在学校共同生活最多的群体之一，他们的言行会成为青少年学习模仿的素材。苏联教育家加里宁说："教师每天都仿佛蹲在一面镜子里，外面有几百双精细、富有敏感的、善于窥伺出教师优点和缺点的孩子的眼睛，不断地盯着他。"苏联教育家乌申斯

① 于永正. 给初为人师的女儿20条贴心建议[M]. 北京：教育科学出版社，2014：2—8.
② 杨瑞清. 走在行知路上[M]. 北京：高等教育出版社，2004：7—9.

基则说:“教师的人格就是教育工作的一切。教师对学生的这种影响是任何教科书、任何道德箴言、任何惩罚和奖励制度都不能代替的一种教育力量。”教师个人的道德品质示范对于学生具有重要的影响力。教师在教给学生知识的同时,其言谈举止潜移默化地影响着学生,教师自身的价值观、世界观和人生观通过教师的言行影响着学生,这种隐形力量塑造着学生的人格和道德品质等。

同时,教育本身是一个人与人互动的过程,其中教师按照教育伦理规范要求,创造条件促进每一个年轻个体的健康发展,教师在教育日常中尊重每个学生,公正对待每个学生本身就是道德示范。而保证教育过程是道德的,关键还依赖于教师的师德。如果教师能公正、公平地对待学生,信任学生,学生就能在学校中获得最基本的安全感,从而有利于学生的身心健康发展。

二、师德的内涵

师德是生活中耳熟能详的词语,特别是近几年随着社会对教师职业素质的广泛关注,师德已经成为社会关注、国家重视的教师素质之一。那么,究竟什么是师德,师德具体包含哪些内容呢?

对师德的不同理解有其历史渊源。从中国古代传统来看,只有德才兼备的君子、圣人才能做教师,因此在我国历史上,教师本身就是内外兼修、内在成己、外在德人的。古代人认为,师德是教师道德的渊源,只有道德高尚之人才可以做教师,道德高尚是做教师的必要条件。到了近现代,我国开始模仿西方建立完备的学制体系,师范教育出现并开始专门培养教师,教师被认可为一种专门的社会职业。既然是一种专门的社会职业,那么肯定就有属于这个职业的社会规范,因此又产生了师德是教师职业道德的理解,实际上这是现代社会职业规范化的一种体现。师德即教师专业道德或教师专业伦理这一认识则是在近些年教师专业化进程中新生的概念,体现了在教师专业化发展过程中对教师职业的深层理解。鉴于教师职业的特殊性,其本身是实践的,工作的对象是人,教师专业伦理道德从一定意义上肯定了在教师职业语境下理解“道德”,同时又包含对教师专业特性的关怀。在本书中,我们对师德的理解遵从第三种理解,即教师专业伦理道德,强调在尊重教师专业特性的基础上,需符合社会对教师的客观需求,同时也强调个人道德修为在其专业发展中的基础作用。

从时代发展的趋势来看，对师德的界定强调在专业领域内探讨社会对教师职业在道德规范及个人修养方面的要求。在教育专业实践中，教师应该以什么样的思想、情感、态度、行为、作风去待人接物、处理问题、做好工作，社会从道德的角度做出具体规定，即教师道德规范。教师不仅要在行为上遵守教师道德规范，而且内心要真正认可职业价值及职业规范，这就对教师个人修养提出了具体要求，要求其外在行为与内在修为要一致。概言之，师德是指在教育专业实践中，教师应当遵守的道德规范和应该具备的道德观念、道德情操和道德品质。

三、 师德的外延

苏格拉底说："知识即美德。"道德不是天生的，需要后天的学习。德与智不是两条并行的平行线，而是两条线交织在一起呈螺旋状上升。德与智是"你中有我，我中有你"，人为地将德育与智育割裂开来是不符合人的发展需求的。2011 年，我国出台教师专业标准，该标准对各级教师素质做出了具体要求。从整体上来看，各级教师素质结构都分为师德与教育理念、专业知识和专业能力。这三部分素质是交织在一起相互影响的。

在专业发展上，教师一般比较关注其专业知识与专业能力发展。专业知识和专业能力是教师为教之本。教师的专业知识包含学生发展知识、学科知识、教育教学知识和通识性知识。学生发展知识帮助教师了解学生发展相关法律、政策规定及身心发展的一般特点和规律等，有利于教师在社会规范和要求观照下，在了解儿童特点的基础上，规范开展教育教学活动；学科知识是教师教育教学活动的基础，只有具备扎实的学科知识，教师才具备向学生传递学科知识的条件，其是教育教学活动的前提；教育教学知识是教师将专业学科知识有效传递的中介，否则教育教学活动开展会受阻；通识性知识是教师适应社会发展的基本素质，是教师专业知识发展的基石，它影响着教师从教施教的高度和眼界。教师的专业能力包含教育教学设计、组织与实施、激励与评价、沟通与合作、反思与发展五个方面。教学设计能力保障教师根据具体对象设计合理的教学方案；组织与实施能力则保障教育教学活动有序开展，师生间形成良性互动；激励与评价能力则让教师能够对学生给予恰当的鼓励，激发学生的热情，并能对他们的学习结果进行客观发展性评价；沟通与合作能力则是教师联合其他教育力量，以学生健康发展为目标，形成共同努力的局面;反思与发展能力则是保证教师对教育教学工作及时反思,认识不足后及时改进,以完善教育教学工作和完成教师自身专业化发展。良好的师德会促进教师更用心地钻研专业知识、提升专业能力,随着专业知识的日益丰富和专业能力的不断提升,教师对教师职业的理解和认知、对学生的理解、对教育教学的理解会进一步深化,从而在具体的教育实践中收获教育的成就感,深刻体会到个人的社会价值,这也会进一步激发他们提升自我、注重个人修养的热情。概言之,师德提升会激发教师主动丰富专业知识和能力,专业知识的丰富和提升又会反向影响师德,师德与专业知识、专业能力是交织在一起呈螺旋式发展的,三者应当齐头并进,不能偏废其中之一。

四、师德的特点

1. 师德意识具有自觉性

教师的工作以脑力劳动为主,这一劳动方式具有独立性、灵活性和自主性的特点。比如教师是否静心备课、是否认真批改作业、是否公平公正地对待每一名学生等,这些都需要教师自觉完成。此外,教师对学生的影响不仅仅局限于学校范围内,还会延伸至学校之外。这也要求教师要自觉遵守教师职业道德,注重个人道德修养,从而充分发挥教师正向影响力。

2. 师德行为具有示范性

教育是有目的地影响人的活动。教师通过组织安排教育、教学活动,传递给学生知识、技能,并在思想品德方面给予影响。教师在教育、教学活动中能否遵守师德规范要求,对待学生、家长、同事以及工作的态度则在活动中会潜移默化地传递给学生。教师公平公正地对待班级每一名学生,用爱心、耐心、责任心滋润每一个学生,那么这个班级的学生待人的方式也会比较友好。如果教师在班级给某些学生"贴标签",边缘化顽劣学生,那么这个班级的学生也会区别对待身边的同学或其他人……总之,教育、教学活动中教师的一言一行、为人处世、待人接物等,都被学生看在眼里。为了证明成人的榜样作用,班杜拉曾设计了募捐实验,实验最后表明:儿童会模仿成人的榜样行为。当成人榜样的言行不一致时,儿童更加关注成人的行为。举例来说,尽管教师教导学生要认真学习、尊重他人等,但是如果教师在学生面前无法做到认真工作、尊重他人,那么学生则会关注教师的行为而非教师的言语。因此，我们说教育过程本身就具有道德教育的力量，教师在专业实践中，遵守教师职业规范，并能具备较好的道德观念、道德情操和道德品质，这本来就是一种最好的示范教育力量。

3. 师德影响具有深远性

教师在教育过程中践行师德，师德本身就具有较强的示范性，学生会以教师为榜样，学习教师的一言一行。教师工作的对象绝大多数是未成年人，而这一阶段是学生品德发展的关键时期，教师的言行会影响学生品德的形成，学生的品德一旦形成对他们的一生都会有重要的影响，因此教师师德践行对学生的发展具有深远的意义。

第二节
师范生师德素养指标体系

2017年，教育部出台高校师范专业认证标准（下称“标准”），旨在进一步规范师范教育，提升教师教育质量。专业认证标准对师范毕业生提出了“一践行三学会”的要求。其中，践行师德又从两个层面提出具体要求，即师德规范与教育情怀。下面从师德规范与教育情怀两个方面深入解读师范生师德素养指标体系。

一、师德规范

参考《普通高等学校师范类专业认证办法及认证指标》，在幼儿园、小学、中学三个层级的师范专业中，关于师德规范的描述是一致的，以下是“标准”里的文字表述。

> 践行社会主义核心价值观，增进对中国特色社会主义的思想认同、政治认同、理论认同和情感认同。贯彻党的教育方针，以立德树人为己任。遵守中小学教师职业道德规范，具有依法执教意识，立志成为有理想信念、有道德情操、有扎实学识、有仁爱之心的好老师。

如果把师德规范的描述进行逐层分解，可以分为三个层面：① 认同社会主义核心价值观；② 以立德树人为己任；③ 遵守职业道德规范。这三条是从社会使命、教师职责、职业规范几个方面来深入展开的。一名教师，作为国家育人工作的主体，对国家主流价值观之认同是基础前提，以立德树人为己任是根本要求，明晰教师职业规范、依法执教是最基本的要求。

1. 认同社会主义核心价值观

习近平总书记强调，教师是人类灵魂的工程师，承担着神圣使命。教师要想成为一名优秀的教育工作者，自身首先要获得良好的教育，做好先进思想文化的传播者，当好学生健康成长成才路上的指导者和引路人。思想理论可以说服人，被人们了解和掌握，既要求其自身是真理，也要求其能够关注现实，能够在不同程度上帮助人们解释现实情况，并引导人们解决问题。教师必须要掌握和理解社会主义核心价值观，能够深入理解社会主义核心价值观内在的真理性、权威性和科学性。只有在此基础上，教师才能成为社会主义核心价值观的传播者和引领者。这就要求教师学习贯彻习近平新时代中国特色社会主义思想，深入学习习近平总书记关于教育的重要论述，以及党史、新中国史、改革开放史和社会主义发展史内容，形成对中国特色社会主义的思想认同、政治认同、理论认同和情感认同，能够在教书育人实践中自觉践行社会主义核心价值观。

2. 以立德树人为己任

在我国，古人关于人生"三不朽"中将立德列为首位，立德是人生的最高境界。立德是在我国传统文化的土壤中发展起来的，立德树人是我国当代教育改革发展的根本任务，是教育改革发展的核心价值追求，是对所有教师的共同要求。教育作为培养人的实践活动，其根本目的本来就是促进人的不断发展和完善，因此把立德作为教育工作的根本任务不仅是文化传统精髓的体现，也是教育本质的基本体现。

3. 遵守职业道德规范

作为一种社会分工与角色，教师必须发挥其特定的社会功能，要承担起特定的义务与责任，为社会发展提供教育服务。职业道德是伴随商品经济发展产生的，与社会公德和个人私德不同的是，职业道德是一种规范职业行为的道德观和道德行为准则。教师职业道德规范可以约束教师从教行为，进而保证教师顺利地履行自己的职责，提高其教育服务质量。职业道德规范的重点在于引导、监督和制约教师的行为，反映一定历史时期的社会需要和普遍的道德理想。职业道德规范是教师履行特定社会责任与义务的方向标，发挥其社会价值的指引作用。教师只有在理解教师职业道德规范内涵与要求基础上，在教育实践中遵守《新时代中小学（幼儿园）教师职业行为十项准则》，才能分析解决教育教学实践中的相关道德规范问题。教师只有遵照相关的法令法规及职业准则，才能够清楚知道哪些行为是符合社会期望的，哪些行为是与社会期望相背离的。因此，教师遵守职业道德规范既是社会需求的体现，也是教师高效、正确履行社会职责的保障。

案例 3－1 “无一伤亡”背后，是校长十年的心血汗水①

地震发生时，叶志平（校长）正在绵阳办事。大地突然巨震，他站不稳，抱住了身边的总务长。震感非常强烈，经验丰富的他立刻意识到事情不妙。他立刻往学校打电话，但是打不通，他知道电话断了，疯了似的开车往学校跑。车子开得飞快，路上他一句话也没说。

他最挂心的是那栋没有通过验收的实验教学楼，地震来了，那是软肋。那栋楼是 20 世纪 80 年代建的豆腐渣工程，建好后没有人敢验收。叶志平把它从危楼改造成放心楼，花了十多年的时间和心血。

他狠抓学校新建楼的质量，要求施工者每块大理石板都打四个孔，再用四个金属钉挂在外墙上，再粘好。这样贴得牢固，不会砸到学生。大地震当天，教学楼的大理石面，没有一块掉下来。

他以最高的安全指标建新楼，也训练师生去熟悉和学习，当最危急最可怕的地震到来时，如何应对。2005 年开始，他要求全校师生每学期开展一次紧急疏散的演习。每次演练都模拟最真实的情境，规划好每个班的疏散路线，到达操场上的位置也做好固定标识，跑哪个楼梯，转弯处要放慢，绝对不能出现踩踏，每个细节他都想到了，绝不能出错。他设计好的撤退策划书，堪称教科书式的撤退演习！他每天绷紧这根弦，大家却不理解他。有些人觉得烦琐，当作儿戏般，但是叶志平一直坚持。后来，渐渐地大家习惯了，撤退演练每次都很成功。

他在墙上写着“责任高于一切，成就源于付出”。十年如一日未雨绸缪，常常练习。没想到地震这天，他偏偏不在。但是学生们安全撤退路线了然于胸，老师们指挥起来也秩序井然。地震波一来，老师喊：所有人趴在桌子下！学生们立即趴下去。老师们想到，地震会扭曲房门，把所有教室前后门都打开。震波一过，学生们立即冲出了教室，按演练时的路线迅速撤退。当其他人像噩梦一样，面对地震来临，束手无策时，桑枣中学的学生们却轻车熟路，按照校长早已安排好的路线疏散，全部冲到操场，以班级为组织站好，用时仅 1 分 36 秒。

——内容有删节

概言之，师德规范是教师应当遵守的最基本的要求，当一名教师步入职业领域，履

① 汶川地震中该学校 1 分 36 秒完成奇迹，无一伤亡，叶校长是如何做的[EB/OL]，[2011－06－03]. https://xw.qq.com/partner/vivoscreen/20210513A09LAI00.

行其职业角色前，首先他对自己的国家的主流价值观必须要认可。教师是社会的代言人，其教育教学中传递的知识、价值观等代表着社会对个体的客观需求。如果教师本人都不认可国家主流价值观，又如何能做到传递价值观并塑造人呢？教师是国家教育的主导者，肩负国家发展大计，他们应当认识到自己肩上责任之重，如果不能以立德树人为己任，国家社会的发展将无从谈起。步入职业领域，必须遵守职业规范，这是职业过程最基本的要求，什么可以做，什么不可以做，只有明晰界限才能在教育之路上勇往直前。

二、 教育情怀

同样参考“标准”，三个层级关于教育情怀的描述也略有所不同，但大部分描述是一致的。如下是“标准”里面的文字表述。

> 具有从教意愿，认同教师工作的意义和专业性，具有积极的情感、端正的态度、正确的价值观。具有人文底蕴和科学精神，尊重学生（幼儿）人格，富有爱心、责任心、事业心，工作细心、耐心，做学生锤炼品格、学习知识、创新思维、奉献祖国的引路人（做幼儿健康成长的启蒙者和引路人）。

尽管幼儿园与中小学层级关于教育情怀的表述略有不同，主要基于教育对象及教育任务的差别进行了表述，但是文字表述的整体层次是一样的。若对教育情怀进行分解，可以分为如下四个层面：① 强烈的职业认同；② 关爱学生；③ 用心从教；④ 加强自身修养。

1. 强烈的职业认同

职业认同是指个体对于所从事职业的目标、社会价值及其他因素的看法，与社会对该职业的评价及期望一致，即个人对他人或群体的有关职业方面的看法、认识完全赞同或认可。与其他职业不同的是，教师职业的工作对象是人，教师职业的主要任务是培养人、发展人。教师职业具有巨大的社会价值。从宏观上看，教师职业对延续和发展人类社会作出了巨大贡献。在任何社会，要把前人创造的社会文明和知识财富传递下去，必须要通过教师这个人类社会文明和知识财富的传递群体。从微观上看，教师职业影响着年轻一代每个人的发展和幸福。在现代社会，一个人的发展在很大程度上取决于他所接受的教育，取决于教师。没有教师的培养，年轻一代不可能在短时间内有效地掌握前人积累起来的知识。特别是在当下的信息时代，教师引导的作用越来越重要；社会矛盾冲突越尖锐，价值取向越多样化，越需要教师的指引。教师要能够意识到其职业的特殊意义,接纳并认可自身职业价值,并能用正确、积极的态度去对待自己的工作。通过职业实践,教师在工作中体会到教师职业的社会价值,个人认识和切身感受能够与社会期望保持高度一致,进而能更有目标和方向地积极投入教育实践中。

案例 3-2　封莉容一生托付,为了美好未来①

上海宋庆龄学校高中部拥有 10 多名博士教师,甚至不乏来自清华、北大、哈佛、牛津、耶鲁等名校的毕业生。

从美国普林斯顿大学博士毕业的刘薇因为孩子上幼儿园与封莉容相识,感动于她谦逊的为人和真诚的邀请,决定加盟上海宋庆龄学校。刘薇的导师是美国工程院院士、美国人文与科学院院士、普林斯顿大学教授罗忠敬,他为弟子放弃科研而深感惋惜。

2017 年,罗忠敬到上海宋庆龄学校与师生们交流,这是他 40 年职业生涯中第一次走进中小学,面对的学生最小的在上四年级,但当他讲述火焰、发动机、超新星时,孩子们听得津津有味。他对刘薇工作的价值有了新的判断——

"我为你的选择感到高兴和骄傲,你留在学术圈,我们一定会多几篇文章,但是你现在的工作会影响到更多的人,尤其是这些学生,我觉得这个意义更重大,我替你高兴!"罗忠敬还受聘担任上海宋庆龄学校名誉发展顾问。

封莉容说:"基础教育是需要吸纳更优秀的人的。对于这里的老师而言,工作的意义不是从外部世界空降而来,而是由群体内部创造而来。我们付出了爱,换来下一代的成长,进而通过他们为国家作贡献,改变世界,缔造一个更美好的未来。这种幸福感、成就感是巨大而深远的。"

从中国福利会幼儿园、宋庆龄幼儿园到上海宋庆龄学校,封莉容把一生最美好的时光献给教育事业,把心中的大爱传递给孩子、家长和教职工,坚守育人使命,点亮学子生命,为国家民族振兴和人类文明进步培育栋梁之材。

2. 关爱学生

陶行知先生在《师范生应有之观念》中曾论述:"教育者,乃为教养学生而设全以学生为中心,故开办学校、聘请教师,无一非为学生也。若无学生,焉有学校? 既

① 微言教育.封莉容:每天清晨鞠躬迎学生,一坚持就是 40 年丨全国教书育人楷模④[EB/OL],[2019-09-19]. https://www.thepaper.cn/newsDetail_forward_4466048.

无学校，焉有教师？然则教师与学生，焉可无同情耶？同情何谓？即以学生之乐为乐，以学生之忧为忧；学生之休戚即我之休戚，学生之苦恼即我之苦恼是也。”[①]陶行知先生认为，教育的中心是学校，没有学生就没有教师和学校，教师应当关心学生之喜乐和忧虑，爱护学生。学生是教育的对象，然而学生是未成熟的个体，具有发展的“未完成性”，他们的成长需要后天的学习。人类的文化遗产极其丰富，而人的生命却有限，学习仅靠个人努力显然是不够的，这就需要专业的引导者来引领学生走向成熟。引路人要把学生的发展需要放在首位，时刻尊重、关爱他们，在理解的基础上，创造条件和机会促进学生的发展。

案例 3－3　我持此石归，袖中有东海[②]

“肖老师，不好了，肖同学晕倒了！”下操的路上学生大喊，肖晓兰疾步上前，一手托住肖同学的身体，让他依靠着自己的臂弯，一边吩咐其他同学喊人帮忙。孩子脸色乌青，嘴唇发紫，肖老师的手也微微战栗。一直到孩子被送上了救护车，肖老师这才发现自己的手臂和腿部僵硬麻木，只能无力地瘫坐在地上。孩子安然无恙，家长连连致谢，同时也惭愧地道歉，因为前几天孩子之间的矛盾，家长指责肖晓兰偏心偏爱。事实胜于雄辩，或许化解家校矛盾最有效的方法就是，请相信，真心一定会被感知。

“我持此石归，袖中有东海”，于苏轼而言，此石是东海的风情，是豁达的象征，他爱不释手。对肖晓兰老师而言，此石是她三十三年班主任经历的点点滴滴，是她的育人之道，治班之本，幸福之载。

3. 用心从教

不管何种职业，都需要从业者用心去做好。如果从业者在工作中心不在焉、心猿意马，估计工作的效果不会好到哪里去。教师的心放在教育上，主要体现在对教育教学的专心和对学生的用心上。教师专心于教育教学，会认真履行教育教学职责，花时间潜心钻研业务，努力提升教学水平，优化教育过程。教师对学生要有爱心和责任心，面对那些相对年幼的生命，我们要满怀爱心去呵护他们，并且以此做为自己的责任。在教育引导学生的过程中，很多时候需要我们细心、耐心教导和引

---

① 胡晓风. 陶行知教育文集[M]. 成都：四川教育出版社，2007：37.

② 微海陵. 首批“春蚕奖”！海陵这位老师成功入选[EB/OL]，[2021.09.02]. https://mp.weixin.qq.com/s/tyQqN6bR_oUsMmgbWQFTnA

导，根据学生的需求有针对性地给予帮助和引导。

案例 3-4　陈立群：花甲进苗乡 烛照学子路①

做好人　教好书（记者手记）

"我只是一个普通老师，从事着很平常的支教活动。"央视"时代楷模发布厅"节目录制前一晚，结束了一天的彩排，陈立群终于有空坐下来喝杯水："我想给教育欠发达地区的孩子们带去更多的希望，让他们获得更好的学习机会，帮助他们走出大山，实现人生价值。"一番话语，诚恳而坚定。

支教扶贫，一片丹心。大山深处，那些聚光灯照不到的贫困家庭，他们的未来由谁来点亮？陈立群给了我们最好的答案。他常说，"不为功利，不求功德，只为心愿"是他的支教初心，他始终牢记自己是一个普通教师，为教育而生，一生只做一件事——做好人，教好书。

时代楷模，责任在肩。崇高的教育事业，需要榜样的引领。面对中宣部授予的"时代楷模"称号，陈立群感受到了沉甸甸的社会责任。他说，人类道德的基点是爱心和责任感，教师的快乐和幸福在于能够给孩子一对爱与责任的翅膀，让他们飞得更高。未来，他们会像蒲公英一样播撒在全国各地，带着爱与责任的教育理念回报社会。

陈立群用榜样力量带动更多人关注教育扶贫，开展支教助学。用"花甲之年入深山"的行动证明了教育的神奇力量，而这种力量正是千百万有理想、敢担当的教师造就的。

4. 加强自身修养

韩愈在《师说》中说："师者，所以传道授业解惑也。"授业首先要求教师具有扎实的学科素养，掌握系统完备的学科知识以及教育、教学相关知识和技能，这是授业之基础。其次，教师还要有基础的自然、人文学科素养，这是教师授业过程的强力支撑，它们决定着学生是否能被教师宽厚的人文素养、科学精神和审美能力所折服，乐意接受教师的授业。教师对学生的影响不仅体现在学科知识和专业技能上，还体现在生活的态度、心理调节的能力和礼仪规范等方面。教师若对生活充满热情，其积极乐观的生活态度会潜移默化影响学生，他们在生活中的一言一行都被学

① 人民网. 陈立群：花甲进苗乡 烛照学子路[EB/OL]，[2019-09-10]. http://dangjian.people.com.cn/n1/2019/0910/c117092-31346590.html.

生看在眼里、记在心里。教师注意仪表整洁，语言规范健康，举止文明礼貌，无形中就给学生做了良好的示范。

案例 3－5　一张“便条”

鲁先生的学生，北京师范大学教育学部教授、公民与道德教育研究中心主任檀传宝，至今还记着这样一件事：他周五下午外出到南京对岸的和县访友，周一早上按时回校。因为是周末，当然也就没有请假。但是一回宿舍，桌上就放着周六鲁先生用信封装好的一张“便条”。便条上面写着：“檀传宝：今天找你。了解你已于昨天外出未归。也许因为你是新生，不了解学校的有关规定。希望今后再遇类似情况必须向班主任办理请假手续。这一方面是为了保证学习；另一方面也是为了学校对于你们的安全等等负有责任。鲁洁，10 月 15 日”。檀传宝教授说，他至今还保留着这张便条，在每一届研究生入学时候，他都会讲一遍这个故事，念一遍这个便条。

（南师大公众号：精彩师大—阳光网）

概言之，教育情怀是从教师个体出发阐述教师的内在道德观念、情感及态度等要求。如果说师德规范是做合格教师的要求，那么教育情怀就是做幸福教师的诉求。职业除谋生这一基本功能之外，它应当带给人们幸福感，这样的职业人生才是有意义的。教育的目的在于人的发展与完善，人的发展与完善是为个体在社会生活世界中找寻生活的意义及价值。“人总是在为自己的生活寻找更加合理的理由，更加美好的理想，不断去追寻更有意义的生活，不断提出改变现实的新的目标和要求，为使生活更有意义而努力。生活的意义内蕴于生活的实践之中，它是支撑生活不断向前的东西，意义始终伴随着人的生活。”①作为教师，只有深刻领会与认同职业的价值，其对职业的情感才会是积极的，一提到自己的职业自豪感和幸福感溢于言表，教育实践中总是能看到工作的意义与价值，这无疑是做幸福教师的意识前提。当然，仅认同和喜爱职业是不够的，还需要修炼强烈的职业精神，驱动自己在教育实践中去实现职业价值。教师的职业价值在于做学生的引路人，每个学生都是独特的个体，但他们又是尚未成熟的个体，他们需要教师以父母仁爱、责任之心对待他们，认真对待他们成长过程中的每一个问题，全面促进学生个体身心发展。强烈的职业精神无疑是做幸福教师的实践前提。

① 鲁洁. 生活·道德·道德教育[J]. 教育研究，2006(10)：3—7.

第三节
师范生师德素养的养成路径

师德作为教师的基础素养，具有一般素养的基本特点，其养成是一个长期渐进的过程。师范生大学四年学业生活的内容主要包含理论课程学习、专业综合实践和校园文化生活等，从这几个方面出发，学校如何构建师德养成的路径，下面将分述之。

一、以知促德——理论课程学习

师范专业的理论课程主要分为三大类：通识教育平台课程、教师教育平台课程、学科专业平台课程，这三类课程教学主要在学校完成。前两类课程中有较多课程是师德养成的强支撑课程，这些课程中的主要内容是师德养成的根基。

1. 思政两课

通识教育平台课程中的思政两课（即马克思主义理论课和思想政治教育课）能够帮助师范生较为系统地理解社会核心价值观和主流价值观。马克思主义理论课包含哲学、政治经济学和科学社会主义，它主要涉及三观（世界观、人生观、价值观）教育。学习马克思主义理论课有助于帮助师范生构建合理的本体论、认识论和价值评判体系，这是人认识世界的基础。思想政治教育课则有利于师范生全面系统理解国家对社会个体的基本期许，在自我发展基础上树立社会责任意识，同时也能在育人实践中更好地去践行国家所需求的教师责任担当。因此可以看出，马克思主义理论课、思想政治教育课等通识类课程是师德素养的强支撑课程，其关乎师范生三观及社会责任感的发展方向。

2. 教师师德专门课程

教师教育平台课程中有专门的教师职业道德模块，根据不同需求，各师范院校所开设课程的名称略有差别，课程名称分别为“教师职业道德”“教师职业道德与修养”“教师职业道德与法规”。课程名称虽略有不同，但大都聚焦于教师职业道德。课程一般涉及不同层级教师职业规范条例的学习及教育政策法规的学习。该类课程的培养目标一般为：通过课程学习帮助师范生全面系统了解今后所从事的教育工作的基本规范、职业行为禁忌，明晰职业实践的边界线，在今后的教育实践中能够做到按照职业规范操作，符合社会对教师职业的要求。作为未来教师，相关教育法规、政策的学习，能帮助师范生养成依法执教的意识，从而指引个人在教育实践中遵守教师职业道德规范。

二、以行促德——综合实践活动

师范生在大学四年的学习中有丰富的实践活动可以参加。实践活动一般划分为基础实践活动、综合实践活动、社会实践活动和专业实践活动。这几类实践活动中，基础实践活动包括阅读、讲座等；社会实践活动包括志愿者活动、教育服务实践活动等；分阶段的专业实践则分为见习、实习、研习等。这些实践活动在师德养成中都起到非常重要的作用。

1. 阅读经典

阅读是教师最好的修行，通过阅读经典图书，教师的精神世界得以丰盈，其专业发展的眼界更开阔……信息时代的到来，人们也习惯于声音、图像的刺激。但是，师范生作为未来教师，更应把阅读作为一种习惯，花时间静心阅读思考，系统的专业学习能够帮助师范生更好地认识专业，不仅在情感上接纳认同专业，还能通过将专业学习转化为专业实践活动，进而增强职业成就感、荣誉感等；人文、科学类书籍阅读能为师范生打下坚实的人文科学素养，而这些是做教师的基础素养，能拓宽教师专业发展的路径。

高校可以分阶段开展不同类型的书籍阅读活动。比如，在大一学期可以结合师范生已有的阅读经验，有针对性地开出有助于提升其人文素养的书单，供师范生结合自身需求来选择。此外，学校可以定期开展阅读经典交流沙龙，让他们有机会通过交流来开阔个人的阅读思维。当师范生年级逐渐升高后，可以适当增加教育类经典原著推荐量，定期的阅读交流是有必要开展的，师范生还可以坚持记录阅读感悟、累积阅读笔记。

2. 讲座

讲座是基础实践活动中的一种，它是大学内比较常见的校园活动。讲座实际上是一种教学形式，主要通过报告会的形式，由行业专家、学者或社会名人围绕某一学术主题或社会热点问题等展开演讲。讲座的主讲人通过自身的学识、见解等来影响观众，进而起到教育影响作用。

高校内的很多讲座都是邀请知名的专家、学者来参加，在讲座主题设置上，高校可以根据学校师范生师德发展的需求，组织开展师德系列讲座。知名的专家、学者可以从专业学术角度来宣讲师德于教师专业发展的重要意义和作用等。学校也可以组织开展优秀教师师德报告会、先进事迹宣讲会等，邀请一线教师中的师德模范或者师德标兵等讲述个人专业成长历程等。师范生应积极参加报告、宣讲活动，把这些先进优秀代表作为自己的职业榜样，向他们看齐、学习。

3. 社会教育服务实践

大学本身就承载着服务社会之功能，师范生利用专业所学服务社会，一方面能够强化他们的社会责任意识，另一方面能够让他们通过社会服务体会职业价值感，进而获得职业认同感和荣誉感。一般高校都有青年志愿者服务团体，根据师范生不同专业，学校可以结合师范生专业学习进度，安排他们参与一些社区教育服务与咨询活动。学前专业的学生，在儿童文学、故事创编等方面有其专业优势，可以引导他们组织社区公益活动，儿童剧表演、绘本阅读表演等既可以锻炼他们的专业基本能力，又可以陶冶他们的教师品格与情操。

4. 分阶段专业实践

师范专业一般都会安排师范生进行教育见习、实习等，而且《高等学校师范专业认证标准》中也明确要求“实践教学体系完整，专业实践和教育实践有机结合。教育见习、教育实习、教育研习贯通，涵盖师德体验、教学实践、班级管理实践和教研实践等，并与其他教育环节有机衔接。教育实践时间累计不少于一学期”。从标准要求中可以看出，实践教育平台课程的一个主要目标就是师德体验，而且在不同阶段，师德体验与实践内容应当各有侧重。目前师范专业教育实践安排顺序大致分为初级实践、中级实践、研究式实践几个阶段。

初级实践阶段主要以观摩体验为主，主要是指师范生进入幼儿园、中小学这些今后教育实践的一线场地，以旁观者身份观察教育、教学活动，对今后自己将从事的工作形成初步认识与体验。这一阶段师范生是旁观者的身份，较少掺杂个人主观情感，故该阶段师德养成内容可以以师德规范学习、评价和树立教师职业理想为主。一方面，师范生在幼儿园、中小学观察到的教师的教育、教学行为本身就是一种动态的、实践的师德规范学习。另一方面，教育这一实践活动不可能完美无缺，总会因教育迫切性或其他原因导致一些“教育失范”，这些行为可能会引发师范生的评价与讨论，这正好是结合具体情境的师德反思能力培养。同时，实践场地有一个个具体的职业榜样供师范生学习，要抓住职业理想树立的关键期。中级实践阶段主要是参与式实践，这一阶段师范生在教师的指导下独立完成教学、班级活动的组织与管理等一系列具体活动。此时，师范生的身份不再是旁观者，而是教育活动的主体，他们对自己的工作已有真实的体验。结合这一阶段教育主体的身份，师范生对师德从认知开始向实践转化，他们能更明晰自己在师德实践的过程中存在的困难，可以根据这些困难反思自身不足。这一阶段师德养成内容以强化职业认同和提升职业情感为主。研究式实践阶段主要是实践与研究相结合，此时，师范生不仅是教育实践主体，还是教育研究者，其目标是做一个研究型教师，这也与现代社会要求教师成为终身学习者的理念是不谋而合的。这一阶段教师以教育中的实践问题为研究点，深入研究如何具体做好教育教学工作，这实质上就是一种执着探索，不断追求进步职业精神的养成。结合不同实践阶段师范生的不同实践内容，指导教师应当引导师范生在师德养成上各有侧重。

三、以情促德——校园文化熏陶

为促进师范生师德养成，学校可以优化强支撑课程，并为师范生提供实践平台，让他们能够通过实践提升师德水平。当然，仅有这些硬件的师德养成条件还不够，学校还应当注重师德养成的氛围营造，即营造良好的学习、德行氛围，给师范生浸润式的师德影响，潜移默化地影响其师德发展。

1. 经典电影展播

国内外教育经典影片不少，作为年轻人喜爱的一种媒介形式，电影展播可以作为一种文化熏陶活动引入师范生的校园生活。教育经典影片大都以校园、教师与学生的生活等为主题，以故事的形式向观众展示教育生活，并引发观众思考，影片内容多数温暖、励志，能启发人们对教育进行深层次的思考。

教育类经典影片很多发行于较早的年份，当前的师范生很少有机会接触到这些电影资源。很多教学类教师的专业在成长过程中都接触了解过教育类经典影片，对新出的教育类影片也有自己的专业辨识能力，能够判断哪些适合师范生观看。教育管理类教师比较擅长组织学生活动，可以根据教学类教师提供的电影资源和专业建议组织影片展播活动。教师们通力合作，可以把经典教育影片展播作为师范生的常规文化活动，可以根据师范生专业成长的不同时期，分批次展播经典影片，也可以以沙龙的形式组织学生观影并交流感受，此类活动不仅有利于师范生独立思考能力的提升，还可以通过观看电影从情感上引发他们对教师职业的认同情感，从认知上深化教师职业价值之认识。此外，参与学生观影感受交流也有助于教师把握师范生师德发展之动向，并能在教学及学生活动中做好积极引导。

2. 阅读沙龙

教育经典著作数量颇丰，平时很多教师会推荐给师范生阅读。在当下的媒体时代，一个人静心阅读一本书具有挑战性，可组织成立阅读沙龙或者读书小组，形成群体阅读氛围，定期的交流也会促进和监督个体阅读，缓解个人读书压力。

阅读沙龙可以分种类。教师在每期沙龙开始前两周或一个月时间告知交流的著作及主题，对著作可以提供导读单或者提供合适的拆书稿供师范生参考。每次交流活动的记录，每个师范生的心得体会都可以有过程性记录，待到一学期的沙龙结束后可以将过程性资料交还师范生。持久坚持的过程不仅磨炼师范生的耐心、钻研精神，而且经典著作阅读拓宽师范生专业基础和眼光，丰富了他们的职业理解与认知。

3. 师范生成长小组

师范生必须对自己的专业有深入了解，并合理规划专业成长，目前的大学生成长规划在一定程度上帮助师范生树立专业成长规划与实施的意识，但是在专业学习过程中，他们会碰到各种具体的专业发展困难，仅凭师范生个人的力量不足以应对，需要有专业教师的指导和帮助。

在师范生进校之初，学校应当组织相关活动，一方面提供成长导师的资料供师范生选择，另一方面了解师范生成长之需，并提供给成长导师参考，采用双向选择的方式让师范生与教师结成对子。当师范生在成长过程中碰到困难时，可以及时与成长导师沟通。同时，成长导师也可以根据自己负责的师范生在专业发展中碰到的共性问题，定期组织师范生进行内部交流，让师范生在专业发展之路上找到支撑点。

4. 打造校园德育氛围

在师德教育中学校是主导方，学校自身如果不重视师范生的师德教育，势必给师德教育带来极大的阻力。自 20 世纪 80 年代改革开放以来，在"以经济建设为中心"的社会发展诉求下，"效率优先"和"技术主义"成为社会主流观念。受此影响，师范教育也特别重视教师技能培养，师范教育课程也是以技能课程为主导。目前很多高等学校重视师范生技能课程，而忽视师德教育课程。学校对师德教育的不重视直接导致教师在师德教育课程教学中和学科专业课程师德教育资源挖掘上都缺乏积极性，师德教育陷入理论上应当重视，却实际被忽视的尴尬境地，整个学校师德教育的环境和氛围不利于师德教育开展。

彼得斯说："不管你愿不愿意，每位老师都是德育教师。"[①]教师总是在教学或其他教育日常互动中传递着道德信息，这就要求教师，特别是师范专业的教师要格外注重自身师德修养的提升，因为他们的一言一行都在潜移默化地影响着未来的教师。学校要注重营造良好的师德师风建设环境，学校要营造出"尊师重教""为人师表"的良好风尚，结合师德规范，组织学生评选教师中的优秀代表，积极营造良好的师德教育环境和氛围。

知识链接

师范生个人层面的自我修养

课堂教学互动

1. 讨论：你认为师德养成的关键是什么？
2. 讨论：对认证标准中践行师德指标的认识。

思考题

1. 践行师德的意义有哪些？
2. 请说说师德与其他教师素养的相互关系。
3. 如何理解专业标准中的师德结构？如何理解结构中各要素之间的关系？
4. 结合师德特点，请你谈一谈在师德养成上应当注意什么。
5. 师德养成的路径有哪些？
6. 尝试给自己列出一个师德养成计划表。

---

① [英]彼得斯.道德发展与道德教育[M].邬冬星，译.杭州：浙江教育出版社，2000：28—30.

第四章

学会教学：师范生素养之基本

本章内容概述

“学会教学”是师范生学习与实践的重要目标和任务，也是师范生最基本的素养。师范生厘清学会教学的含义、特点和意义，感知并明确学会教学的重要性，从学科素养、教学能力和技术融合三方面了解学会教学的指标要求，通过课程学习、实践活动和自主发展来提升教学素养，达到学会教学的目标。总之，在教学方面要引导师范生善于将理论与实践并重，博观而约取，厚积而薄发。

本章内容结构图

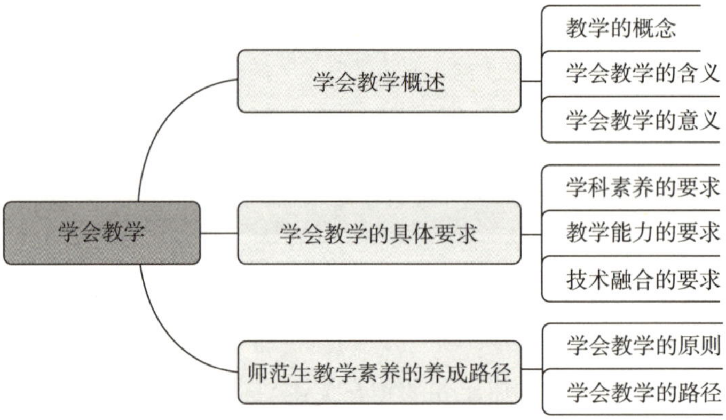

本章学习目标

◆ 了解学会教学的概念和含义，认识学会教学的必要性。

◆ 理解学会教学的学科素养指标、教学能力指标、技术融合指标；对照自己的实际情况，明确学会教学的目标。

◆ 了解学会教学的原则，理解并认同学会教学的三个路径，能尝试运用三个路径提升教学素养。

第一节
学会教学概述

教学是教师的教与学生的学所组成的有目的地培养人的活动，旨在传承文化知识、引领学生全面发展。其中，学会教学是教学的前奏，是师范生在知识、能力和技术上历练并达到能够教学的过程。师范生树立了教育理想，逐步认知和理解教学、学会教学的阶段特点。

一、 教学的概念

“教学”一词在我国出现较早。《学记》中记载：“是故学然后知不足，教然后知困。知不足，然后能自反也，知困，然后能自强也。故曰：教学相长也。”此处，“教学”是“教”与“学”的简单组合，指教育别人和自己学习。根据《现代汉语词典(第7版)》可知，“教学”是教师把知识、技能传授给学生的过程。此概念比较宽泛地界定了教学的内容和主客体。

教学活动有目的、有计划、有组织。教学中，教师是组织者、引导者、促进者和研究者，学生是教师教的客体，同时也是自主学习与发展的主体。因此，教学是一种复杂的、师生深度交互的特定活动，教师按照教育目的和课程的教学目标，依据一定的教学方案和学生的身心发展规律，引导学生能动地、创造性地自主学习和建构科学文化知识，逐步发展智力、体力和技能，养成符合社会规范的品行，感受和表现美感，从而使学生素质全面发展。在我国，教学以“培养德智体美全面发展的社会主义事业的建设者和接班人”为目的，在师生双向互动的交往与对话中发挥学生的主体性、能动性和创造性，通过直接的教学活动使学生获取间接的历史文化经验和技能，将掌握知识与发展智力、德行、体力、美感融为一体，遵循社会要求、知识体系和学生的身心发展规律。

二、学会教学的含义

学会教学，指有意于教学的人（这里特指师范生）在经过一定的专业学习和实践后，掌握必备的学科知识、学习指导策略和教学基本技能，能运用信息技术辅助教学、比较独立地完成教学任务，获得积极的学习与教学体验，从而具有一定的教学经验、教学能力和教学研究能力。可见，学会教学主要解决“会什么”“怎么会”两个基本问题。具体地讲，学会教学是师范生以能独立教学或在他人指导下完成教学为目的，获取教学必要的知识、技能和指导策略，养成一定的学科素养、教学能力和信息技术应用技能；另外，学会教学是师范生根据一定的学习目标和学习计划，认真学习与学会教学相关性较大的强支撑课程，积极参与必要的教学实践活动和教学科研活动，达到会教、能教的目的。当然，学会教学并非一蹴而就地在短时间内完成，是学以致用、知行合一的长期磨炼的结果。师范生须确立学会教学的意识，在学习和实践中克服思想和行动的惰性，坚持“见贤思齐，见不贤而内自省也”。

从哲学和教育心理学的视角看，学会教学有四个鲜明的特点。① 学会教学有明确的动机指向。首先，师范生有向往教育事业、认知教学活动意义、体现自我价值和感悟教学不足等内在需要，在学与教的活动中获得乐趣而不断成长。其次，师范生受到家庭与任教学生的期待、同辈间的横向对比、实习指导老师的要求等外在诱因的影响。最后，学会教学的目的是提升师范生的知识、能力等教学素养，使教学行之有效。② 学会教学是动态发展的过程。师范生通过学习与实践使生理素质、心理素质、教学知识、教学技能和社会认知等各方面，按照一定顺序有组织、分阶段、持续性地从量变到质变、从不懂到了解再到学会的方向得到整体的、积极的发展。③ 学会教学是强化实践的过程。师范生认同教学、学会教学是以教学实践为基础，是理论与实践的反复作用过程，在感知教学理论时联系生动鲜活、典型有趣的教学案例，在设计教学或教学遇挫时查阅专业知识、教学理论，在教学实践中提升教学素养。④ 学会教学是内在能动的过程。师范生在学会教学中需要主动、自觉、自我决断、自我塑造等思维和意志的品质，通过内在的能动性来把发展潜能转化为可能性，把期望的教学素养转化为现实的能力。德国哲学家兰德曼（M. Landmann，1988）指出：“人必须自我完成，必须自我决定进入某种特殊的事物，必须凭借自身努力力图解决自身出现的问题。”[①]

案例 4-1 “石头”会多步计算吗？[②]

邱学华老师在一次外出讲学时，碰到一个被老师称为“笨得像石头”的小学生。

据任课老师说，这个“笨孩子”练了多次还是学不会多步计算题。

邱老师马上找来这名学生，说：“老师教给你一项任务，你能完成吗？”

学生嗫嚅着，显然没有信心。

邱老师接着鼓励：“老师相信你一定能完成。”

学生脸上流露出信心。

于是，邱老师说：“我有 2 角钱，请你帮我买 2 本本子、2 支铅笔，要便宜的。”

小孩高兴地买来了本子和铅笔，还找回 4 分钱。

邱老师故意说少找了 1 分钱。

小孩申辩道：“本子 1 本 5 分钱，二五一十；铅笔 3 分 1 支，二三得六；2 角减 1 角 6 分还剩 4 分，怎么会少呢？”

邱老师听完连连夸奖他算得清楚。

接着，小孩在邱老师的启发下，很快列出了多步计算式……

案例 4-1 中，数学多步计算题要求小学生有连续的逻辑思维能力和较深入的抽象思维能力。邱老师运用尝试教学法，把“教育是为了生活”的主旨贯穿到教学实践中，倡导学习与生活互动，降低了数学知识的难度，使教学生活化、实践化，学习过程更生动有趣，体现了教学的生成性、表现性。有时学生学不会，可能不是学生笨，而是老师的教学方法不当。如果老师们具备邱老师那样的教育智慧，何愁教不会学生？因此，学会教学，不仅要注重研究学生的学，了解学生的身心发展规律和认知特点，还要努力把教师的教建立在学生学的基础上，根据学情、内容确定适合的教学方法。

---

① [德]米切尔·M. 蓝得曼. 哲学人类学[M]. 彭富春，译. 北京：工人出版社，1988：246.

② 陈京山，王桂兰. 实施以问题为主线的教学改革——问题导学教学模式实施建议[J]. 教书育人(校长参考)，2015(10)：36.

三、学会教学的意义

师范生的职业目标是从事教育工作，学会教学是基本要求。学会教学的价值主要体现在教育对象、教育工作和教育者三方面。师范生应树立育人为本、实践取向、终身学习的基本理念，形成正确的学生观、教师观和教学观，从而有计划、有组织地引导学生学习和掌握科学文化知识和技能，促进学生素养的全面提高。

（一）以学生为本，促进“全人”发展

我国以马克思的关于人的自由而全面发展的学说作为教育目的的理论基础，学校教育注重以学生为本，整合和发展学生的德智体美等诸方面素质，将以学生发展为本确立为教育教学的核心理念。

师范生要学会教学，首先，立德树人，以生为本，一切活动为了学生的发展，关注每个学生全面、和谐的发展及个性和特长的培养。其次，努力培养学生成为“全人”，具备我国学生发展的六大核心素养，即人文底蕴、科学精神、学会学习、健康生活、责任担当、实践创新，并对学生实施有序的“全人教育”。美国教育家隆·米勒(R. Miller，1991)曾提出全人教育的理念，认为要立人健身，注重开发人的智能、情感、审美、体质、道德和精神等素养，[①]见图4-1。全人教育理念与我国学生发展的六大核心素养是吻合的。最后，教学上注重学生的差异，实行差异化的因材施教，便于学生爱学、乐学以“躬自厚”而“上下求索”。

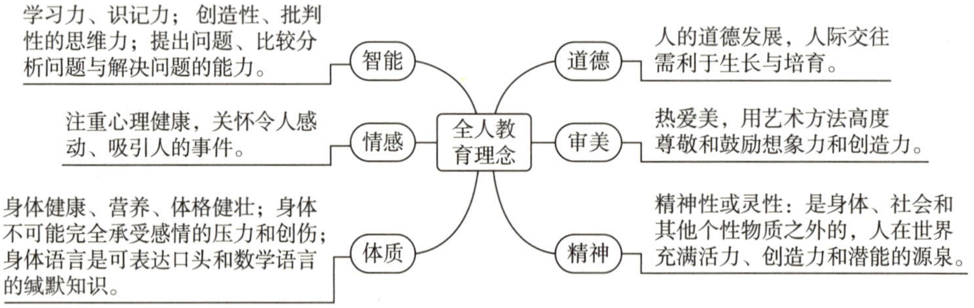

图4-1　隆·米勒“全人”素养结构

① 薛彦华，蔡辰梅. 全人教育理论与实践[M]. 北京：北京师范大学出版社，2020：13.

（二）以专业化为导向，推动职业发展

学会教学是教师专业化发展的一个阶段。叶澜等人从“自我更新”取向把教师专业化发展分为“非关注”“虚拟关注”“生存关注”“任务关注”“自我更新关注”五个阶段。受师范教育前处于“非关注”阶段，对教师专业有“直觉式”的认识；师范生处于“虚拟关注”阶段，在“虚拟”的职前教育环境中开始思考成为合格教师的要求，经历教育理论、教师技能的学习培训，获得某些教学经验；新任教师处于“生存关注”阶段，在新环境中有强烈的忧患意识，特别关注专业发展中的“生存”技能；老教师从关注教学任务到逐步关注学生和自我的整体发展，其间积累了比较科学的实践知识，注重从个人内部自觉提升专业能力。

师范生通过学知识、勤实践，教学专业性发展持续向前，最终成为比较成熟的教学专业人员。在此过程中，其认识是变化发展的，从关注外界环境和因素的影响，到逐渐关注内在感受、心理需求和奉献精神；教学实践和经验增长变化则非常显著，从了解教育理论到经过教育见习、实习后学会管理学生、编写教案和实施教学，通过自主摸索、观摩学习、参加教研活动等在教学上从“生手”发展为“熟手”，甚至成为“能手”。显然，正是在学会教学的过程中，师范生实现了个人的专业化发展。

案例 4－2　小李、小张的上课有啥问题？

小李、小张都是刚工作一年的初一语文老师，两人工作很努力，但也存在很多困惑。

小李对小张说：“为了上好课，我学习了很多关于新课程改革的知识，意识到教学中要关注学生，要把课堂还给学生。我特别注意调动课堂气氛，我的课以学生发言、‘表演’为主，上得很热闹。上周公开课学生个个都很开心，可听课的老教师们都说我的课没有语文味，缺乏深度，只注重形式。难道一堂课热热闹闹的，不好吗？”

小张说：“为了上好课，我也没少花工夫。我专门买了特级教师教学录像，悉心模仿教学的每个环节，上课时几乎就是把录像中教师的教学复制到我的课堂上。可为什么同样的上课方式，我的课堂效果就不好呢？”

案例 4－2 中，小李教学的出发点是新课程改革中以学生为主体，但忽略了两点：未注重教师的主导作用；上好一堂课不仅仅是气氛热烈。教学中，小李仅注重

学生的主体地位，以学生发言、“表演”为主，注重语言活动的形式，但缺乏深层内容的挖掘。上好一堂课除了使课堂气氛热烈，还要使教学目标明确、重点突出、内容正确、方法得当，否则学生不能明确一堂课的任务和重难点，无法巩固所学知识。案例 4-2 中，小张则机械地套用名师的教学模式，未注意到自己所教学生与特级教师的学生之间的差异性，未认识到学生是具有主观能动性、情感和特殊认知特点的人，未考虑个人的教学风格。教学过程是师生互动、相互提高的动态过程，无固定模式。小张应了解学情并设计不同教法，运用启发式教学思想和学生互动，在互动过程中不断调节教法，最后形成自己的教学风格。小李、小张刚任教一年，处于教师专业成长的初始阶段，缺乏一定的教学素养，尚不清楚学会教学的发展性和实践性的特点，因此有必要多观摩和分析优秀教师的教学活动、开展微格教学、专门训练教学能力并进行反思性教学。

（三）以科学性为基础，增强教学实效性

学会教学利于提高教学效果，促进学生的身心发展。苏联教育家苏霍姆林斯基指出，“教师的知识越多，他的学生掌握基础知识就越容易，他在学生和家长中的威信和信誉就越高，孩子们就越把他当作知识之源而被他所吸引”。[①] 师范生学会教学，就是要掌握教学的基本原则和规律，注重教学内容与教学方法的科学性，能科学地把所学知识融会贯通到课堂上，发挥教学能力和信息技术的导向、激励作用；同时，要更恰当地解读文本资料，在分析学生的最近发展区的基础上，设计多元化的课堂结构，运用多样的教学方法，构建课堂学习共同体，评价教学效能以及时反思和纠正教学不足等。

（四）以角色为定向，提升教学艺术性

师范生学会教学后，对学科的教学目标有了较清楚的认知，明确了“以学生为中心”的教育理念，作为“知识的传授者、创造者”“学生学习的引导者与促进者”，以及“教学问题与学科发展的研究者”的角色，师范生才能真正理解教书育人的要求和内涵，认识教学是创造性的艺术活动。

教学的艺术性是指教育者按照教学原则、教学规律和美学艺术的要求，为了取得最佳的教学实效，在课前精心设计教学内容、教学活动和教学方法，在课堂上灵活巧妙地运用语言、动作、表情等各种手段，充分发挥师生潜能、教学情感、教学环

---

① 蔡汀，王义高，祖晶. 苏霍姆林斯基选集（五卷本）（第 4 卷）[M]. 北京：教育科学出版社，2001：69.

境的作用而生成创造性活动的完善程度。因此，师范生学会教学后，会注重各个教学环节（特别是课堂教学）的艺术性，倡导循循善诱、启发探究、心灵碰撞、机智灵活和自由创造的教学活动，使教学内容和活动由预设变为生成。

案例 4－3　课堂小插曲

我就英语“Cock & Clock”这篇材料进行了认真备课，对上好这节课充满了信心。当我板书单词“cock（公鸡）”时，意想不到的事情发生了。一个男孩突然站起来，恶作剧似的怪声怪气地问我：“老师，没有母鸡呀？”全班立刻哄堂大笑。我当时窘迫极了。作为一个新老师，我从未遇到这种情况，真想找个地缝儿钻进去。生气归生气，但我并未表现出来。经过短暂思考，我有了主意。我沉静地看着他，继续对全班学生清晰地说：“同学们，在英语里，有 cock（公鸡），也有 hen（母鸡）、chicken（小鸡）。”说着，将母鸡、小鸡的单词板书下来，并带学生们读了几遍。这种做法让学生们感到意外，但他们很安静。接下来，我说：“这位提问的同学能发现问题，并敢于提出来，值得表扬，另外我们多学了 hen 和 chicken 两个单词，我们感谢你。当然，我也要批评你，一是发言不举手，二是说话怪声怪气。同学们，你们知道说话的语气对表达语义的作用吗？”我又给学生们举出了几个因语气不同可能表达不同语义的词语示例。接下来的讲课非常顺利，学生们屏神静气地听讲，连那顽皮的男孩子也安静地坐着，不好意思地看着我，仿佛是在向我道歉……

案例 4－3 中，“我”以科学性原则将备课知识系统而正确地传授给学生；面对学生恶作剧似的“刁难”，“我”以学生为本、以课堂实效为方向，调整好情绪，沉静地展开教学，让学生们了解鸡的“一家三口”、语气对表达语义的作用，把预设知识自然转化为生成知识，使学生们增长了知识，教学效果达到最优化；“我”还根据中学生的身心发展规律，先从敢于提问的角度表扬了发起“刁难”的学生，再对其发言方式和说话语气进行了批评，使其意识到自己的错误，这既从思想上教育了学生，也体现了教育智慧和教学艺术性；“我”是一名新老师，处于教师专业化发展的“生存关注”阶段，对教材、学生、教学和环境都有一个熟悉、适应的过程，但语言修养、情绪调节和学思结合使“我”无形中树立了教师权威，增强了教学实效。

综上所述，师范生学会教学，重在树立正确的学生观、教师观和教学观，各项活动以学生为本，尊重和赏识学生，注重教学反思和终身学习，成为学生学习的促进者和教学的研究者。《学记》指出："君子既知教之所由兴，又知教之所由废，然后可以为人师也。"学海无涯，教无止境。很多教师即使学会了教学，仍心怀教育理想，坚持"活到老，学到老"的终身学习思想，用心于教学，热心于创新，开心于交流，做出了卓越的成就。他们在职教学时间越长久，教学经验就像陈年美酒越香醇，工作得心应手越来越优秀，所教学生如沐春风受益也越多。

第二节
学会教学的具体要求

学会教学重在“学会”，强调师范生教学素养养成的过程及要求。教育部于2017年10月出台《普通高等学校师范类专业认证实施办法(暂行)》，从知识整合、教学能力、技术融合三个层面，对师范生明确提出学会教学的要求。

一、学科素养的要求

一名合格的教师在教学上必须具备一定的知识素养，时代的发展对教学素养的要求范围更广、内容更深。师范生要意识到专业知识、教育教学知识的重要性，认识到“书到用时方恨少”可能产生教学无助感，以及整合各种教学知识的必要性。学科素养是教育教学工作的基础保障，是中小学学科核心素养、幼儿学习具有的综合性特征对教师素质的内在要求。师范生应基于核心素养，以“形成整合性知识与能力结构”为发展目标。

案例4-4　我不适合当老师了吗?

如今的孩子很小就接受了各种各样的新生事物，脑子里千奇百怪的东西很多。有时候，他们会在课堂上或课后向老师提一些稀奇古怪的问题。比如，你在课堂上讲太阳和月亮，有的孩子便会问：“老师，太阳为什么白天出来?月亮为什么晚上才出来?”对这样的问题我还能勉强回答，但有些孩子在课后向我提的问题，真的让我难以回答。比如，有的孩子会冷不丁地问：“老师，什么叫‘酷毙了’?”“老师，怎样才能当上还珠格格?”我一时哑然。有时我想，或许我真的是年纪大了，不再适合当小学老师了。

案例4-4中，“我”的困惑主要是不熟悉、不理解当今社会的新生事物、新鲜词语，这也在一定程度上表明教育思想观念和社会知识要与时俱进，及时跟上现代步伐。教育现代化的核心是教师素质的现代化，因为教师在教育的很多活动中都起主导作用。教师素质的现代化包括教育思想观念、职业道德素质、能力素质和知识素质等的现代化。总之，教师素质的现代化是现代社会对现代人的总体要求在教师职业上的特殊反映，教师不能只局限于学科知识，而忽略社会知识和跨学科知识的融合，以及人文素养和科学素养的提升。

（一）具备良好的人文素养与科学素养

1. 人文素养——铸炼情怀，积淀美趣

人文素养是包括人文积淀、人文情怀和审美情趣的人文领域的知识与能力，情感、态度与价值观等必备的品格。① 它是师范生教学素养的基础及首要的成分，作为内在的发展性概念，会随着师范生学习与实践的深入而不断提升。

师范生在汲取人文知识、艺术知识、马克思主义理论、古圣先贤的思想、当代学术科研的成果中，感受有形或无形的社会文化遗产的魅力；在学习建构主义理论和倡导人本主义教育思想中，学会尊重和维护学生的尊严和价值、关爱学生的身心健康，以及关切全人类的生存、发展和幸福的情怀，正确处理自我与社会、自然的关系；在学习活动中重视美育，学会赏析和挖掘教材中蕴含的文化美、艺术美和生活美，通过感受美、理解美、欣赏美、想象美的过程而逐步能够创造美，陶冶性情，升华人格。

2. 科学素养——开放理性，探索科学

师范生要认识科学素养的内涵。科学素养是指了解和掌握一定的科学知识、生活常识和科学精神。科学知识是对客观世界的真实反映，内容非常广泛，包括天文、地理、历史、物理、化学、生命科学、军事等知识。生活常识是人们在日常生活中总结出来的知识，包括健康、饮食、居家、美容、减肥、穿着打扮等基本知识。科学精神，主要指在学习、理解、运用科学知识和技能等方面所形成的价值标准、思维方式和行为表现，包括理性思维、批判质疑、勇于探究等基本要点。②

师范生要探索科学素养的教学价值。在学习和日常生活中，师范生要积极关注有关科学素养的材料，运用科学的方法学习、理解和掌握科学知识、生活常识等内容，养成实践实证、求真求实、探索创新、民主协作、批判质疑等科学精神，以科学知识解释日常生活现象，以科学态度来解释生活事件。

（二）扎实掌握主教学科的知识体系、思想与方法

师范生应知晓主教学科与兼教学科。在基础教育阶段，教师常有主教、兼教的

① 魏书生. 学生核心素养教育教师指导读本[M]. 天津：天津教育出版社，2018：109－110.
② 魏书生. 学生核心素养教育教师指导读本[M]. 天津：天津教育出版社，2018：122.

教学任务，如小学教师主教语文学科，兼教道法与生活；中学教师主教数学学科，兼教地理等。主教学科是教师花费大部分时间、精力从事教学的学科，而兼教学科与之相对，花费的时间和精力较少。

师范生要熟练地把握学科知识体系。学科知识体系是由基本事实、基本概念、规则、原理、条件、背景等按照一定结构组成的网状结构，随着科研发展、知识更新会持续丰富。师范生学习专业知识（主教学科）时，要善于运用各种学习策略，多阅读、多听讲、多讨论、多归纳、多记忆和多反思，便于在教学实践中有条理、有选择性地阐释学科知识。

师范生要清楚地理解和掌握本学科的思想。学科思想是对学科的性质、特征、基本规律进行高度概括和升华的观念体系，是学科知识的精华和核心。不同学科的学科思想往往不同，例如，数学学科性质是基础性、普及性和发展性；①音乐学科性质是人文性、审美性和实践性。② 数学学科思想有数形结合思想、分类讨论思想、方程思想、函数方程思想、整体思想、化归思想、隐含条件思想、类比思想、建模思想、归纳推理思想和极限思想等；音乐学科思想有审美思想、实践思想、学科综合思想、文化多样思想、个性化思想等。

师范生在学与教的过程中，要结合本学科的特点和教育心理学知识，吸收并探索科学、全面而系统的学科方法。学科方法是通过学习与实践，归纳总结而形成的比较简捷快速、具有普遍适用的掌握学科知识的手段与行为方式。不同学科的学与教的方法往往不同，如历史学科方法有历史年代记忆法、历史地图法、图表法、史料分析法、概念分析法、归类法、比较法、思维导图法等。

（三）掌握兼教学科的基本知识、基本原理和技能

师范生要立足于兼教学科与主教学科并进的思想，重视各门课程的知识学习与应用，理解基本知识、原理和技能；结合教育部制定的课程方案、相关学科的课程标准，通过研读教材、参考资料来深入地掌握基本知识、基本原理和技能，利用微课、见习、实习和科研等途径进一步熟练掌握。

（四）拥有跨学科知识结构

跨学科知识能丰富师范生的知识储备。跨学科知识结构是指学习者从不同学

---

① 中华人民共和国教育部．义务教育数学课程标准(2011年版)[M]．北京：北京师范大学出版社，2012：1.
② 中华人民共和国教育部．义务教育音乐课程标准(2011年版)[M]．北京：北京师范大学出版社，2013：2.

科视角对某学科、某主题的相关知识进行建构，从而形成对主题属性多维度重构的图式。[①] 它能使学科知识的内容更丰富、更有宽度，形式更立体，联系更多维，建构更系统，认识更综合。

师范生立足于本学科，培育跨学科知识学习的兴趣和知识维度，擅于在教学实践中灵活运用。以生物学科为例，教学时若渗透哲学内容，如唯物思想、对立统一论、量变与质变论、主次矛盾论等，利于学生关注社会议题，会用辩证唯物观和方法论来理解生物学问题或探索生物学规律；若渗透物理学内容，如蒸发、分子运动论、能量守恒、光学、热学、力学、电学等，利于学生更深入地理解生物体的组成、运动、结构、功能和能量转化等；若渗透化学内容，如催化剂、化学检验、层析原理、胶体与乳化、有机聚合物、有机化学反应、同位素示踪法、相似相溶原理、消化酶的活性与pH酸碱度值关系等，利于学生更透彻地认知细胞膜功能、物质的互溶、脂溶性物质聚焦成膜、细胞膜不易溶于水而保持相对稳定且易让脂类物质通过等。[②]

（五）整合形成学科教学知识

学科教学知识是师范生在教学实践中必备的知识结构。学科教学知识(Pedagogical Content Knowledge，PCK)由美国斯坦福大学舒尔曼教授(Shulman，1986)提出，要求教师把学科知识与教学理论、方法进行融合，使学科知识转化为学生能理解的各种表征的知识。[③] 学科知识为教学的基础，教学理论是教学的助推剂。

师范生通过学用结合的原则，逐步整合学科教学知识。学习知识时，通过分析教学案例、观看教学视频等方式，勤于思考学科知识与教学理论的关联性；在实践环节，发挥教学智慧，根据学生的身心发展规律，依据教育学、心理学、教育心理学、课程论等相关理论，精心设计教学；教学后，归纳总结出适当而巧妙的教学设计，反思不足，重构两种知识的联系。总之，学会整合学科知识、通识知识和教学理论，初步形成学科教学知识。

（六）初步习得基于核心素养的学习指导方法和策略

师范生要厘清各学科的核心素养。以高中的语文、数学、英语、思想政治等学

---

① 陈英和，张淳俊．基于跨学科概念图的跨学科知识整合模型[J]．北京师范大学学报(社会科学版)，2010(1)：37.

② 左开俊．以跨学科知识渗透深化生物学教学育人价值[J]．天津师范大学学报(基础教育版)，2021(1)：88—92.

③ 魏宏聚，任玥姗．学科教学知识的三个认识转向[J]．当代教育科学，2020(4)：13.

科为例，语文核心素养主要包括语言建构与运用、思维发展与提升、审美鉴赏与创造、文化传承与理解；[①]数学核心素养包括数学抽象、逻辑推理、数学建模、直观想象、数学运算和数据分析；[②]英语核心素养主要包括语言能力、文化意识、思维品质和学习能力；[③]思想政治学科核心素养包括政治认同、科学精神、法治意识和公共参与。[④]

师范生结合学科核心素养与教学知识，初步掌握一些学习指导方法和策略。在深度学习、研究性学习和教学实践反思中，总结凝练出重要有效的学习方法，如点面法、札记法、溯源法、互比法、预测法、归纳法、提要钩玄法、逆转法、薄厚互返法、联想法等；在理论学习中，了解知识的复述、精细加工、组织等认知策略，学习规划、自我监控、自我调节等元认知策略，以及管理时间、利用学习环境、管理努力状态和寻求学业帮助等资源策略。

二、 教学能力的要求

教学能力是师范生在学校开展教学工作的核心素养和关键能力。教学能力形成于科学的教学理念、恰当的角色定位、扎实的教学基本技能和教学研究能力中。

（一）形成“以学习者为中心”的教学理念

师范生在学习中领悟课程标准中的课程理念并融入教学理念中；在教学实践中，应着力提升课程教学的思想性、科学性、时代性、系统性和指导性，引导学生形成正确的世界观、人生观和价值观；关注学生个性化、多样化的学习和发展需求，践行“以学习者为中心”的教学理念；遵循教育教学规律和学生身心发展规律，贴近学生的思想、学习、生活实际，充分反映学生的成长需要，促进每个学生主动地、健康地发展。

（二）成为学生学习和发展的促进者

课程方案提出，培养目标是使学生具有理想信念、社会责任感、科学文化素养、终身学习能力、自主发展能力和沟通合作能力。[⑤] 师范生要认真研读课程方案和

① 中华人民共和国教育部．普通高中语文课程标准(2017年版)[M]．北京：人民教育出版社，2018(1)：2—3.
② 中华人民共和国教育部．普通高中数学课程标准(2017年版)[M]．北京：人民教育出版社，2018(1)：4—7.
③ 中华人民共和国教育部．普通高中英语课程标准(2017年版)[M]．北京：人民教育出版社，2018(1)：4—5.
④ 中华人民共和国教育部．普通高中思想政治课程标准(2017年版)[M]．北京：人民教育出版社，2018(1)：4—6.
⑤ 中华人民共和国教育部．普通高中课程方案(2017年版)[M]．北京：人民教育出版社，2018：2—3.

课程标准，把握培养目标，在思想上成为学生知识建构和个性发展的促进者；在教学实践中，应为学生的学习提供必要的物质、心理和技术的支持，采用有效的手段和措施激发其学习动机，提高其自信心，使之养成良好的学习习惯和乐学爱学的品质，比如开展关于理想主题的讨论，创设真实的问题情境，倡导支架和探究性学习模式，提供充足的学习资源，教学评价中使用激励性的语言或约定，合理利用家庭和社区等社会环境，发挥同伴合作与交往的学习共同体作用等。

（三）具备必要的教学基本技能

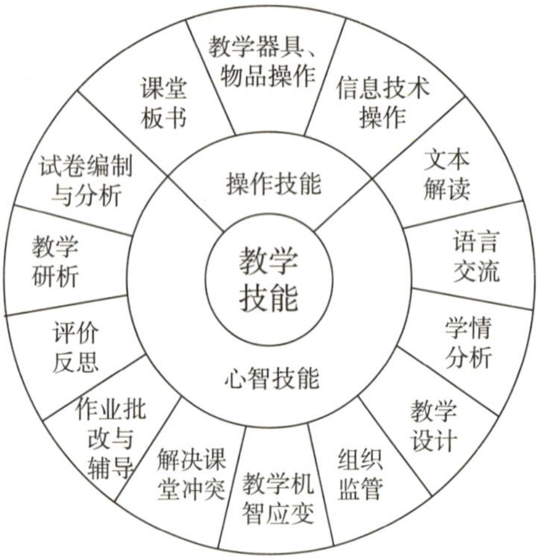

图 4－2　教学技能结构图

教学基本技能包括操作技能和心智技能。其中，教学操作技能包括课堂板书、教学器具与物品操作和信息技术操作等，教学心智技能包括文本解读、语言交流、学情分析、教学设计、组织监管、教学机智应变、解决课堂冲突、作业批改与辅导、评价反思、教学研析、试卷编制与分析等，如图 4－2 所示。教学技能和知识融合内化后形成教学能力。

师范生掌握必备的教学基本技能。从操作技能看，板书时字体美观、内容简练、形式多样；能较熟练地操作教具、器材和实验用品；能应用信息技术辅助教学，优化教学方法。从心智技能看，能解读课程方案、课程标准、教材及参考资料；人际交流时语言表达清楚、富有激情，有较丰富的专业术语；能根据学生的身心发展特点和学业水平去分析学情；会依据师生特点、教学内容、教学设施和教学方法设计教案和学案；会组织、监督和激励学生学习，对课堂教学意外或学生冲突能机智灵活、妥善地处理；恰当地批改学生的作业，并较好地进行课内外辅导；能参与公开课、示范课的教学与研讨；能正确评价个人的教学与学生的学业，反思教学不足后能及时补救并形成教学经验；了解试卷编制的测量指标、要求和题型，并能分析试卷的优缺点等。

案例 4－5　别样的美术课

刘老师执教《设计——让人们的生活更美好》一课时，准备围绕水杯的设计为学生讲述"物以致用"的设计思想。他先展示了一些有趣的杯子图片，然后采用了情境教学法鼓励学生大胆创新。在学生基本完成了水杯的设计作业后，开展了"趣味水杯"评比大赛，设置了不同的奖项："造型最别致奖""色彩最漂亮奖""最有情趣奖""金点子奖""团结合作奖"等，通过自我推荐、同学互评等方法产生最优秀设计师……

《义务教育美术课程标准(2011 年版)》指出美术课程的基本理念：① 面向全体学生；② 激发学生学习兴趣；③ 关注文化与生活；④ 注重创新精神。案例 4 - 5 中，刘老师教学的优点如下：第一，通过"展示有趣的杯子图片"，激发学生美术学习的兴趣；第二，"采用了情境教学法"符合新课程的基本理念，引导学生发现问题，形成创意；第三，"设置不同的奖项"丰富了评价方式，区别于传统的等级评价方法。当然，刘老师的教学不足也是明显的，没有达成教学目标(体现"物以致用"的思想)，没有考虑物品与实际功用之间的联系。基于一些问题，我们提出如下一些教学建议：① 教师在展示有趣的杯子图片时，可引导学生发现杯子的创意及其与生活的联系，突出教育目标；② 鼓励学生创新前，可适当安排讨论环节，讨论杯子的造型特点以及他们对杯子的创想，提醒学生融"创新"与"实用"于一体；③ 最后评价时，采用学生自评、互评、师评等方式，要鼓励学生大胆说出自己的评价意见。

(四) 具备一定的教学研究能力

师范生在学习与实践的过程中积累所学所思所想，形成问题意识和一定的解决问题的能力；积极参加见习与实习学校举办的教研活动，较深入地认识教学要求；了解研究教育实践的一般方法，学会使用问卷法和实验法进行量化研究，使用观察法、访谈法进行质性研究，秉持教育行动研究的取向和设计型研究的思路；根据学习和实践的问题科学选题，经历和体验制订计划、开展活动、完成报告和分享结果的过程；参与各种类型的科研活动，获得科学地研究学生发展的经历与体验。

三、技术融合的要求

信息技术应用能力是信息化社会中教师必备的专业能力，信息化资源使教学更便利，内容更生动，容量更饱满。师范生应全力投入到信息技术的学习及其与教学的融合中。

(一) 初步掌握应用信息技术，优化学科课堂教学方法技能

以初步具备信息技术应用能力为基础优化教法。师范生应通过学习和实践，

理解信息技术的应用要求，了解信息技术与学科教学深度融合的发展动态，并以案例学习为载体，重点学习掌握利用信息技术进行讲解、启发、示范、指导和评价等教学活动的方法技能。

师范生还需要掌握必备的教学软件或设备的运用技能。师范生要学会制作 Word 文档、PPT 课件、Excel 表格，学会使用 CAJ 或 PDF 阅读器、画图软件（几何画板或普通画图）、电子教案制作、Photoshop 绘图等软件，学会操作多媒体、计算机、幻灯机、收录机、打印设备、数字化教育平台等。

（二）具有运用信息技术支持学习设计和转变学生学习方式的初步经验

师范生能在课堂教学实践中，初步运用信息技术进行学习环境、学习活动和学习评价的设计，支持学生进行自主、合作、探究式学习，获得积极的体验和一定的经验。师范生应依托信息技术设计新颖的教学方法、有的放矢地补充学习内容，在课堂上引入声音、图片、视频和文本，丰富学生的视听感受，把抽象事物转化为具体、形象且动态的事物，迅速呈现学习资料，开阔学生的视野，使学生的学习方式由接受式向发现式、探究式转变。

案例 4－6　奇幻的海底世界

王老师在教学《海底世界》一课时，通过播放海底奇妙风光的视频，让学生在色、光、音的美妙组合下，对海底世界有整体的感知；通过演示课件，展示海底图景，启发学生理解“波涛汹涌”的含义，播放“海底听音器”，模拟海底的声音，帮助学生理解“窃窃私语”的含义；通过鼓励学生在黑板上画出自己心目中的海底世界，深化学生对海洋知识的理解……

案例 4－6 中，王老师根据教学需要使用教学媒体的做法值得提倡和借鉴。王老师利用视频、音频、PPT 等形式把抽象知识通过较为直观的形式播放给学生，体现了直观与抽象的结合；播放视频让学生直观感受海底世界，通过展示课件使所表现的海洋世界形象地体现了音响与图像的有机结合；PPT 播放的海底声音是动态的，符合动静结合的特点。王老师将教学与媒体有机结合，有效提高了课堂教学效果。

总而言之，师范生在学科知识、教学理论和信息技术等运用方面，应依据一定的质量标准和考核要求，以学会教学为方向，积极参加一系列的学习和实践活动，提高学与教的技能，持续地养成教学素养。

第三节
师范生教学素养的养成路径

遵循学习与实践的原则是学会教学的基本要求和前提，按照一定的路径养成教学素养是学会教学的必由之路和成功保障。师范生在养成过程中坚定“闻道有先后，术业有专攻”的信念。

一、 学会教学的原则

学会教学的原则是基于目标、过程、发展的特点与规律性而提出的，主要有科学性原则、理论联系实际原则、循序渐进原则、量力性原则和巩固性原则。

（一）科学性原则

科学性原则是指师范生在学会教学的过程中，运用科学的思维方法学习知识，践行合乎学科、学生要求的教学行为准则。这要求师范生对学习和教学实践有科学、合理、有序的规划，掌握全面、发展的学科知识，在教学实践活动中传递正确无误的学科知识，善用科学的手段和方法激发学生的求知欲，在遇到问题时能自主查阅相关的资料，开展相关的科学研究活动，并主动向有经验的老师请教，求证问题的科学解决方法。

案例 4－7　打分技巧

一位教师布置学生写作文，其中一名学生只写了 200 来个字，而且字迹潦草，错别字连篇，但文章构思较新颖。按惯例打个 60 分就差不多了，但对学生肯定不会有什么触动。于是，老师给他打分：“95－20－15”，并进行了说明：95 分——构思新颖，有创新精神；减 20 分——字数不足；减 15 分——书写太潦草，还有错别字。①

① 魏薇，路书红，王红艳，张萍．中外教育经典案例评析[M].济南：山东人民出版社，2005:185.

(二) 理论联系实践原则

理论联系实践原则是指师范生在学会教学的过程中,以学习学科知识、教学知识、信息技术知识为基础,学以致用,把所学知识运用于模拟教学和实际教学中,使理论指导实践、实践丰富理论,在二者相辅相成中积极主动地提升教学素养。这要求师范生要有"纸上得来终觉浅,绝知此事要躬行"的观念,联系教学实践来努力学习理论知识,重视运用知识来指导教学实践,善于运用情境化、生活化的教学方式。

案例 4-8　如何进行合作学习的分组?

张老师非常赞同合作学习的教学模式,经常让学生前后桌 4 人为一组展开讨论,指定其中一人作为代表发言。但是一段时间后,他觉得座位编排只是按学生的高矮、性别搭配的,与互帮互学的合作学习理念不吻合。于是,他在课前分析学情后,根据学业水平、性别、性格等因素对学生重新分组,发言人由组员推荐。这样尝试后,正如预先设想的,他发现学生的讨论热情更高涨,发言效果好了很多。

(三) 循序渐进原则

循序渐进原则是指师范生应按照认知和实践的特点与顺序逐步深化教学技能的掌握,形成较严密的逻辑思维能力和初步的教学能力。这要求师范生"不陵节而施",要按照教育进程系统地学习理论知识,并结合模拟教学,以及见习、实习来逐步提升教学素养,否则"杂施而不孙,则坏乱而不修"。

案例 4-9　优秀教师的成长

实习生小高发现,每次听尚老师的课都收获巨大。最难得的是,尚老师任课两个班,虽然分别是尖子生班和差生班,但他都游刃有余,学生课上学得开心,教学目标的达成也顺利。小高对尚老师佩服得五体投地,追着问秘诀。尚老师笑着问她是否注意到自己备课的状态。小高摇头,只说感觉尚老师备课特别细。尚老师说自己能上得还算不错,是因为他在教学上肯钻研,教学能力逐步成长,课前认真分析不同学业水平班级的学生情况,充分了解学生后,用心设计教学过程。①

(四) 量力性原则

量力性原则是指师范生既要根据个人的身心发展水平和特点来学习相关的内

---

① 张秀. 高效课堂的 34 个细节[M]. 天津:天津教育出版社,2018:2.

容，确立适当的学习进度，提出适合自己能力的发展要求，又要根据"最近发展区"对教学素养的发展要求超过当前的水平。这要求师范生"量其资禀"，比较清楚地了解自己的发展水平、教学素养现状及社会要求，还要乐于紧跟时代脚步不断反思和完善不足，以全面地提升教学技能和科研能力。

案例4－10　她的科研能像教学一样辉煌吗？

一名初中语文老师对教育教学充满了激情和活力。为了全方位地提高教学能力和学生成绩，她做了大量艰苦、烦琐的研究。例如，写作教学能力如何提升呢？她搜集并阅读大量的有关优秀学生作文、作文技法和作文素材的书籍，掌握了写法技巧和写作素养的要求。现在一经她的教学，学生作文短时间就能大变样，写作水平大幅度提高。学生的语文成绩如何提高呢？她认真梳理课文要点，反复研读全国历年的中考语文试题，归纳总结知识考点，并要求学生对知识点逐个逐个地过关。她所教班级的语文成绩在教学片区年年遥遥领先。但是，她的科研水平一直比较落后，怎么办呢？她相信自己定能战胜这个困难，便开始向科研达人请教，大量阅读教育理论、科研方法、学术期刊等方面的书刊，试着选题、编写……

（五）巩固性原则

巩固性原则是指师范生通过理解、练习、复习、实践等环节将知识、技能牢固地保持在记忆中，便于在以后的学习、教学活动中加以利用，并能有所创新。这要求师范生在提升教学素养时，以理解为基础，勤复习、多实践，温故而知新。

案例4－11　阅读教学的文与情

情境教学派创建人李吉林曾指出，在阅读教学中怎么以文中之"情"激起儿童心中之"情"？怎么通过文中情的熏陶、感染，来丰富儿童的精神世界？突出一个"情"字，成了语文教学必须突破的瓶颈。为此，她试着通过富有美感的、艺术的手段与语言描绘相结合，再现课文描写的情境。实验后，这种儿童喜闻乐见的形式，用"美"优化的情境极大地激发了儿童的情感。①

二、学会教学的路径

师范生承担着双重角色：当下学生、未来教师，既要培养我国学生发展的六大

① 顾明远．李吉林和情境教育学派研究[M]．北京：教育科学出版社，2011：172.

核心素养——人文底蕴、科学精神、学会学习、健康生活、责任担当和实践创新，又要以学会教学为中心增强教学素养。学校的课程教学、实践活动、校园文化都有助于师范生教学素养的提升。

（一）依托专业课程提升学科素养

专业课程是师范生从事教学活动的基石，是保障教学内容具有前瞻性、科学性、丰富性和有效性的前提，蕴含了文化要义、人文情怀、审美情趣和科学精神，包括专业必修课（含专业基础课、专业主干课）和专业选修课。

师范生学习专业课程，提升学科素养的路径如下。① 养成正确的学科知识观。师范生在学业初期应以“立身以立学为先，立学以读书为本”为宗旨，重视并培育稳固扎实、高屋建瓴的学科知识，不仅知其然，也知其所以然。② 持有生成性和表现性的课程学习观。学科知识的获得与熟练掌握是在与教材、教师、自我和同伴的对话中逐渐生成的。根据建构主义学习理论，师范生获取学科知识时，要注重积极主动的理解、意义生成的策略、实践活动的内化。③ 形成整合的学科知识结构观。通过深度学习、研究性学习和合作学习，全面熟练、系统扎实地理解学科知识的符号、逻辑、意义与结构，从微观上充分把握知识体系的构成，从宏观上掌握知识的基本理论与基本脉络、专业技能的表现与要求。④ 运用科学有效的学习策略。师范生修身治学，探索适用的学习策略，领会案例法、范例法、脑激励法、类比法、地图法、联想法、口诀法、自我调节法（复述法、精细加工法、图表法、元认知、资源管理法）和小组合作法等。⑤ 拓展知识深度和广度。基于问题和项目的学习，突破思维定式和学习材料的局限性，穷追深究知识疑点和难点，在不同情境下迁移知识与技能。

案例 4－12　感生电场与生活奇事

感生电场知识抽象，学生难以理解。老师首先讲述《梦溪笔谈》中的一段内容：一内侍家中遭雷击，室内金属银扣、宝刀等熔化成汁，而木质漆器与刀鞘安然无恙。接着，老师抛出问题：这种奇事显然违背常识，如何解释呢？在让学生讨论前，老师给学生们搭个支架：雷击事件中有电场、磁场，可考虑电与磁的内在联系。学生们分组讨论：雷电来袭时，高压放电，可达到数万安培电流，产生强大高频交变磁场，变化磁场在金属银扣与钢刀中激发感生电场，形成涡电流，产生大量焦耳热量，将金属熔化，由于时间极短，木质漆器与刀鞘等非导体尚未烧焦，故完好无损……老师对讨论内容做了补充和总结，简明扼要地点明新知，接下来引导学生解释电磁炉工作原理等内容……①(原文有删减)

案例4－12中，教师借用《梦溪笔谈》中的记载，运用了处理实际问题的情境教学法，在学生讨论前使用支架式教学进行了知识疏导，使抽象晦涩的知识教学生活化、情境化。教师秉持人本主义学习观，以学生为主体，发挥学生的主观能动性和学习共同体的作用；有效地引导学生运用联想法、案例法、资源管理法等学习策略，举一反三地拓展了“感生电场”的理论知识和实际用途，融合物理专业知识，使学生形成整合的学科知识结构。

（二）依托教师教育课程习得教学知识和能力

根据《教育部关于大力推进教师教育课程改革的意见》，教师教育课程有五个领域：学生发展与学习、阶段教育基础、学生活动与指导、学生心理健康与道德教育、教师职业道德与专业发展。其中，强支撑课程有教育学、心理学、教育与发展心理学、教学论、职业道德与法律法规、教育研究方法等。师范生学习时要从以下三方面提升理论素养。

1. 树立教育信念和承担教育责任

首先，树立正确的学生观。能理解并尊重学生的人格、权利、教育价值、发展意义和个体差异性，保护他们学习的好奇心、自信心、自主性、独立性和选择性，相信他们的发展潜力，乐于为学生创造发展的条件和机会。其次，秉持正确的教师观。理解教师是学生学习的引导者、支持者、促进者和协助者，了解职业特点和专业要求，自觉提高科学和人文素养，形成终身学习的意愿；了解教师的权利和责任，遵守教师职业道德。最后，形成正确的教育观。理解教育的重要意义和创造乐趣，愿意从事教育事业；认同素质教育理念，理解并参与教育改革；具有正确的教育质量观，对与学校教育相关的现象进行专业思考与判断。

2. 培育教育知识与能力

首先，掌握理解学生的知识和能力。具体表现为：了解学生发展的主要理论、一般规律及影响因素，熟悉学生年龄特征和个体发展的差异性；了解学生认知发展、学习方式的特点及影响因素，熟悉他们建构知识、获得技能的过程；了解学生品行形成的过程和规律，及其情感、交往的特点，理解同伴交往对学生发展的影响；掌

① 孙红辉，王莲芬，李爱君．大学物理案例式教学法应用探讨[J].课程教育研究，2014(34)：156.

握观察、谈话、倾听、作品分析等基本方法，理解学生发展的需要与障碍；了解教育的政策法规，熟悉学生的权利及维护其合法权益的途径。其次，形成教育学生的知识和能力。熟悉任教学科的课程标准（或指导纲要），学会依据课程标准（或指导纲要）制定教学目标或活动目标；熟悉任教学科的教学内容与方法，学会联系学生的生活经验及相关课程资源去设计、组织教学活动和综合性主题活动，将教学内容转化为对学生有意义的学习活动；了解学生的社会生活经验、课堂组织与管理的知识，学会创设游戏性、支持性、挑战性和实践性的学习环境，引导和激发学生的学习兴趣、建构知识、发展创造力的经验；了解教育评价的理论与技术，学会通过评价改进教学与促进学生学习和发展；了解课程开发的知识，学会利用一切资源来开发校本课程，设计与指导课外、校外的活动；了解班团管理的基本方法，学会诊断、处理学生常见的心理和行为问题；了解学生心理健康教育的基本知识，引导学生进行自我管理、形成集体观念；掌握教师所必需的语言技能、沟通与合作技能、运用现代教育技术的技能；了解不同年级、不同阶段教育的有关知识，能对学生加以引导。

案例 4 - 13　因材施教与分层作业

周老师教高一(5)班数学时，发现学生的知识基础差别较大，于是，她决定对知识掌握程度不同的学生提出不同的任务和要求。对于学习基础较好的 6 位学生，周老师特别要求他们到图书馆查找和阅读相关内容的书籍。经过自学，他们不但完成了规定的作业，还选做了一些难度更大的习题。对于其他学生，周老师分别给他们布置了难易程度不同的习题。在课堂教学中，周老师通过创设情境、多媒体教学、小组讨论等多种方式调动学生们学习的积极性和主动性，激发他们对所学内容的兴趣，同时提出问题让学生深入思考。当学生遇到困惑时，周老师耐心地加以辅导，让学生自己动脑、动手去找到解决问题的办法，同学们通过解决问题，获取了知识，很好地完成了学习任务。

案例 4 - 13 中，周老师的教学行为践行了一系列科学的教学原则：因材施教原则、量力性原则、启发性原则、理论联系实际原则。周老师对知识掌握程度不同的学生提出不同要求，在学习方法上给予针对性指导，体现了有的放矢的因材施教；根据学生的不同水平，布置了难易程度不同的任务，对在图书馆自学的学生还安排难度稍大的习题，这体现了教学的量力性原则；通过创设情境、多媒体教学、小组讨论等多种方式调动学生学习的积极性、主动性，引导学生独立思考、积极探索、生动活泼地学习，体现了教学的启发性原则；在学生遇到问题时，耐心辅导学生并引导学生动脑、动手，引导他们找到解决问题的办法，说明周老师在教学中注重学生动手能力的培养，注重理论联系实际。

3. 塑造发展自我的知识和能力

学习课程后，师范生要了解教师专业素养的核心内容，明确自身专业发展的重点；了解教师专业发展的阶段与途径，熟悉教师专业发展规划的一般方法，学会理解与分享优秀教师的成功经验；了解教师专业发展的影响因素，学会利用以课程学习为主的各种机会积累发展经验。

（三）依托通识课程打牢教学技能的基础

通识课程中强支撑课程主要有信息技术、交流与表达、书写，其中“交流与表达”课程主要包括文体写作、外语和普通话；“书写”课程主要包括粉笔字、钢笔字、毛笔字。

1. 信息技术课程：设计信息化教学

第一，学理论，重实用。应从理论和应用两个层次，学会计算机基础理论，加强计算机基本技能、多媒体课件的制作、线上教育平台的教学技能、文稿打印或复印等实训操作，初步具备信息技术应用的能力，并能顺利通过计算机等级考试。第二，学软件，用平台。掌握必要的教学软件，如文档处理软件 Word，数据处理软件 Excel 与 SPSS，文稿制作与演示软件 PPT，电子教案制作软件 Flash 与 Authorware，文档阅读软件 Adobe Acrobat Reader 与 CAJView，几何画板或电脑系统自带的画图软件，解压缩软件 WinZip 或 WinRar；通过百度、网易、雅虎等网络搜索引擎获取教育信息。第三，练设计，助教学。学会使用信息技术和教育平台来设计教学与学习环境、学习活动、学习评价，能利用信息技术支持学生进行自主、合作、探究式学习。

案例 4－14　小小玩具店

王教师在教学“认识人民币”一课时，设计了一个“小小玩具店”的游戏。教师利用课件做了 5 个活泼可爱的小动物玩具，在课件上标出每件玩具的价钱和购买要求（钱要不多不少），教师做售货员，学生为顾客，进行购买活动。这一游戏将认识与使用人民币紧密结合起来，购买活动热烈有趣，将课堂气氛

推向了高潮……①

案例 4－14 中，教师运用现代教育技术，使学习活动丰富多彩、形象生动，充分调动了学生的学习积极性，发展了学生的思维能力，培养了学生的洞察力和迅捷的判断力，对提高教学效果有一定的作用。

2. “交流与表达”课程：助力情景交流

第一，口语表达恰当、流畅。能用普通话和适当的英文交流；普通话测试，中文专业要达到二级甲等，其他专业要达到二级乙等。英语水平较高，非英语专业需要通过大学英语四级考试。第二，铸牢文字功底、专业术语基础。认真学习、理解和记忆语言常识、名人名句和专业术语，多阅读国内外文献，较熟练地阅读本专业的刊物。多练习使用中英文写作，能用外语检索相关文献，会创新性地编写讲稿、教案、论文等。第三，注重修炼有一定魅力的课堂语言。了解魅力语言的准确性、精练性、逻辑性、系统性、教育性、情感性、生动性等特性，课堂语言有激情，充满号召力、感染力和节奏性；能深入浅出，富有形象性、情境性和通俗性；能抛砖引玉，具有启发性、艺术性和目的性；要寓教于乐，蕴含幽默性、趣味性和激励性；要严密准确，注重规范性、逻辑性和简练性；要机智敏锐体现灵活性、转化性和精妙性。②

3. “书写”课程：塑炼板书之美

第一，认识“三字”之美。汉字蕴含了和谐结构美、形象意境美、韵律文化美和形体动感美。教师所写的三种字（粉笔字、钢笔字、毛笔字）是外在形象和魅力的体现，是教育教学中必备的技能。第二，勤学“三字”的笔法、姿势和编排结构。书写的美是需要听讲、模拟、自我琢磨而感悟出来的，是需要长期、耐心、有序地训练而成的。第三，勤练“三字”。模仿教师在黑板上的书写；自选字帖，每天在小黑板上练习粉笔字；参加书法技能比赛，让老师评讲自己的书法作品，取长补短。第四，学会板书技巧。上课板书是在黑板上或多媒体上呈现的文字、符号、图表等，包括板书（文字）、板演（演算、推导）、板画（描画图形、符号和表格）等形式。③ 学习板书时，首先注重板书内容的启发性、实用性、美观性、多样性、条理性、针对性、简练性、科学性、规范性、虚实性、顺序性、层次性和创新性等要求；其次依据教学的学科、内

① 张秀. 高效课堂的 34 个细节[M]. 天津：天津教育出版社，2018：164.
② 周成平. 魅力教师的修炼——100 个优秀教师魅力修炼心得[M]. 南京：江苏人民出版社，2007：175—176.
③ 冯广艺，陈春生，陈强. 教师通艺综论[M]. 武汉：湖北教育出版社，2004：153—223.

容、个人能力及学生等特点，设计多种板书形式，如内容以脉络式（如由总到分、由分到总、并列递进）、对比式、对称式、辐射式和综合式等形式呈现，概括知识以点拨式（如附提示语）、图表式（如图形、表格）、提问式（如留白填空）等形式，符号采用连线、思维导图和阶梯等形式。

（四）通过课内活动养成教学基本技能

课内实践活动主要通过课堂来训练专项教学技能，如语言技能、信息技术、书画、弹奏、舞蹈、说课和教学设计等，其中说课、教学设计的技能主要以微格教学来训练，其他技能通过强支撑课程的实践活动来养成。

微格教学就是将复杂的教学过程分解成许多容易掌握的、具体单一的技能，并对每一项技能提出训练目标，在较短的时间内对师范生或在职教师进行反复训练，以提高受训者教学技能的师资培训模式。微格教学的时长一般为5～20分钟，受训人数一般为5～8人，教学内容呈碎片化，一般是某一个小知识点，如教材解读、知识讲授、练习精讲、教学设计方法等，训练方法是根据多媒体设计的教学内容来讲解并录制视频，供师生分析、讨论，使受训者认识到某项技能训练的情况。

微格教学训练教学设计技能。教学设计是根据课程方案与课程标准的要求、学生特点和教学设施等，有序安排教学目标、教学重难点、教学方法、教学步骤、课堂练习、课外练习与时间分配等，确定合适的教学方案的设想和计划。设计教学时，要注重教材和学情分析，从核心素养、教学目标、教学流程、具体环节等方面整体设计。① 微格教学使师范生对教学设计、组织和实施课程活动、教学评价有一定认知和发展。

微格教学提升说课能力。说课是指说课者通过口头表达，对教学内容的理解、学生情况的分析、教学方案的设计、教学过程的实施以及教学效果的预测与反思等进行阐述的教学方式。师范生通过编写说课稿、微格教学，比较清楚地了解课程标准、教学内容、教学方法和教学过程等，掌握说课的方法和技巧，讲究清晰明快的说课节奏，体现自然亲切的说课状态，逐步了解和注重说课标要“科学”、说教材要“深切”、说学生要“深情”、说教法要“实用”、说训练要“生动”、说过程要“精炼”。微格教学使师范生对课程结构和教学知识有进一步的认识，便于从教后实施课程开发。

---

① 李英杰，等．基于学生发展核心素养的学业标准·小学语文[M]．北京：北京师范大学出版社，2020：37—38.

（五）借力教学实践活动增强教学综合技能

教学实践活动包括教育见习、教育实习、教育研习，为师范生观摩教学、参与教学和研讨教学提供了学用结合的契机，有助于巩固和提高各项教学技能。

1. 教育见习：观摩了解教学实践

教育见习，指师范生定期到见习基地（中小学或幼儿园），观摩教师教学与学校管理的一种实践活动。见习时，师范生有目的地倾听指导老师的授课，观察教师的教学行为、学生的课内外表现，感知不同的教学风格；了解学生群体特点、班级管理状况，参与班团活动，获得与学生直接交往的体验；了解学校的组织结构、教育与管理实践及运行体系，获得对学校工作内容和运作过程的感性认识；及时实录教学过程，总结和记录所思所得，勤向指导老师咨询疑问，乐于协助指导老师处理日常事务。

2. 教育实习：参与教学与管理

教育实习，指师范生到实习基地（或自主择校），接受教育和教学专业训练的一种必不可少的实践活动，包括观摩指导老师授课、参与教学与班级管理等内容。它是正式教学工作的起点，是师范生将学科教学知识付诸实践、比较独立地实施教学的活动，培养和锻炼从事教育和教学工作的能力，并加深和巩固专业思想。实习过程中，师范生要了解班级学生的实际情况，在教师指导下设计与实施教学方案，获得对学科教学的真实感受和初步经验；在教师指导下参与指导学习、管理班级和组织活动；与家庭、社区联系与合作，提高沟通能力，获得共同促进学生发展的实践经历与体验；积极参与各种教研活动，获得与其他教师直接对话或交流的机会。

3. 教育研习：经验分析与总结

教育研习，指在教育见习、实习过程中，研习指导教师带领师范生交流活动经验、分析不足的一种实践活动。通过研习活动，师范生进一步了解教育见习、实习的主要特点及要求，总结和交流课堂观察、教学设计、主题班会、教育研习报告等方面的经验，反思学情分析、教学设计、教案编写、教学语言、板书设计、资源开发、信息媒体运用、课堂辅导、教学应变技巧等技能以及个人活动的不足，全面提升教育教学的认知，学会妥善处理一些问题的方法和技巧。

案例 4－15　我的反思性教学

教朱自清《背影》一课时，我决定尝试运用“探究性学习”的理念和思路。

我先让学生自主阅读、探讨，再让他们分别说出自己的解读（希望他们自主探究后，能解读出作者在朴实文字和一幅看似平淡的生活画面中所表达的对亲情刻骨铭心的体验和理解）。

然而，许多同学对亲情的理解仅停留在端茶送伞的层面，对“戴着黑布小帽，穿着黑布大马褂，深青布棉袍”的父亲背影所折射出的深沉博大的亲情没有深切体会，有的学生甚至嘲笑“父亲”那肥胖笨拙的身躯。

我有一种挫败感，开始怀疑：初一的娃娃有能力自主探究学习吗？

我开始反思：学生为什么不能领会文章的巨大艺术魅力呢？可能是他们平时对亲情体察不敏锐，感受不真切，因此对课文解读不深入。我们应该像作家一样，做一个生活的“有心人”，用心去生活、感受、体验、捕捉和积累……

于是，我在平行班教学《背影》一课前，先布置一个特别的家庭作业：观察父亲或母亲的背影半小时，观察时要用心去体会。

一星期后的作文课上，我让他们根据观察内容完成命题作文《背影》，要注意写进自己的感受和思考。课堂上出现了少有的埋头写作的情形，只听见沙沙的落笔声。

我捧着学生的作文，欣喜若狂。

一个同学写道：“我第一次如此关注地偷偷望着父亲沉思时的背影。昏黄的灯光并不能掩盖他高大强健的背影。我知道这背影曾负担过整整三个家庭的重担，也曾为他赢得过半抽屉的奖状，更为我营造了现在这个温馨美满的家。然而，我仿佛看到父亲在风风雨雨中艰难跋涉的背影。我暗暗下定决心，一定要做个懂事的孩子，用我所能做到的一切，暗中为父亲走过眼前这段艰苦的岁月助一臂之力。”

我一一读着学生的作文，一次一次地被感动着……

在此基础上，我让学生接着学习朱自清的同题散文《背影》，让他们探究课文的魅力。结果，同学们发言非常踊跃，理解得也较为深刻……①

（原文有删减、修改）

---

① 魏薇，路书红，王红艳，张萍．中外教育经典案例评析[M]．济南：山东人民出版社，2005：187—188．

教育改革的思想若要被教师接受，并内化为自己的理念，必须通过躬身实践。长期以来，教师们习惯于用教案教学，很少发挥学生在语文学科中探究性学习的积极性和价值。案例 4－15 中的“我”在尝试、反思、再尝试中获得了成功，肯定了探究性学习的可行性，提升了教学经验和教学智慧，助力了自身教学能力的成长。因此，师范生要想学会教学，就要遵循新课标的教学理念，重视探究性学习、反思性教学，大胆创新，遇到挫折不气馁，提升教学实践的能力，丰富教学经验。

（六）自主研学整合教学知识与技能

师范生自主研学的活动主要有参与教学讲座、阅读教育名著、赏析教学视频，以及投入科研活动。

1．参与教学讲座：汲取教育经验

这种教学形式有助于扩大教学认同感、知识领域和学术眼界，提高教学认知与水平，发展各种教学能力等。师范生应该抓住机会参加校内外的教学专题讲座，知晓新课程改革下的教育理念和教育趋势，关注课程方案和课程标准的解读，了解现行中小学教材中的重点、难点和疑点及相关研究成果，获知教育教学中新知识、新理论、新观点、教育教学改革的经验和新的教学方法，以及具有启发性的典型的教学案例等。

2．阅读教育名著：拓宽理论视野

阅读能使人获得渊博的教育知识，提升教育理论功底，深谙教育真谛，架起教与学的桥梁。教育家郑杰曾断言：“一个教师的阅读史就是他的生命史”。① 师范生要养成阅读习惯，体会教育的乐趣，坚定教育的信念，感悟知识的不足，积累教育的经验，创新教学方法；要广泛涉猎古今中外的教育名著，如《论语》《陶行知文集》《陈鹤琴教育论著选》《李吉林文集》《苏霍姆林斯基选集》《民主主义与教育》等，汲取教育理论和教学思想，整合塑造个人的教学风格。

3．赏析教学视频：体悟教学艺术

基于网络等平台来观摩和分析名师的教学视频是直观、快速提升教学技能的途径之一。师范生在学习教学理论时，应重视教学过程实录和教学视频的赏析，感悟教材内容处理的精妙性、内容讲解的条理性、教学方法的适恰性、教学过程的合

① 周成平．魅力教师的修炼[M]．南京：江苏人民出版社，2007：75.

理性、教学互动的生动性、练习设计的层次性和教学语言的艺术性等，在赏析中发挥积学、善思、体悟和修炼在提升教学技能中的作用。

4. 投入教学科研：深掘实践潜力

教学科研是指以课为载体的教研活动、基于教学实践的科学研究。师范生可参加的活动主要有见习与实习学校的教研活动、见习与实习的经验总结、教学案例的专门研讨会、老师科研项目、大学生实践训练计划课题等。教学科研基于问题情境，师范生能对学情、教学环节、教学方法、教学内容、板书设计等加深理解，扎实巩固课堂教学功底，从技能和研究两个层面升华教学能力，学会独立或参与科研的方法，提高教育行动研究的能力。

毕业论文（毕业设计），是本专业学生集中进行科学研究训练，在毕业前完成的总结性独立作业、撰写的论文（或自主创作的专业作品）。学生须在论文导师指导下，查阅参考文献，选定研究课题，确定研究方法，撰写开题报告、论文初稿（设计初稿），最后经过修改形成论文定稿（设计作品）。师范生在撰写论文（设计作品）时，综合运用所学的知识、理论和技能，训练和提高进行一定科学研究的能力。

（七）参与技能竞赛提升教学能力

教学技能比赛主要包括演讲（讲故事）比赛、辩论赛、书写比赛、学科知识与技能比赛、教学基本功比赛等。

1. 演讲与辩论赛：提高教学语言魅力

演讲（讲故事）比赛、辩论赛能培养逻辑思维、想象、记忆、语言表达和及时反应的能力，为生活和教学工作训练魅力语言。师范生积极参加校内外比赛，备赛时明确比赛规则、精心准备比赛内容、锻炼语言表达能力，根据德行、才学、胆识等情况确定演讲或辩论方式（如读稿式、脱稿式、提纲式或即兴式），经过锻炼达到即兴式表达，为教学增强心理适应性、语言技巧性、知识丰富性、注意力集中性、体态和表情适恰性。

2. 书写比赛：塑炼教学板书能力

书写比赛是用粉笔、钢笔或毛笔按照一定要求进行书写水平的评比。师范生参加校内三字书写比赛与板书设计比赛，参加一些地区或书法协会举办的书写比赛；通过比赛促进写字水平的提高，优化版面设计，使字的间架结构合理、笔画流畅，字体大小适中、章法自然、分布匀称，整体观感舒适与美观。通过掌握书写和板书技巧，可进一步理解我国文字和文学的魅力，提高人文素养、书写能力和板书能力。

3. 学科知识与技能比赛：增强学科教学能力

学科知识与技能比赛指对学科知识及有关能力进行的评比，如绘画比赛、舞蹈比赛、弹奏比赛、歌唱比赛、写作比赛、英语知识竞赛、英语演讲比赛、实验操作比赛、统计建模比赛等。这些学科技能比赛融入学术性、思辨性、拓展性和创造性等关键要素，能增强师范生对学科知识的理解，能提升师范生的动作技能、操作能力、语言能力、思维能力、跨文化交际能力、分析与解决问题的能力，为教学活动在增长学科知识与学科教学技能上提供强有力支持。

4. 教学基本功比赛：检验教学综合能力

教学基本功是教师教学的基本素养，是有效教学和提升教学质量的重要保证。师范生教学基本功比赛大力强化教学实践环节，包括基础知识、通用技能和专业技能三部分，其中基础知识包括学科专业知识和教师教育课程知识；通用技能包括粉笔字、钢笔字、口头表达、说课、现代教育技术应用等；专业技能按具体学科来确定。比赛的具体内容根据教师专业标准和各学科课程标准拟定。师范生提前了解学校每年举办比赛的规程，根据具体内容积极备课与参赛；经过选拔获得省级师范生教学基本功比赛的资格后，积极查漏补缺，针对性地加强知识或技能的学习与训练。

这些技能比赛在一定程度上反映了师范生的学业水平和能力，对其自觉发展教学技能指明了方向，激励其全面认识教学的内容和要求，从竞赛层面完善和提升教学素养。此外，作品展、专业汇报演出、学业成果展、教学社团活动、志愿教学服务、支教以及教师资格证的笔试和面试等，均能使师范生的教学知识和教学能力有所提升。这些活动体现了教学素养养成的实践性、生成性、综合性和自主性等特征，增加了师范生接触社会、认知社会和服务社会的机会，提高了师范生奉献社会、热爱教育的思想品质。

课堂教学互动

多年来，徐老师一直坚持还课堂于学生。他安排的“课前五分钟”深受好评，做法是在每堂课的开始安排一名学生上台演讲，主要程序是：学生讲授——大家评论——师生共同给出成绩，此活动让学生得到了多方面锻炼。除了这项活动之外，徐老师鼓励学生开展的自编课本剧活动、班级读书交流活动、创办文学刊物等都收到了很好效果。

徐老师的教学方式别具一格。他尝试过用分析讨论法讲议论文、用欣赏分析法讲小说、用朗读品味法讲诗歌、用形象体会法讲散文等。他重视利用各种教学手段尤其是现代教育技术手段，不断变换教学思路，寻找最佳切入口。大家评价说："徐老师玩转了课堂！"

徐老师说，当老师要舍得"折腾"自己。为此，他每天梳理自己的课堂，写教学日志。多年下来，他积累的教学日志多达 20 多万字，还被学校当作校本培训的资料。

问题：请结合材料，从教师观的角度，评析徐老师的教学行为。

思考题

1. 请举例说一说，你理解的教学和学会教学分别是什么？
2. 结合自己的认识，请说一说学会教学有哪些典型的特点。
3. 请从学生、教师和教学三个角度，谈一谈为什么要学会教学。
4. 学会教学要注重哪几方面素养的发展？请分析有哪些具体的指标。
5. 哪些课程有益于学会教学？它们有何益处？
6. 请结合自己的经历，说一说哪些实践活动能提升教学技能。

第五章 05

学会育人：师范生素养之根基

本章内容概述

师范生是未来的人民教师，肩负着培养德智体美劳全面发展的社会主义建设者和接班人的根本任务。师范生要树立育人为本的理念，掌握育人基本知识与技能，自觉在班级管理、学科教学等方面进行育人活动，对学生进行有效的教育和引导。本章概述了育人的内涵以及师范生为何要学会育人，并从班级管理和综合育人两个方面阐述了育人指标体系，最后分别从强支撑课程、典型实践活动和校园文化熏陶三个方面阐释师范生学会育人的路径。

本章内容结构图

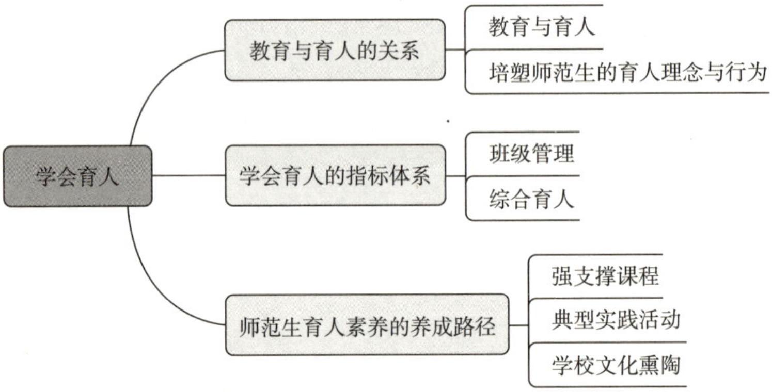

本章学习目标

- 了解育人内涵与外延：师范生学习育人的意义。
- 了解学会育人的指标体系：班级管理和综合育人。
- 了解学会育人的途径：强支撑课程、典型实践活动和校园文化熏陶。

第一节
教育与育人的关系

教育关系着人的发展、国家和民族的未来与人类的进步。习近平总书记强调：坚持优先发展教育事业，坚守为党育人、为国育才，努力办好人民满意的教育。教育的根本目的是育人，坚持育人为本、德育为先，把立德树人作为教育的根本任务，培养德智体美劳全面发展的社会主义建设者和接班人。作为师范生要努力增强教学技能，提升育人本领，用情教书，用心育人，使教书与育人两者有机统一起来，引导学生坚定理想信念，掌握丰富知识，养成良好品行。

一、 教育与育人

育人即教育、培养人，对受教育者进行德育、智育、体育、美育等多方面的教育和培养。育人的内涵要分别从“育”和“人”来看，“育”是指教育，是育人的方法、途径；“人”是指教育的对象。

“教育”一词在我国历史悠久，最早可追溯至春秋战国时期，主要指的是教学、教授等。其后在很长一段时间，“教育”二字都是分开使用的。19 世纪末 20 世纪初，“教育”一词才取代“教”和“育”，成为一个完整的概念。如梁启超的《教育政策私议》、王国维的《论教育的宗旨》、严复的《论教育与国家之关系》等都明确提到并广泛使用“教育”一词。《辞海》对“教育”概念有两种解释：“广义指的是以人的身心发展为直接目的的社会活动，狭义指由专职人员和专门机构进行的学校教育。”① 不同学科或研究领域对“教育”也有着不同的阐释。例如，哲学抽象理论抑或实践活动的视角研究和阐释“教育”概念。亚里士多德认为，人的实践与选择都是以自身为追求目的的活动，包括教育。② 新中国教育哲学主要奠基人黄济教授认为：

① 夏征农．辞海[M]．上海：上海辞书出版社，2010：913．

② [古希腊]亚里士多德．尼各马可伦理学[M]．廖中白，译．北京：商务印书馆，2003：3—6．

“教育的基本职能是培养人，教育为生产服务、为经济服务等。”①教育学和社会学对“教育”也各有阐释，《中国大百科全书·教育卷》中指出，“教育是培养人的社会活动”；②《社会学辞典》从广义和狭义角度阐释“教育”：“广义指以影响人的身心发展为直接目的的社会活动，狭义指由专职人员和专门机构进行的学校教育。”③对“教育”的阐释存在学科视角上的差异，但也具有共通性，即教育都具有社会活动属性，旨在通过多种方式方法培养人并促进人的发展，在这个意义上，“教育”的价值是以人的塑造为核心的。④

（一）教育的根本目的是育人

教育是人类最重要的实践活动和社会事业，它最关注的是社会的发展和人的发展。教育作为人类文化传承与创新的社会实践活动，它以文化为根、以育人为本。教育是以人为本的社会事业，培养什么人和怎样培养人是教育的根本问题，所以教育发展的根本目的在于提高民族素质，多出人才，出好人才。培养人是教育活动的根本目的，培养人也是教育事业的根本价值追求。教育以育人为目的包括两个层次的含义：教育以人为出发点和教育的属人性。⑤

1. 教育以人为出发点

教育以人为出发点，意味着教育的出发点只能是人，表明了人具有受教育的可能性。正是人的这种受教育的可能性揭示了人与万物的根本不同：人有生成变化，人可以凭着自己的可能性去创造未来。而教育只要抓住了人的可能性，就抓住了人的根本。正因为教育所面对的是人的可能性，所以通过对人之可能性的引导，教育引导出的就是一个能够自我建构的人。美国教育学家杜威曾针对传统教育学的“无人”状况深刻地指出：这种教育学根本“没有考虑教育的本质”。这也就是说，没有“人”、离开“人”，教育也就无从谈起。因为教育的意义是由人来“填充”的。说到底，教育就是使人获得自己、成为自己、发展自己。⑥

---

① 黄济. 教育哲学通论[M]. 太原：山西教育出版社，1998：423.

② 中国大百科全书编辑部. 中国大百科全书·教育卷[M]. 北京：中国大百科全书出版社，1983：1.

③ 邓伟志. 社会学辞典[M]. 上海：上海辞书出版社，2009：334.

④ 梅帅. 宪法文本中“教育”概念的规范分析[J]. 重庆高教研究，2020(2)：115—128.

⑤ 蔡中宏，麻艳香. 培养人：教育发展的根本目的和使命——文化哲学视角下的教师专业化发展[J]. 甘肃社会科学，2012(1)：29—33.

⑥ 蔡中宏. 教育与社会发展研究基于文化和人的视角[M]. 北京：中国社会科学出版社. 2013. 11：175.

2. 教育的属人性

教育的属人性，意味着教育的精神性。黑格尔说过，人的本质是精神。教育就是对于人的精神的延伸和拓展。从根本上来说，“教育过程首先是一个精神成长过程，然后才成为科学获知过程的一部分。”如果本末倒置，那么教育就会蜕变为训练，而“训练是一种心灵隔离的活动，教育则是人与人精神相契合”。① 但当下教育的弊端之一却正是在于对人及其精神的忽视。片面强调知识教育、技能教育，其实只能算是教育的一个初级层面。如果以此作为教育的全部，那么这种教育根本无法触及人的灵魂和生命，真正的教育乃是人之精神建构，是对人的精神的延伸和拓展，而并非只是知识和认识的堆积。② 因此，教育的本质功能在于赋予人以文化精神生命。

教育的属人性，还意味着教育的理想性。事实上，“教育”的本义一直是和理想性联系在一起的。“无论中国还是西方，‘教育’(育)与‘教’本来就有区别，而且一直有区别：教育从来同‘使人向善’相关，就是说它以‘使人向善’为内涵，是一个规范词，而‘教’则是一个中性的动词，为描述词。”③由此可见，“育”才是教育的根本。它包含着人们的希望，体现着人们的价值取向。所以我们说，“教”是技术层面的，“育”则是价值层面的，后者赋予前者以意义。如果把“育”从教育中抽离出之后，那么教育也就沦为训练与操作了。要改变这一现状，就必须关注人的心灵、人的精神、人的理想，并将之作为教育的绝对使命和真正内涵，这样才能教育和培养出心灵健全、人格完善、人性丰满、灵魂丰富的人。

(二) 教育的根本任务是立德树人

1. 坚持育人为本、德育为先

德育是旨在使受教育者形成一定思想品德的教育，在我国包括思想教育、政治教育和道德教育。党的十七大上提出：党的教育方针是坚持育人为本、德育为先，实施素质教育，提高教育现代化水平，培养德智体美全面发展的社会主义建设者和接班人，办好人民满意的教育。④ “育人为本、德育为先”的理念是新时代国家为全面改进德育工作而提出的重要指导思想，具有深刻内涵。它要求学校在全方位育

① [德]雅斯贝尔斯著．什么是教育[M]. 邹进，译. 北京：三联书店，1991：30.

② 王啸. 教育人学内涵探析[J]. 华东师范大学学报(教育科学版)，2006(24)：23—29.

③ 陈桂生. “教育学视界”辨析[M]. 上海：华东师范大学出版社，1997：16.

④ 中国共产党第十七次全国代表大会文件汇编[M]. 北京：人民出版社，2007：31.

人的基础上，将德育工作作为育人重心优先规划和实施，并贯穿学校教育教学活动始终。“德育为先”的理念在强调提升学生综合素质的同时，重点关注学生思想道德素质，将德育摆在教育的优先位置。

“在心为德，施之为行”，德行是内在之德与外在之行的统一，是在德性的内在驱动下追求向上、向善的行为。在弘扬爱国主义精神中增强道德自律，热爱祖国是立身之本、成才之基，是立德之源、立功之本，在培育责任感中形成良好道德认知。“志不立，天下无可成之事”“立志而圣则圣矣，立志而贤则贤矣”。责任就是一种道德，生逢其时，又重任在肩，青年一代有理想、有担当，国家就有前途，民族就有希望。因此，要积极培育师范生的社会责任感、历史使命感，提高其道德认知能力。担当使命、成就梦想，需要过硬的本领。要积极引导师范生在学习中增长知识、锤炼品格，在实践中增长才干、练就本领，在筑梦、追梦、圆梦路上修炼品德，做到以德立身、以才立业，让青春在为祖国、为人民、为社会的奉献中焕发出更加绚丽的光彩。

2. 落实立德树人根本任务

党的十八大上提出：党的教育方针是坚持教育为社会主义现代化建设服务、为人民服务，把立德树人作为教育的根本任务，培养德智体美全面发展的社会主义建设者和接班人。① 这是我们党首次明确提出立德树人的概念，它阐明了德育教育在教育中的优先位置，育人是教育的本质所在，这是党的教育方针上的重大理论创新。把立德树人作为教育的根本任务是对教育事业规律性的基本认识。时代越是向前，知识和人才的重要性就愈发突出，教育的地位和作用就愈发凸显。“立德树人”的理念适应了新时代中国特色社会主义发展新要求，为广大德育思想工作者指明了教育改革发展的努力方向。习近平总书记在北京市八一学校考察时指出，基础教育是立德树人的事业，要旗帜鲜明地加强思想政治教育、品德教育，加强社会主义核心价值观教育，引导学生自尊自信自立自强。

立德树人思想是对“培养什么样的人、如何培养人、为谁培养人”这个根本问题的总体思考，是对马克思主义理论、我国优秀传统育人文化和中华人民共和国成立后党的几代领导人德育思想的传承和升华，深刻回答了新时代中国特色社会主义

---

① 大八大以来重要文献选编(上册)[M].北京：中央文献出版社，2014:27.

教育究竟要“立何德，树何人”的问题。① 立德树人思想是对我国数千年教育传统的创造性继承与创新性发展，是对中国共产党建党以来思想道德建设和中华人民共和国成立以来教育改革发展经验的高度凝练和系统总结，不但赋予了“人德共生”更富时代性和创造性的新内涵，而且其所秉承的集体主义、爱国主义等优良品质，也深度契合了世界教育由科学主义向人本主义、由知识技能教育向价值观教育转向的历史大势，是新的历史条件下推动教育改革发展的根本指针。②

（三）教师的天职是教书育人

“师者，所以传道授业解惑也”，传道依然是教师的职业追求，值得每位教师心向往之。“形而上者谓之道，形而下者谓之器”，道的引领远远胜于术的传授，不管是古代社会，还是现代社会，引领学生学会做人、做事，具有积极的价值观、世界观，是教师的根本职责所在。

1. 教书育人是教师最核心的任务

教书育人反映了教育的一般规律，体现了社会主义教育的本质要求，顺应了培塑时代新人的现实需要，既是实现教育工作者事业价值的基本方式，更是广大教育工作者矢志不渝的价值追求。古往今来，教师作为灵魂工程师、文明传承者，在开启学生智慧、引导学生心灵方面都发挥着重要作用，教书和育人也从来都是相互关联、密不可分的。与以往相比，社会主义教育更具有鲜明的政治性，坚持马克思主义指导地位是其根本要求，培养德智体美劳全面发展的社会主义建设者和接班人是其根本任务，这决定了社会主义教育必须把立德树人成效作为衡量教育成败的根本标准。③

教书育人是广大教育工作者矢志不渝的价值追求。今天的学生是未来实现中华民族伟大复兴的中国梦的主力军，广大教师就是打造中华民族一代代“梦之队”的筑梦人。长期以来，广大教育工作者贯彻党的教育方针，教书育人、为人师表，呕心沥血、默默奉献，为国家发展和民族振兴作出了重大贡献。教育事业是崇高的事业，教育工作者必须有崇高追求。教书育人，承载着教育事业为党育人、为国育才的崇高使命，饱含着教育工作者纯粹炽热的忠诚之心、责任之心、进取之心、仁爱之

---

① 戚如强．习近平立德树人思想的理论渊源与精神实质[J]．马克思主义研究，2018(7)：35—42．

② 韩丽颖．立德树人：生成逻辑·精神实质·实践进路[J]．东北师大学报（哲学社会科学版），2016(6)：201—208．

③ 苏梁波，汪玉明，周永生．肩负起新时代教书育人的神圣使命[J]．解放军报，2020(9)：3．

心，闪耀着教育工作者“三尺讲台系国运，一生秉烛铸民魂”的价值追求。教书育人是塑造时代新人的必然要求。新时代，我们正在为实现“两个一百年”奋斗目标、实现中华民族伟大复兴的中国梦而努力奋斗。我们必须认识到，要实现既定的战略目标，要战胜前进道路上的风险考验，我们比以往任何时候都更需要培养造就一大批能够担当民族复兴大任的时代新人。这对广大教育工作者而言，既是刻不容缓的时代召唤，更是义不容辞的如山重责。塑造时代新人，是一项对受教育者能力素质进行全方位锻造的复杂工程，既需要强壮其体魄、健全其心智，更需要强化其信念、增长其本领，必须把教书育人贯彻体现到教育工作的方方面面。

2. 坚持教书和育人相统一

教书育人是指教师关心爱护学生，在传授知识的同时，以自身的道德行为和魅力，言传身教，引导学生寻找自己生命的意义，实现人生应有的价值追求，塑造自身完美的人格。教育活动从来都不是简单的知识传授，而是教书与育人的相辅相成，“教书”的目的是“育人”，功能是“育人”，评价标准还是“育人”。学校教育是培养和塑造青少年世界观、人生观、价值观的主阵地，新时代教育工作者必须不断丰富和完善知识结构，增强教学技能，提升育人本领，用情教书，用心育人，使教书与育人两者有机统一起来，既要做好传播知识、思想和真理的工作，更要做好塑造灵魂、生命和新人的工作，引导学生坚定理想信念、掌握丰富知识、养成良好品行。

因此，教师承载着传播知识、传播思想、传播真理、塑造灵魂、塑造生命、塑造新人的时代重任。要加强师德师风建设，坚持教书和育人相统一，坚持言传和身教相统一，新时代教育工作者要矢志教书育人，肩负起培养社会主义建设者和接班人的神圣使命。学校教育是培养和塑造青少年世界观、人生观、价值观的主阵地，新时代教育工作者必须不断丰富和完善知识结构，增强教学技能，提升育人本领。

二、培塑师范生的育人理念与行为

师范生是未来的人民教师，肩负着培养德智体美劳全面发展的社会主义建设者和接班人的根本任务，因此必须树立育人为本的理念，掌握育人基本知识与技能，自觉在学科教学中有机进行育人活动，对学生进行有效的教育和引导。

（一）育人是我国社会主义教育的根本目的

考察人类社会教育发展的历史，可以知道教育现象一经产生，教育者就承担着教书和育人的双重职责和义务，这是由教育在社会生活中的地位和任务所决定的。任何时代，教育的根本任务总是培养一定社会、一定阶级所需要的人才，既要求培养的人才有一定的文化知识水平，又要求他们具备社会所需要的思想意识、道德品质和价值观念，也就是所谓“德才兼备”，这就规定了教育者必须既教书又育人。①

我国教育的目的是培养德智体美全面发展的社会主义建设者和接班人。1978年，全国人大五届一次会议通过的《中华人民共和国宪法》中规定，“教育必须为无产阶级政治服务，同生产劳动相结合，使受教育者在德育、智育、体育几方面都得到发展，成为有社会主义觉悟的有文化的劳动者”。在改革开放、以经济建设为中心的新时期，党的十二大上提出，要教育青年有理想、有道德、有文化、有纪律。关于我国社会主义教育目的的提法，都是由我国社会主义性质所决定的，是社会主义建设事业持续推进向前发展的根本保障。教书育人体现了我国社会主义的教育目的，作为党和国家教育方针的执行者，教育工作者必须在教育劳动中紧紧围绕这一目的，既要向受教育者传授科学文化知识，培养其智力和能力，又要自觉地用人类的高尚道德去塑造其灵魂。②

（二）育人反映教学规律对教师教学的高要求

教书是为了育人，“教”的目的是为了“育”。从教师的角度、从师生关系的角度来看，要处理好教书与育人的问题。教学永远具有教育性，任何一门文化知识课都渗透着思想、政治、道德的教育因素。这就要求教师在传授文化知识的同时，必须挖掘教材中的育人因素。另外，教育工作者的教书行为本身也包含丰富的育人意义。在教育劳动中，教育工作者对教育对象表现出何种感情，对教育工作抱何种态度，对处理与受教育者以外的其他人际关系中显示出什么样的胸怀，对社会、人生持何种观念等，这些对受教育者人生观、价值观的确立，以及思想道德素质的形成，都具有十分重要的意义。正因如此，师范生应该牢固确立教书育人意识，不断提升教育教学艺术，培养育人素养，探究教书育人的内在规律，这样才能在未来工作中真正把受教育者培养成为全面发展的社会主义建设者和接班人。

---

①② 钱焕琦，刘云林，学校教育伦理[M].南京：南京师范大学出版社，2005.

第二节
学会育人的指标体系

学会育人是教育者开展教育活动,培养学生应具备的基本能力。《国家中长期教育改革和发展规划纲要(2010—2020年)》中指出,“育人为本、德育为先”是实施教育的主导思想。育人为本是教育的生命和灵魂,是教育的本质要求和价值诉求。关心每个学生,促进每个学生主动地、生动活泼地发展,尊重教育规律和学生身心发展规律,为每个学生提供适合的教育,努力培养造就高素质劳动者、专门人才和拔尖创新人才。育人对于未来的准教师,即师范专业的学生来说,至关重要。

2017年,教育部出台高校师范专业认证标准,对师范生毕业后要求“一践行三学会”进行了详细阐释,其中“学会育人”标准是从班级管理和综合育人两个方面来阐释的。以下我们主要结合案例,分析师范生“学会育人”的基本原则和方法。

一、 班级管理

班级是学生学习、生活和成长的重要场所,班级管理是教师根据一定的目的要求,采用一定的手段措施,带领全班学生,对班级中各种资源进行计划、组织、协调、控制,以实现教育目标的组织活动过程。班级管理能够帮助学生成为学习自主、生活自理、工作自治的人,获得认识社会、适应社会的能力,促进学生健康人格的成长。当前班级管理存在着管理方式偏重专断、班级管理制度缺乏活力、学生被动地按照教师的要求做、民主管理的程度低等一些不足。在班级管理中,只有确立了学生的主体地位,才能从根本上解决班级管理中存在的问题,充分发挥班级管理中的育人功能。

(一) 班级管理目的:“管理”还是“教育”

教育部《中小学班主任工作规定》中指出:“班主任是中小学日常思想道德教育和学生管理工作的主要实施者,是中小学生健康成长的引领者,班主任要努力成为中小学生的人生导师。”班主任既是教育者，又是管理者，两个角色身份有时是一致的，有时又会发生冲突，如何平衡两者的关系，更好地把握班级管理的目的呢？

案例 5－1　“我们的运动会”如何度过①

学生向班主任请求，运动会期间能否带手机给班级运动员拍下关于拼搏的精彩瞬间的照片，并发在自己的朋友圈留下回忆。

班主任 A：只是将运动会当作是班级一次必须完成的任务，事务性地安排体育特长生参加，担心学生在运动会上玩手机，拒绝了学生的请求，并强调了学校管理规定中“在校期间禁止使用手机”的条例。

班主任 B：答应了学生的请求，向学校提出准许学生在运动会中使用手机的申请，而且还根据学生需要成立了摄影组、运动员组、后勤组、保健组等工作组，发动学生自主选择、全员参与运动会，鼓励学生制作班级活动主页，将照片上传，成为班级的美好回忆。

案例 5－1 中班主任 A 和班主任 B 对于学生的请求，采取了截然不同的处理方式。班主任 A 将运动会当作班级一次必须完成的任务，浅层地坚持管理效果，拒绝了学生的请求，班级的学生为此感到特别的失望和愤慨。班主任 B 面对学生的需求时，将此次运动会活动作为教育契机，并与学生一起寻找问题解决的办法，进而促进学生的全面发展。班主任 B 不仅同意了学生在运动会期间使用手机记录精彩瞬间，还引导鼓励学生全员自主参与运动会，形成各个工作组，使学生从“被动”到“自主”，促进了民主、平等、合作、和谐的班级氛围的创建。

班主任 A 的做法是以“管理”为主要目的，是为了方便管理，追求即时效益，不顾学生后续的成长，从而选取管理手段的一种思维定式。班级管理中很多老师会以管理取向为目的，从学校层面来看，由于管理成效比较显性，易于考核，而教育效果却难以评价，学校往往以“管理”角度量化考核班主任工作业绩；从班主任自身来看，班主任往往还承担着大量的教学工作，工作量比较大，所以采取易于操作的手段，可以实现管理效率的最大化。

班主任 B 的做法更侧重于对学生的教育引导，在面对学生的需求、班级的问题时，教师是基于学生的全面发展，从中去寻找教育契机和问题解决的办法，并使之形成长效的教育机制的思维定式，而非浅层的坚持管理效果，单纯的事务性解决。

---

① 该案例根据中国大学 MOOC 网站上齐学红老师的“学生自治的现代班级建设”课程内容整理而成。

教师的根本职责是育人，育人水平的高低体现了教师的专业水平，当教师以“教育取向”为班级管理的目的，不仅学生各方面得到成长，教师的育人水平和专业水平也得到提升。教师能够敏锐地从学生问题中找到原因，并在问题产生的原因中探索出教育方向，在教育方向中提炼出有效地管理手段。为实现班级管理的育人目的，使管理的手段与教育的目的相统一，首先要转变班级管理思维。视学生的问题为教育契机，面对这些问题，先考虑“为什么”，再思考“怎么办”，实现教师角色由“管理者”向“教育者”的转变。第二，尊重学生的主体地位。确立以尊重学生需求为主的班级管理原则，尊重学生的合理需求，发挥学生的主观能动性。第三，正视学生个体差异。以学生发展为班级建设的目标，一个班级的学生无论是认知水平还是个性上都有明显的不同，开展班级管理工作时，应充分尊重学生的个性，给予学生发展的空间，激发其发展潜能，遵循学生身心发展规律，教师应当本着让每位学生都能得到全面发展的宗旨，进行班级管理工作。

（二）班级管理主体:“班主任”还是“学生”

班主任是班级事务的管理者，是班级事务的最大责任人，班主任往往成为班级问题聚焦的核心，我们经常听到的“某某老师你的班级如何”“你班级的学生如何”，这些是班主任作为班级管理主体的典型现象。

案例 5－2　就是要扣他的分?①

到了冬天，某初中的课间操换成了长跑，每次长跑的时候，总看到一名男生不跟着班级队伍跑，而是在跑道上悠闲地慢慢走。负责检查的老师看到了问:“同学不跑步，你想让班级扣分吗?”“说对了，我是初二一班的，你使劲扣，把班里的分扣光才好呢!”他说着仍是懒散地走着。平时如果遇到检查扣分，违纪的学生一般都是为了不扣班级分数，立即求情或千方百计隐瞒自己的班级，这个同学的做法很奇怪，于是，检查老师问他，为什么希望自己的班级被扣分呢，他的回答很干脆:“报复呗！谁让他(班主任)那么在意分数呢！就是要把他的分数给扣干净。”老师继续问他:“班级不是大家的吗？怎么能说是班主任的呢?”他不屑地笑了笑，说:“我没觉得班级是大家的，我就是要报复他，扣他的分。”

班主任作为班级管理的主体，成为班级主要责任人，班级自然成为班主任的班

① 张鲁川，金琪. 建设现代型班级[M]. 南京:江苏科学技术出版社. 2014:26—27.

级，学生自然成为班主任管理的对象，班主任和学生的关系就成为管理与被管理的关系。如案例 5－2 中，学生说"我没觉得班级是大家的，我就是要报复他，扣他的分"，话语中的敌意非常明显。

班主任承担班级管理工作，虽然也承担引领者、人生导师的角色，但由于班主任日常工作非常琐碎，势必要承担很多管理性事务，如果单纯追求管理的效率，班主任就会无限放大自己的管控权，事无巨细什么都要管，班主任在班级中享有很高的决定权，大到班级计划的制订、班级干部的任命，小到迟到、不交作业的日常规范，都成为班主任的管理事务。由此就会忽视学生作为班级建设的参与者身份，忽略自身工作对象的特点，学生的个体差异性、独立性和班主任的管控之间就会产生矛盾，从而引起各种班级管理问题：所有人都把班级视为班主任的，班主任的无限权力决定其无限责任，总是处于忙碌状态，导致身心疲惫；其考核与班级的表现直接挂钩，教师担任班主任的意愿不高；学生对班级事务缺乏积极性，容易引发师生冲突，学生难以得到成长。

班级不仅是学生学习的场所，也是学生生活的地方，班级是学生生命成长、社会性得以发展的主要场所，班级是学生社会性成长的通道，是人进行社会生活的场域，学生进入班级公共生活的状态，就要参与班级的公共话语平台，讨论和协商班级事务；履行班级公共服务岗位的义务；共同讨论、协商确定的各种制度和发展愿景等；创建班级公共文化等。班级的共同愿景、组织结构、规章制度、角色承担、教育实践等，都是社会关系的缩影和投射，深刻地影响着学生社会化的发展。

（三）班级管理手段："权威"还是"民主"

"权威"的班级管理手段是指班主任和学生干部凭借个人权威，约束班级成员的言行，建立班级生活的基本秩序。"民主"的班级管理手段是指班主任和班级成员按照师生间事先商定的一系列规章制度进行班级的公共生活。

案例 5－3　如何让自习更有效率？

进入到初中以后，每周都会有两节自习课，班主任希望同学们在自习课上能够安静地有效学习，班主任面向全体学生提出了保持安静的要求，并请纪律委员站在讲台上进行管理。刚开始大家还能自觉遵守，但时间久了，有的同学讨论问题，觉得和学习有关，不是讲废话；有的同学不学习，偷偷看小说、玩游戏；还有的同学调换位置频繁走动……纪律委员也越来越疲于管理，教室也越来越吵闹。

学生们意识到自习课的纪律越来越糟糕,已经影响到大家的学习了。班主任召集班级大会,会上所有学生一起讨论关于自习课纪律的若干条例,并经过全体同学表决,形成了关于自习课的班规要求:① 自习课是无声自习,不干扰他人,如遇特殊情况需请假;② 上课铃响后,马上进入教室,并安静自习;③ 自习课不准互相交谈,不准出声朗读、背诵等;④ 课上不允许喝水和吃任何食物;⑤ 课上不允许看与学习无关的书籍,不允许玩手机、听音乐等。

在案例 5-3 中,班主任先是以"权威"的手段进行班级管理,班主任面向全体学生提出了保持安静的要求,并请纪律委员站在讲台上进行管理,刚开始大家还能自觉遵守,但时间久了,自习课的纪律越来越糟糕。我们一直提倡以生为本的班级管理方式,但为何教师以权威的管理方式却一直存在呢?一方面是沿袭班级管理的传统。我们很多教师尤其是新教师,会依照做学生的时候自己班主任的一些做法,或者观察并模仿其他老班主任的方法,使传统的班级管理方法不断延续;另一方面是师道尊严的权威。有些教师任班主任,没有任何班规,教师说的话就是班规,班级的一切事情班主任说的算。

传统"权威"班级管理方式有什么弊端呢?第一,学生难以形成规则意识。"权威"管理的班级中,判断问题没有依据、没有标准,规章制度执行过程中也存在较大的主观随意性,学生只能根据老师对待事件的态度和做法来揣测;第二,无法实现公平公正。由于没有统一的尺度,班主任在处理班级的一些违纪行为时,有时可能无法完全公平,容易引发学生的不满,不利于班级团结、凝聚力建设;第三,班级内外表现存在差异。班级事务主要由班主任决定,会产生在老师面前和不在老师面前,学生表现截然不同的现象,班级管理无法形成自主自觉的状态;第四,责任心缺失。如果班主任经常把自己凌驾于制度之上,会造成学生集体性失语、习得性无助,使学生缺乏对班级管理的责任心,无法形成良好的班风。权威只能使学生敬畏管理者,而非敬畏规则,不能有效地促进学生的规则意识、民主精神的形成。

案例 5-3 中,班主任意识到"权威"管理方式的弊端后,采用了"民主"方式进行处理。通过师生共同讨论,制定了自习课制度并共同遵守,规章制度内容明确合理可操作,明确规定上课铃响后需要怎么做,课上哪些行为是不被允许的,学生能够很清楚地知道行为边界,从而保证自习课的纪律。学生对行为结果有清晰的预期，并能根据要求调整自身的行为。制度是学生亲自参与讨论的，充分体现了学生们的意见和智慧，制度的制定更科学、更符合班情，也更具有操作性，学生更能够理解和认同制度，提升遵规守纪的自觉性，班主任就不用再做“警察”和“消防员”了。

班级管理由个人权威转向民主治班，为学生自治创设条件，民主制定班规，表面上弱化了班主任的权威，而且费时又费力，但从长远来看，班级的管理效率会大幅提升，班级学生的主人翁意识、班级凝聚力也会不断增强。

（四）班级管理评价："臣民"还是"公民"

“臣民”一般是指君主国家的臣子和百姓，臣民的本质是“奴性”。臣民对国家具有强烈的依附性，往往缺乏独立的人格和意志，只有义务没有实质上的有效权利。宪法将“公民”定义为，具有一国国籍，并根据该国法律规定享有权利和承担义务的人。公民享有从事管理社会和国家等公共事务的权利，是伴随着权利和义务、具有独立人格的自由身份。

案例 5-4 “一人犯错，全班受罚”合适吗？

某学校发生了一起事件：一女生上课时玩弄头发被外语老师训斥后不满顶了嘴，该外语老师非常气愤，将此事状告班主任，班主任一怒之下罚全班同学下跪，63 名学生除了 4 名没跪下外，其他 59 名学生都齐刷刷地在木凳上跪了近 20 分钟。

——《成都商报》2009 年 4 月 7 日

案例 5-4 中，班主任拥有绝对权威，学生必须服从。班级管理过程中，班主任拥有管理班级的绝对权威的现象很多，比如班主任确定班干部的任命，班主任制定班级班规和班级工作计划等。班主任权威的做法，一方面抑制了学生的主观性、积极性，学生成为教师意志的服从者，学生在这样权威管理下，渐渐把“听话”变成了职责，会逐渐失去对事物的是非辨析能力，失去独立的人格。另一方面，学生对班主任的管理绝对服从，班主任无法得到来自学生的合理建议，学生也会渐渐失去对班集体的责任感。

随着我国社会民主的发展，法治社会、公民社会的发展和推进，班级管理中学生服从班主任绝对权威的现象也越来越少了，更多的老师会采用一些民主的方式来管理班级。有些老师似乎在实施民主管理，但只取了民主之行来贯彻老师的意图，没有真正营造民主的班级环境，比如，班干部竞选让全班学生投票，但并不公布选票结果，最终还是根据教师的意愿确定等。这种民主还是一种“伪民主”，长此以往，会误导学生对民主的理解，使学生对民主失去信心，放弃对民主的追求。

将学生培养为公民还是臣民，是评价一个班级是否是真正的现代民主型集体的重要标准。民主型班级中，老师将学生视为公民，对待问题公平正直，没有偏私，公共事务由全体决策，学生积极参加，全体学生一起制定合理的班级管理程序。学生在这样的班级中不会依从于权势，每个学生都勇于表达自己的意见，又会尊重他人意见的表达，学生处理问题会站在班级公共立场，而非考虑个人利益。每个学生都行使权利、承担责任，敢于承担一名成员的责任，有担当的意识。

在学校教育中，班级是培养合格公民的最初舞台，每一个学生都是民主社会的公民，班级就是学习践行的平台，学生将学习如何充分行使民主权利、承担责任、履行义务，以及用民主协商、公开表决等方式来做出决定，在这些践行过程中，从而培养起自身的公民意识和社会责任。

二、综合育人

2014 年，教育部印发的《关于全面深化课程改革落实立德树人根本任务的意见》中指出：“充分发挥人文学科的独特育人优势，加强学科间的相互配合，发挥综合育人价值，不断提高学生综合运用知识解决实际问题的能力。”综合育人就是整合利用各种资源，统筹协调各方力量，帮助学生真正掌握面向未来成长和发展的能力与素质。

（一）学科育人

育人是教育的根本使命，是学科教学的根本价值。所谓学科育人，就是以学科知识为载体，以育人为目标，挖掘学科的德育内涵和人格养成价值，培养学生的学科核心素养。学科育人是一个系统，要围绕立德树人建立学科体系、教材体系和教学体系，促进三者的整合，实现学科育人各环节的统一。①

各科课程的核心是知识，学科知识是打开学科殿堂和认识学科规律宝库的钥匙，是建立学科概念、学科思维和学科思想的基础，是形成学科语言、学科色彩和学科性格的条件。英国哲学家培根在《随笔集》中说道：“知识能塑造人的性格。”知识的传递和引发也伴随着情感、态度、价值观的形成，诸如尊重知识、坚持真理、启迪智慧等。比如，在生物学科教学中，学生形成了生物与环境、稳态与调节等思想，就

① 冯建军. 夯实学科育人的根基[J]. 中国教育报，2019(5)：1.

会理解和认同“绿水青山就是金山银山”“像爱护眼睛一样保护环境”等理念。教学活动本身蕴含着育人意义，教师在教学活动中热爱和尊重学生、平等对待学生、有针对性地引导学生，既能够激发学生对知识本身的学习兴趣，也能够帮助他们学会尊重、学会关心、学会做人。学科主题活动的开展，能够使学生融会贯通和灵活应用学科知识和学科技能，在参与的过程中提升学科思维能力、实践能力和创新能力，形成积极向上的信念、情感和意志，同时也在与同伴及他人的互动中学会与人交流和合作，懂得尊重别人和改变自己，既能与他人和睦相处，又能与自己和谐相处。① 学科主题活动要针对本学科的特点展开，如语文学科的采风活动和图书漂流阅读活动、化学学科的“日常食品中添加剂的调查”主题活动、生物学科的“中草药植物的作用与功效”项目学习活动、信息技术的电脑作品制作活动、历史学科的“中国革命史的发展历程”调研活动等。

（二）活动育人

活动育人是立德树人的教育手段，活动是青少年最喜闻乐见的参与形式。活动主题引领青少年主动参与其中，培育和践行社会主义核心价值观，体会讲文明、懂礼貌在生活中的作用和价值，体会生命世界的神奇，领悟人与自然的关系，认识到个人要遵守社会规则，对自己的决策行为要勇于承担后果，人的一切行为要遵循国家法律和公正的社会道德标准，充分考虑人与人之间要建立和谐友善的关系。活动育人是以学生的需要、兴趣、能力为基础，通过兴趣小组、文娱活动、劳动、社区服务、社会调查等活动形式，促进学生个体的自主发展。

活动作为人的意识能动性和个体能动性的高级表现形式，是行为主体与客观世界相互作用的过程。② 活动以及活动中的人际交往，是品德形成与社会性发展的基础。活动更加切合社会实际，贴近学生生活，表现出以下特点。第一，间接性。活动育人的目标往往隐含在活动中，隐含在学生的学习经验之中，在潜移默化中影响着学生的发展。第二，灵活性。由于学生的需要、兴趣、能力等方面存在着差异，活动的计划、内容、形式及效果的评价，都要体现较大的灵活性。第三，实践性。活动育人基于学生的经验，成于学生的体验，学生在活动和实践中感受、领会、体验，在做中学，在自主活动或与人合作的实践过程中表现自己的发展需要和内在潜力。

---

① 李文送. 论学科教育学育人的六重境界[J]. 当代教育科学，2018(6)：3—6.

② 郑航. 学校德育概论[M]. 北京：高等教育出版社，2007：165.

活动主要包括三大类型。第一，学校活动。全校性的活动，包括如开学典礼、毕业典礼、升旗仪式、颁奖仪式等仪式活动；知识竞赛、演讲比赛、报告会等学术活动；音乐会、运动会、早操等娱乐体育活动；校园美化、社区服务、校内外劳动等劳动实践活动等等，旨在通过团体性的活动充实学生的生活，培育归属感、责任感、神圣感和团队意识等。第二，班级活动。以班级为单位开展的活动，包括主题班会、班级团队活动，学校活动中的学习活动、娱乐体育活动、劳动实践活动等，大多以班级为单位开展，还可以组织班级成员展示技能或特长，通过组织班级活动促进学生正确的生活态度和良好的社会性的形成。第三，学生自主活动。由学生自主组织，体现其自主性、自治性的各种实践活动，如以年级为单位，解决年级之间的某些问题，或增进同学间友谊的活动；由学生承担主要责任，丰富学生课外生活、拓展知识、增长才干的学生会活动和社团活动，培养学生的自主性、自治性和人际交往能力、语言表达能力、组织管理能力、团队合作精神等。

（三）环境育人

皮亚杰认为，儿童智慧能力的发展是主体在环境的作用下，借助于随身携带的同化和顺应来改变认知图式，从而获取新信息，应用新信息。① 我国也有“近朱者赤，近墨者黑”、孟母三迁等精辟论述，都说明了环境对人的发展有着重要影响。“人创造了环境，环境也创造了人”②，校园环境具有突出的育人功能，“它涵盖了学校全部教育教学活动，对学生的健康成长具有重要的作用，对他们如何行事为人、做学问起着潜移默化的作用。”③

人的思想意识是在环境与人相互影响过程中形成和发展的，一方面，人自由而全面的发展是由环境所决定的，人的思想观念的形成都是外部客观环境影响的结果，客观环境的复杂性及多样性造成了人的思想形成和发展的多变性及上升性；另一方面，人之于环境不是消极被动的，而是主观能动的过程。④ 人直接通过现实的、自觉能动的、社会性的实践活动改变客观环境，改变人的思想观念及道德品质，创造符合人类社会发展规律的经济环境、政治环境及社会环境。

我们应充分认识学校育人环境具有的丰富内涵，其中既有显性的展示，也有隐

---

① 肖倩茹．皮亚杰认知理论对小学英语教学的启示[J]．科技展望，2015(5)：225—227.
② 马克思，恩格斯．马克思恩格斯选集(第3卷)[M]．北京：人民出版社，1995：375—380.
③ 余进军．校园文化建设的育人功能和实施策略[J]．中国成人教育，2013(21)：75—77.
④ 陈思琪，姜旭．高校校园环境的育人功能研究[J]．邯郸职业技术学院学报．2020(33)：56—59.

性的诠释。从显性层面来看，校园的基础设施建设、日常课堂的教学方法、学校制定的管理制度、学生应当掌握的知识与技能等，都是育人环境的具体呈现。学生在教学基础设施的支持下，可以学习先进的知识和技能，感受信息时代学习环境的深刻变化，在文体活动中绽放生机和活力。从隐性层面来看，学校的校风、教风、学风以及师生关系、文化氛围、集体舆论等也是育人环境的重要组成部分，而且影响深远。

（四）文化育人

文化育人的本质是“以文化人”和“以文育人”，充分利用文化资源，不断增强其感染力、影响力及育人效果，以达到润物无声的作用。人创造了文化，文化也在塑造着人，文化育人在提高全民族综合素质以及塑造学生高尚人格方面具有独特的作用。文化育人是实施素质教育的必要途径，素质教育强调学生要德智体美全面发展，侧重学生各个方面的综合素养教育，通过传统文化、革命文化以及社会主义先进文化的学习熏陶，促进学生全面发展，不断提升自身的文化理论涵养。文化育人有利于促进学生形成健全的人格，文化作为一种无形的力量，影响着当代学生品格和理论涵养的形成，并转化为一种有形的力量影响其行为实践的表现。文化育人是中华民族实现伟大复兴的根本动力，中华民族文化中的精神追求和价值体现，代表着中华民族独特的精神标识，是激励人民奋勇前进的强大精神力量，广大学生从中获得精神滋养，在文化的孕育中将个人理想与社会理想紧密结合起来，共同为实现中华民族的伟大复兴而努力奋斗。

推进校园文化建设，营造良好校园文化的氛围，学校应将培养学生文化自觉和文化自信作为目标，结合自身文化特色，打造独具内涵的校园文化。将中国传统文化元素融入校园建筑、环境布局之中，注重对校史、办学理念、校风校训的梳理和凝练，不断发展和深入挖掘校本文化中的育人功能。将校园文化建设纳入学校事业发展的整体布局之中，形成独具特色的校园文化格局。结合学生兴趣和需求开展丰富多彩的校园文化活动，组织学生到爱国主义教育基地进行社会实践；定期带领学生深入到社区、乡村进行志愿服务；在特定的节日开展主题活动等。通过特色活动弘扬中国传统文化和红色文化，厚植学生爱国主义情怀，使学生在参与活动的过程中增强对民族文化的认识，作出正确的文化选择，形成深刻的文化反思，培育文化创新能力，实现以文化人、以文育人。

发挥教师在文化育人中的主导作用，教师的文化素养、教学水平和道德品质对学生文化自觉的形成起着潜移默化的影响。教师要有将传统文化灵活融入教学课堂中的能力，并通过自身人格魅力引导学生、感染学生。建设高水平师资队伍，引导学生文化创新，通过定期组织教师培训，开展文化讲座、论坛、文化工作交流研讨会等提高教师的教学能力和科研能力。教师也要自觉树立牢固的历史观、民族观、国家观和文化观，不断加强自身学习，丰富文化底蕴，坚持立德修身，以自身学识、德行引导学生树立文化安全意识，将传统文化与课程有机融合，发挥学生在文化自觉培育中的主体作用，鼓励并指导学生进行文化创新。

第三节 师范生育人素养的养成路径

师范生育人能力的养成，是一个长期发展的过程，是由量变到质变的过程。师范生经过长期教育专业技能学习和教育实践训练，体验教师职业情感，在感受教师文化熏陶的过程中，逐渐涵养崇高的教师职业道德，树立坚定的教师职业理想和信念，掌握教书育人的理论知识和实践技能。师范生育人能力的养成贯穿专业学习的全过程，在课程学习、实践活动、校园文化等方方面面都蕴含着育人因素。本节主要列举强支撑课程、典型实践活动、校园文化熏陶中部分代表性内容。

一、强支撑课程

（一）班级管理与活动组织

“班级管理与活动组织”是师范专业的一门专业基础课，旨在使学生充分认识班级的地位、作用与发展过程，充分认识班级管理的重要性，掌握班级管理与活动组织的基础知识和基本理论，更好地实现班级的教育教学目标，实现班级管理科学化、系统化、最优化。

班级是一种组织，因而需要管理，班级管理活动既是实现班级教育目标的必要手段，也是实现教育目标的有效途径。班级管理是以班级为载体的教育管理，目前对班级管理的含义尚未形成标准的界定，我国许多学者经过系统研究提出了自己的见解。著名教育学家贺乐凡教授认为：“学校管理者通过班主任的领导和学生的积极参与，把班级的全体同学组成有共同正确目标，有严肃的组织，有正确的舆论，有经常的活动交往，有旺盛的士气的集体，并使班集体成为教育、管理的主体的管理活动。”[①]南京师范大学鲁洁教授提出班级管理从两个层面理解：“学校领导对班级的管理和班主任对班级的管理”，学校领导对班级的管理包括班级编制、委任班

① 贺乐凡.学校管理研究[M].北京：文化艺术出版社，1993：126.

主任及开展以班级为单位的活动等班级外部管理，班主任对班级的管理主要是“按照学校计划和教育目标的要求，充分利用和调动学生以及班级内外的力量，进行班级教育任务的组织、指导、协调、控制等各种活动”①。

班集体中的学生，犹如一颗颗玲珑剔透的珠子，如若把他们串成一条美丽的项链，丰富多彩的班级活动无疑就是一根最合适的丝线。班级活动是指在教育者的组织和领导下，为实现教育方针和培养目标，完成学校的教育工作计划，组织班集体成员参加的一系列活动，包括思想品德教育活动、课外活动、劳动活动等。班级活动是班集体建设的重要途径，是班级教育的载体，是实现教育目标的中介桥梁。作为教师要掌握班级活动的内涵、作用、基本功能、特点等，学会开展班级活动的原则和方法，优化班级活动的设计，组织好班级活动，让班级活动成为育人的有效教育资源。

班级管理与活动指导是具有特殊规律性的实践活动，是班级管理者掌握班级管理规律、有效开展班级管理活动的基本途径和方法，学习班级管理与活动指导课程具有重要的理论意义和实践价值。课程的学习必须做到“三个坚持”。第一，坚持理论与实践相结合。班级管理与活动指导具有鲜明的理论性、实践性，理论只有与实践相结合，才能实现从经验的班级管理到理论指导的班级管理的转变。第二，坚持研究与学习相结合。学会对班级管理的现实问题进行分析和总结，注重对科学方法及学生成长的科学规律的研究，吸收和借鉴班级管理的新经验、新思想、新成果。第三，坚持与其他学科相结合。班级管理并不是孤立存在的，涉及管理学、教育学、教育社会学、教育心理学等相关学科，需要综合相关学科进行学习。

（二）教育政策法规

教育事业的发展需要政策法规的保驾护航，“教育政策法规”是师范专业的一门专业基础课，是国家教师资格证和教师编制考试的必考内容。《国家中长期教育改革与发展规划纲要》对依法治教、大力推进依法治校、完善教育政策法规等进行了具体要求。2011 年教育部颁布了《教师教育课程标准（试行）》，这是我国教育史上第一部关于教师教育课程的国家标准。《教师教育课程标准（试行）》中明确规定幼儿园教师、中小学教师职前教育应当设置教育政策法规课程，这是我国首次以国家标准的形式将教育政策法规课程纳入教师教育课程体系，体现了国家对教育政

① 鲁洁．教育学[M]．南京：河海大学出版社，1990：276—277.

策法规的重视，以及其在教师教育课程体系中的重要地位。①

通过教育政策法规的课程学习，学生了解和掌握了教育政策法规的基本知识，如教师和学生的权利和义务，教师和学生权益保护的途径等；强化法治观念，在教育教学中能够尊重和保护学生的合法权益，将保护学生的生命安全放在首位；了解我国主要的政策和法规，并能够运用教育政策法规基本原理分析评价解决教育实际问题。教育政策法规课程中蕴含着丰富的育人元素，包括政策意识、法制观念、教育情怀、教师观、学生观、权利意识、师德师风、依法执教等，通过课程提高学生政策意识、法制观念，树立和巩固正确的学生观、教育观，提高权利意识，严肃师德师风，依法执教。

教育政策法规课程坚持情境浸润，情能兼修，注重从教信念和大爱情怀的师德师魂与法治思维培育，注重课程的动态性、生成性，培养学生树立专业伦理信念，做到道德自律、法律自觉、立德树人、依法从教、以德育德。首先，教育政策法规的学习要与时俱进。积极关注教育事业发展动态和政策走向，梳理国家对教育事业发展的新任务、新指示，对教育热点话题进行深入剖析，关注教育事业发展的动态和政策是学生政策意识、法制观念和教育情怀的具体体现。其次，研读教育政策法规，提升法律素养。教育政策法规是教育事业的顶层设计，指引教育事业发展的方向，要充分意识到教育政策法规的重要性，明确权利义务的范围和内容，铭记师德为先的基本理念，依法执教，实现教书育人法制化。最后，理论联系实际，能够通过教育见习、实习，运用法律思维分析反思教育过程中遇到的问题，并能够利用政策法规解决教育教学中的问题，保障师生的合法权益。

二、典型实践活动

（一）教育见习、实习

《教育部关于加强师范生教育实践的意见》中明确指出，在师范生培养方案中设置足量的教育实践课程，以教育见习、实习和研习为主要模块，构建包括师德体验、教学实践、班级管理实践、教研实践等全方位的教育实践内容体系。② 教育见

① 石正义."三大标准"背景下教育政策法规课程改革[J].课程教学研究，2014(7)：18—22，53.

② 教育部.教育部关于加强师范生教育实践的意见[EB/OL].(2016－03－21)[2019－07－23]http://www.moe.gov.cn/srcsite/A10/s7011/201604/t20160407_237042.html.

习在一定程度上能增强学生的职业情感，使学生对理论课和技能课有更科学的认识，能间接提高学生的专业效能感。① 教育见习是师范生强化职业认同、树立职业理想和增强职业道德的重要实践途径，研究表明，教育见习对于提升师范生的教师职业认同感、教师职业承诺和教师职业态度成熟度均具有显著性影响，教育见习能够让师范生在教育一线实践中亲身体会和认识到教师对于学生健康成长的重要意义，这都会在潜移默化中提升师范生自身的教师职业认同。同时师范生能够面对面地密切接触教师职业并且参与到教师工作的各个环节中了解和认识教师职业，从而形成他们的职业承诺，提升他们的职业态度成熟度。② 教育见习、实习主要从以下几个方面提升育人能力。

1. 见习、实习班级管理工作

学生在见习过程中将分组跟班，熟悉班级规章制度，认真观察班级活动，对晨会、班会、值日、课间操、放学等日常活动的组织和管理进行具体的观察和记录。辅助班主任、任课教师进行班级管理，将学校中学习的理论知识加以实践，并观察学习班级管理的策略，如教师是如何营造积极向上的班级氛围，召开晨会和班会、组织课间操、安排值日和组织放学等工作的完整流程，教师处理学生违规行为的方式方法，有效管理纪律的技巧等。通过参与班级活动以及和班主任、学生的沟通，了解学生的心理特征和发展规律，逐步认识和掌握班级管理的方法和技巧。

2. 感受见习学校文化育人环境

文化育人就是用学校一切有益的文化资源育人，包括物质文化、精神文化、制度文化和环境文化。见习、实习过程中能够了解不同学校的办学历史、理念、现状、特色与发展愿景、办学宗旨和办学特色；参加学校各种文化活动，如文化展览、文化知识竞赛、知识讲座等，感受其文化育人氛围；参观学校校园环境、校史陈列馆、文化教室等，感受其育人环境。学校的制度文化对学校的管理和运行具有引领和保障作用，对学校形成良好的校风、学风具有重要意义。通过见习、实习使学生深刻感受校园文化系统中各要素的育人功能，树立文化育人理念，保持文化育人的实践品性。

---

① 时艳芳，吕晓炜. 教育见习对学前教育专业学生的影响及优化策略——以 Z 学院为例[J]. 陕西学前师范学院学报，2018(4)：100—104.

② 张岩，雷婷婷. 教育见习对师范生职业发展影响的实验研究——基于“4＋1”跟岗教育见习模式[J]. 教师教育研究，2020，32(6)：91—98.

3. 实践学科综合育人活动

1999年，中共中央、国务院颁发了《关于深化教育改革，全面推进素质教育的决定》，其中明确指出以培养学生创新精神和实践能力为重点，实施素质教育。学科课程是学校育人的主要载体，学科教育不仅是知识的传承，更重要的是发挥学科间综合育人功能，提高学生综合分析问题、解决问题的能力，培养学生综合素质。比如通过语文学科的学习，培养学生热爱中华传统文化，培养学生会阅读、会思考、会表达的能力；体育学科培养学生自主健身、体育道德、健康生活等意识；美术学科培养学生美术表现、审美情趣、文化体验，以及探索美术与社会生活、文化等之间的联系。通过见习、实习，师范生可以观察学习教师在学科育人中的思维方法，进一步实践体验学科间课程内容的深度关联，推进学科知识、社会生活与学生经验之间的高度融合，实现学科综合育人。

（二）综合实践活动

综合实践活动是在教师引导下，学生自主进行的综合性学习活动，密切联系学生自身生活和社会实践，体现对知识综合应用的实践性。综合实践活动要让学生在“活动”中学习，通过“行动”来学习，要实现“知与行”“动手与动脑”的结合和统一，真正具有“育人”价值的综合实践活动，应当让学生在活动结束时“有所知”“有所得”“有所悟”。活动育人是指以活动为抓手，通过主题遴选、环节设计、普遍参与以达到育人目的，是区别于传统说教式育人方式，具有形式多样、寓教于乐的特点，能让学生在主动参与和融入中潜移默化地接受教育。

师范生通过综合实践活动能够实现理论与实践相结合，提升自身解决育人问题的能力、探究能力和综合实践能力。发展育人能力的活动主要有以下几类。

1. 校外实践活动

目前，师范生的学习和生活大多都是在学校里，学生每天“三点一线”的学习生活方式，这是由学校教育的特殊性决定的，使师范生的社会实践锻炼相对匮乏，对教师行业的认识也存在一定局限，认为学好科学文化知识、教育理论知识就能做好教师，而不太重视自身综合素质的培养，导致很多毕业生进入教师行业后，往往会感到有些无所适从。师范生可以利用业余时间参加校外实践活动，结合专业特点，深入到企事业单位、生产劳动工作中，开展科普宣传咨询服务、顶岗挂职锻炼、进行社会调查等活动，通过社会实践活动，学习课堂和书本无法学习到的实践知识，提高社会适应能力，全面提升自身的综合素养，为今后从事教育教学工作打下坚实的基础。

发挥师范专业优势，开展教育公益活动。充分结合师范生的专业特点，开展社区教育服务，为贫困家庭、留守儿童等提供义务教育服务，为成人教育和职业教育提供教育帮扶，还可以开展贫困地区、偏远地区的支教服务。通过教育公益活动，能够使实践育人和服务社会紧密结合，引导师范生正确认识社会的发展规律，明白国家的前途命运，确定自己的社会责任，更加坚定自身为党育人、为国育才的教育理念。

2. 校园仪式活动

师范生作为即将走向教育工作岗位的群体，肩负培养祖国未来栋梁的重任，他们的言行举止对未来的学生都有重要影响，其中责任感和使命感是师范生需要具备的两个重要特质。责任感和使命感都是调动内心、驱使个人或团队去完成某件事的内驱力，个人或团队只有具备高度的责任感和使命感，才会产生源源不断的动力，才能充满激情地投入自己的工作或者事业中，发挥更大的价值。责任感和使命感能够让教师对教育事业更加认同和投入，忠诚于教育事业，以培养栋梁为己任。校园仪式活动是增强责任感和使命感的重要方式。

校园仪式活动具有深刻的文化底蕴，出发点都是为了教育，将价值观融于仪式中。校园仪式教育一般可以分为三种。一是通过仪式。通过仪式发生在人通过了某一个特定关卡，如开学典礼、毕业典礼等。二是庆典仪式。特定某个时间在某个范围内进行的狂欢，如学校周年庆典、教师节庆祝活动等。三是纪念仪式。传播校园文化，追思缅怀，传递学校优良作风及传统，如烈士纪念日等。通过开展仪式活动，可以增强师范生对于未来教师身份的认可，感受到整个团队集体带来的凝聚感。不同仪式活动围绕不同主题展开，传递着不同的价值观，通过现场仪式活动的氛围烘托，使抽象的主题鲜明化，感染影响着每一位参与者；同时通过参与组织相关活动，积累开展相关活动的经验，为未来成为教师开展育人活动做好经验准备。

3. 班级主题活动

班级是学校的基本组织，班集体的特点、要求、舆论和评价对学生性格的形成与发展产生直接的、具体的影响。班级活动是在班级内有组织地开展的各种教育活动。而班级主题活动是指在集体性活动中，以一个主题为线索，围绕主题进行互动与交流。开展系列主题班会、主题团会教育活动，结合新形势、教育热点或本班实际情况等进行分析讨论，对学生的思想进行正确引导。也可以提前拟订讨论主题，如"做新世纪教师""做一个有责任心的人""教师人格之我见""如何做到立德树人"等等，学生查阅资料，以分组讨论、代表发言、自由发言、总结发言等形式开展。在讨论过程中，学生自我学习、自我教育，培养了临场发言的勇气和口语表达能力，对学生形成正确的理想、信念、人生观与价值观起到了积极作用。

班级建设和管理对师范生育人能力的培养有着重要作用。建设纪律严明、积极向上、严谨求实的班集体，形成严格守纪、积极向上的班风，有利于促使学生形成严谨自律、乐观豁达的良好个性品质。实行民主化管理，充分听取学生意见，让学生为班级建设出谋献策，使学生时时感受到自己是班级的主人，个人的意见受到尊重，能够促进学生理解与信任、团结与合作等优良品质的养成。实行班干轮任制，采取自愿报名、竞选演讲、民主选举的方式，让每个学生都有机会任班团干，担任班级干部能够培养学生参与管理的意识，调动学生参与管理的积极性，提高学生的自信心、交际能力与合作共事等能力。

三、学校文化熏陶

（一）学校校训精神

大学校训是一所大学对全体师生员工具有指向和激励意义的、反映学校办学理念的、高度凝练的词语或名言，是学校文化传统和办学理念的沉淀。了解一所大学的校训，可以直接触摸到该校最核心的灵魂和特质。① 校训体现学校的办学方针与教育指导思想，是面向学生、教师及其他工作人员的共同的行为规范要求，是学校精神文化的核心内容。师范院校的校训蕴含着中华悠久的历史文化，以及博大精深的教育思想，体现了立德树人、教书育人的历史使命和社会责任。

高等师范院校为教育一线培养师资力量，是培养未来教师的摇篮。师范院校的校训彰显师范特征，往往蕴含着育人思想和理念。例如，北京师范大学的校训"学为人师、行为世范"，华东师范大学的校训"求实创新、学为人师"，体现了时代和人民对教师角色的认识和期望，是对师生在读书治学和行为修养上的基本要求；华

① 刘星.我国省属重点师范大学校训的文化解读与评析[C]//北京师范大学.2011年第二届首都高校教育学研究生学术论坛论文集.2011:43—43.

中师范大学的校训“求实创新、立德树人”、陕西师范大学的校训“厚德、博学、求是、笃行”和山东师范大学的校训“弘德明志、博学笃行”，都蕴含了对师生道德品质和行为举止的规范要求，强调学与行相结合；南京师范大学的校训“正德厚生、笃学敏行”体现了在教师成长过程中对个人素养、专业知识和专业技能等教师专业化发展的基本要求。

校训是学校的文化传统、精神风貌、办学理念、学术追求、办学特色的高度概括，与学校的各项工作紧密联系，与学校的培养目标、体制建设、学科设置都息息相关，学校可以把校训直接落实到每一项活动中，最大限度地丰富学生的日常生活。将校训所代表的学校精神和价值追求，融入到丰富多彩的校园生活中，例如，学校开学典礼、毕业典礼、校庆纪念等重大活动都应将校训教育、弘扬校训精神作为重要内容；开展与校训相关的演讲活动、辩论赛、表演、师生研讨会等；在校园中设置校训景观、校训精神宣传展板等，让校训自然而然地融入到校园生活当中，潜移默化地影响每位师生的教育价值观，使每位师生都成为校训精神的共同持有者，并在未来的教育实践中加以传承，成为校训精神的传播者和践行者。

（二）教师教育理念

师范院校的教师不仅要引导学生学习学科知识，掌握教师专业技能，更要引导学生学会做人、做事，促进学生个性发展，培养健康健全人格，即注重学生品格、意志、道德等人文素质的培养。教师的发展不能仅仅停留在掌握专业知识上，而应着眼于树立正确的教育教学理念，并加深对它的觉悟程度。不同的教师对教育的目的、意义的认识不同，所形成的教育理念觉悟、教育境界也不尽相同。虽然从事的都是相同的教育教学活动，有的教师的境界是一种功利境界，把应对考试、提高分数成绩排名当成教育的全部；有的教师的境界是一种道德境界，把考试当成教育评价的一种手段，重点关注学生各种品质的培养和学生的长远发展，关心的是对社会的价值贡献。教师本身的教育理念，以及在日常教育教学中表现出的教育行为，都会对师范生的专业成长产生重要的影响。理念是行动的先导，教师的教育理念会在具体的教育教学实践中加以践行。

除了教师教育理念之外，教师的人格魅力、心理健康、礼仪修养等都会对师范生的发展产生影响，教师用饱满的情绪、热情的话语来鼓励学生、感染学生，使学生产生积极的心理状态和强烈的求知欲望，从而主动地参与教学活动，愉快地接受教育，积极地探究问题。健康的心理是教师从事教育教学工作，完成教书育人任务的基本条件。要培养学生良好的心理素质，教师自身就必须有良好的心理素质，以性格影响性格，以情感陶冶情感。教师要不断提升自身的人格修养，不断提升自己的人格魅力，学会如何互动，教学生如何做人，在潜移默化中促使学生健康心理和人格的形成，以无愧于“人民教师”的称号。

课堂教学互动

讨论：作为教师，如何理解和处理“教书”与“育人”之间的关系？

思考题

1. 作为师范生，为何要学会育人？
2. 结合自身实际，谈谈如何学会育人。

第六章 06

学会发展：师范生素养之要义

本章内容概述

师范生的培养，重在让学生“学会发展”。学生应当具备自主学习能力和终身学习意识，具有全球视野和开放的胸怀；能初步在教学实践中批判性地反思问题，创新性地研究并解决教育教学的实际问题；能在学习共同体中胜任自己的角色，搭建共同学习、合作研究的教育教学学习和实践团队。本章阐述师范生发展的理论、特点以及学会发展的意义；从终身学习、学会反思、学会交流三个方面阐释师范生学会发展指标体系；探索师范生发展素养养成的强支撑课程和路径。

本章内容结构图

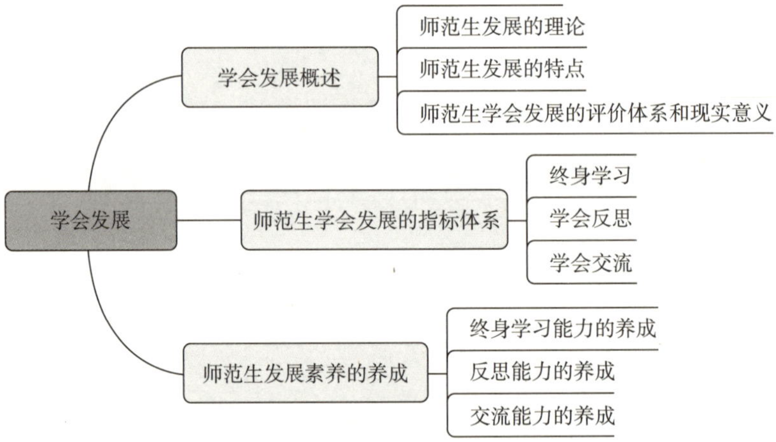

本章学习目标

◆ 了解师范生发展的理论，熟悉学会发展的评价体系及师范生学会发展的意义。

◆ 掌握师范生终身学习、反思实践、学习共同体的内涵和基本特征。

◆ 掌握师范生发展素养养成的路径。

第一节
学会发展概述

发展是一种变化，发展和变化这两个概念同时发生，而且含有连续和稳定的成分。但是，我们不能说每一种变化都是发展。① 本节所探讨的师范生发展是对发展的一种特殊理解，是人类自我发展的一种，它建立在有机体的隐喻和把图式作为一种关键概念的基础之上。本节围绕师范生发展理论的界定、师范生发展的特点、师范生学会发展的评价体系和现实意义等几个方面展开讨论。

一、 师范生发展的理论

自我发展必须涉及自身内部的变化。那么，是不是所有的内部变化都是发展呢？比如视觉适应、新陈代谢等生理变化，它们不能被视为发展，因为这些变化的最终结果是恢复到初始状态，缺乏连续和稳定的成分。来看一个例子：一个 3 岁的孩子被教会背诵"床前明月光"，这属于内部的持久变化，那么这属于发展吗？一种观点认为，这不属于发展，因为 3 岁的孩子能够背诵归功于机械学习，他并不理解诗句的含义，没有获得新方法或者形成新图式。另一种观点认为，机械学习是发展的开始，有意义的理解对发展来说不是必要的。人们在不理解，甚至意识不到他们的发展的情况下，也能获得发展。我们认为，这个例子中的孩子获得了发展。虽然他在学习诗句的意义上没有得到发展，但是他的发展存在于理解背诵诗句和获得奖励或者认可的关系中。因此，发展应该被视为自我产生的、内部的、相对稳定的变化，这种变化还表现为一种新图式的获得或从一种旧图式向新图式的转化。②

那么真正意义上的人类的"发展"又是怎样的？鲁洁教授曾说，在人的面前存在一个可能世界，它是人对现实的一种理解，是现实的趋向、现实的前景。"正因为

① [美]简·卢文格.自我的发展[M].韦子木，译.杭州：浙江教育出版社，1998：38.
② [美]简·卢文格.自我的发展[M].韦子木，译.杭州：浙江教育出版社，1998：29—31.

在人的精神和思想中存在着这个可能世界，才使人能够成为唯一的、得以超越现实存在的动物。”“人的生活才赋有它的意义，这个意义就是每个人要为实现它所选择的可能世界去努力、奋斗。”[①]由此可见，人的发展有两个前提：一是“发展”的主体实现自我超越；二是“发展”的主体感知到自身的发展。总之，人的发展是用无限可能的世界取代现实世界的自我超越，人生的意义就在于为了创新、创造而奋斗和努力。

（一）师范生发展的含义

对于师范生来说，自我超越有其特定的内涵。对于该内涵的理解，我们应该从师范生未来将承担“传道授业解惑”的社会使命来认识。德国哲学家费希特[②](Johann Gottlieb Fichte，1794)关于人类使命的观点有助于阐释师范生的使命。根据他的观点，学者的使命可以涵盖教师的使命：优先地、充分地发展他本身的社会才能、敏感性和传授技能的能力。德国存在主义哲学创始人海德格尔(Martin Heidegger，1951)认为“教难于学”，乃因教所要求的是“让学”，“称职的教师要求学生去学的东西首先就是学本身，而非旁的什么东西。”[③]他认为，“教难于学”。因此，考察教师能否实现自我超越(发展)，应该着眼于教师是否能够履行其使命和职责。由此，师范生能否实现自我超越(发展)，则应该着眼于学生是否获得了履行使命的能力并不断提升。

根据人的发展的意义和师范生作为未来教师这一社会角色的职业特点，师范生发展的含义可以概括为：师范生在其学业生涯中，以塑造未来教育工作者的方式把握世界，在教育文化的环境中学习、掌握教育文化，生成教育智慧，创造出新的教育成果，以此明确职业的方向和使命。

（二）师范生发展的自主性

师范生的发展不是自然进化的结果，而是学生有意识的行动使然。因此，师范生“学会发展”应当是学会“自主”发展。语言学意义上“自主”的含义是高度凝练的，但是，在讨论“师范生自主发展”这个课题中的“自主”一词时，所要着重表达的是学生的自主性超越式发展。

---

① 鲁洁. 超越与创新[M]. 北京：人民教育出版社，2001：258—259.

② 约翰·戈特利布·费希特(Johann Gottlieb Fichte，1762—1814)，德国作家、哲学家、爱国主义者，古典主义哲学的主要代表人物之一。

③ [德]海德格尔. 人，诗意地栖居[M]. 郜元宝，译. 北京：北京时代华文书局，2017.

朱小蔓教授在阐释“自主性”时说道：“自主性在哲学上是人之主体性的实质性内涵，在心理学上它是‘人格成长’的核心要素。”[①]她说，在奥尔波特[②]（Gordon Willard Allport，1955）的人格理论中，自主性是作为“理想的动机”被看待的，即“动机的机能自主”，是指一种经过学习而获得的动机系统。例如，一个大学生刚学习一门课程时，很可能是因为这门课程是必修课，或因为自身需要，或由于时间宽绰而选学，但也许在最后，他会完全被课程内容吸引，甚至终身迷恋这门学科，也就是说“达到目的的手段本身却变成了目的”。奥尔波特称之为“自我统一的机能自主”，即当动机变成统一自我的一部分时，动机就成为本身而自行其是，而不论有无外在的鼓励或奖赏，这种动机都成为完全自发或自主的了。

在学生自主性培养问题上，朱小蔓强调了认知的作用，包括知识、兴趣、价值观和目标的预期。由于价值观的介入，学生在行动过程中获得了情感上的体验，而最终形成了自主的情感性素质，即“自主能力”。自主性包含两个维度：个性和社会性。就自主性的个性层面，我们主要培养学生的自信与自尊。在自主性的社会性层面，我们主要发展学生对社会价值的体验认知，使其形成一定的责任感。学生的人格由此得以发展、完善（见图 6－1）。朱小蔓还谈道：“一旦学生形成了一定的自主意识和自主能力，学生的学习就不再是简单的、机械的知识叠加，而变成学生在其一切学习和活动中积极地构造知识。”[③]

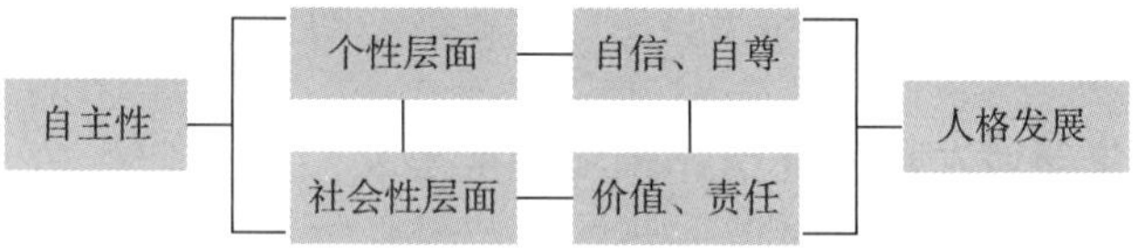

图 6－1　自主性两个层面的关系

从朱小蔓教授对自主性的论述中，我们可以认识到自主性与主体性，人格内在统一性，自主的意识、态度和能力，个性（自信、自尊），社会性（价值、责任）相关。以上认识对于我们理解师范生发展的自主性具有很好的启发作用。

① 朱小蔓．小学素质教育实践：模式建构与理论反思[M]．南京：南京师范大学出版社，1999：161—163.

② 奥尔波特（Gordon Willard Allport，1897—1967），美国人格心理学家，现代个性心理学创始人之一，美国人本主义心理学家的代表人物之一。

③ 朱小蔓．小学素质教育实践：模式建构与理论反思[M]．南京：南京师范大学出版社，1999：161—163.

二、师范生发展的特点

“自主性”是师范生自主发展的核心特征。从学生个体出发，师范生自主发展还呈现出以下三个方面的特点。

（一）发展动机是个体的内在需求

师范生自主发展的动机应当是发自内心需求，是基于师范生对于追求职业理想、实现社会使命的主观意愿和目标而产生的。这种自主发展的内在动机被称为“机能自主”，是实现发展的驱动力。

（二）发展路径是个体的自我选择

师范生自主发展的路径是一种个性化的选择，即发展的是个体的潜力。这种发展不仅仅能够满足家庭、社会对个体的期许，也能体现个体的兴趣、爱好和天赋。自主发展强调个性但并不排斥社会性，是建立在个性和社会性的平衡之上的发展。我们能够看到自主发展型教师才是能够将履行社会使命和发挥个人才能完美结合的人。

（三）发展目标是个体的专业素养养成

新文科建设实施走向对师范生的培养提出了新的要求。在其发展中，师范生除了要具备中国学生发展核心素养之外，还应当注重学科融合、知识创新和中国特色。在正式走上教学岗位之前，自主发展的理念可以帮助师范生充分发挥个体的主观能动性，抓住时代的转折点，早日实现专业素养的养成。

三、师范生学会发展的评价体系和现实意义

党的十九大以来，中国社会和教育领域发生了重大变化。新形势下，师范生要学会自主发展应当从哪些方面入手、学校应当如何帮助师范生实现自主发展等都成为政策制定和实践领域值得探索的新问题。2017 年 10 月，教育部印发了《普通高等学校师范类专业认证实施办法(暂行)》。文件中明确了各级各类师范院校师范生培养的教学合格要求以及学生的毕业要求。其中，“学会发展”为毕业要求之一。毕业要求为我们构建师范生自主发展评价框架提供了重要启示，对于师范生实现自主发展具有普遍的指导意义。

（一）师范生学会发展的内涵

在师范生的专业发展中，在学校的学习阶段只是一部分，课堂所获得的知识也

只是个体所需知识的极小一部分，更多的知识需要后续的学习和体验，需要在工作中继续积累和学习。因此，学会发展作为一个具有长期性、战略性的要求，应当受到重视。从师范生毕业要求指标出发，经过对各项指标的分解，我们将师范生学会发展的内涵解读为：具备自主学习能力和终身学习意识，具有全球视野和开放的胸怀，能初步在教学实践中批判地反思问题，创新地研究并解决教育教学的实际问题，在学习共同体中胜任自己的角色，搭建共同学习、合作研究的教育教学团队。

（二）师范生学会发展的评价框架

《普通高等学校师范类专业认证实施办法（暂行）》中师范生“学会发展”的毕业要求包含四项指标，经过归纳，本书认为其中三项指标起到主体作用，我们称之为“自主发展三要素”，即自主学习、反思研究、交流合作，三者均以“自主性”为前提，见图6-2。

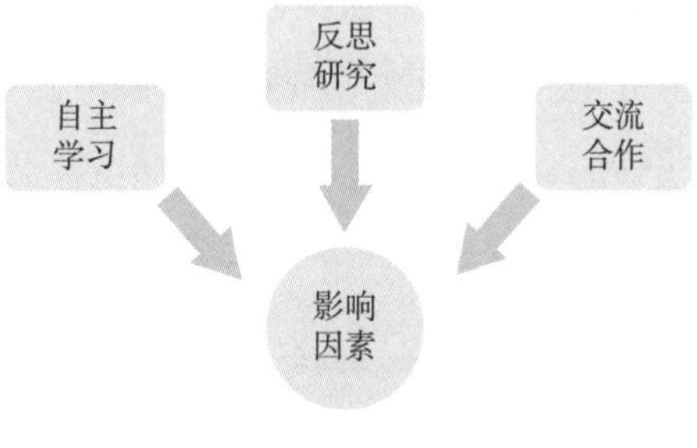

图6-2　师范生自主发展三要素

以上三个要素构成一个整体，共同支撑着师范生核心素养的养成，帮助他们将来承担教师角色，履行社会使命。每一个要素分解为若干个二级指标，其中，终身学习、学会反思、构建学习共同体分别是各要素的核心指标。

（三）师范生学会发展的现实意义

1. 自主发展是建设“学习型社会”对教师教育质量提出的要求

进入“十四五”规划时期，我国将加快构建动态性的学习型社会，推进旨在促进经济繁荣和社会稳定的现代化进程。在这个过程中，教育越来越受到普遍的重视。高质量的人才培养依赖于高品质的教育和教师，教师在推动教育体系升级和变革中发挥重要作用，“高质量的教师教育”成为“学习型社会”建构中的主旋律。那么，何为“高质量的教师教育”？厘清教师生涯发展中所需要的知识、能力、情感和价值体系，构建多方认可的教师核心素养框架，成为学习型社会建构的优先战略事项。

2. 自主发展是引领和促进师范生持续性发展的客观要求

教师素养的获取和发展是一项长期的追求，贯穿着教师的整个职业生涯历程。职前教育无论多么充分，也培育不出教师整个生涯历程中所需的全部素养。师范生自身需要在具体的培养环境中不断地反思，实现对知识的主动构建，从而能够持续更新和改进个体的知识与能力。

3. *自主发展是培养师范生核心素养和推动师范生终身学习的现实需求*

新文科建设的背景下，学校和教师扮演的角色在不断发生变化，教师需要应对日益复杂的多元课堂，满足学生的各种学习需求，熟悉并有效使用现代教育技术、智能教学平台，推动家校合作。教授知识只是教师工作内容的一部分，教师工作更为重要的是要帮助学生获得各种能力，形成各种素养。因此，师范生的培养要让学生"学会发展"，学会自主更新学科知识、课程知识和教育学知识，学会教育研究与创新，体会教育的文化与社会蕴意，积极地参与教学模拟与实践，并反思教与学的过程。

第二节
师范生学会发展的指标体系

师范生首先是大学生，而且是发展中的大学生。信息时代和学习型社会要求大学生不仅要获得相应的知识和技能，还需要具备适应未来社会发展的能力和素养。具体来说，未来人才培养的目标应该是注重其自主发展、合作参与、创新实践等能力的养成。发展素养是一种具有整体性和连续性的核心素养，从评价是否“学会发展”的指标选取上看，它既注重学科基础，也关注个体适应未来社会生活和个人终身发展所必备的素养。上一节，我们阐释了师范生学会发展的内涵，构建了评价框架，本节我们将围绕终身学习、学会反思、学会交流三个具体指标进行解读。

一、终身学习

（一）师范生终身学习理论解读

1. 终身学习理论的产生与发展

“终身学习”的思想最早可以追溯到中国的孔子和古希腊的“三杰”。2500年前，孔子就说过：“吾十有五而志于学，三十而立，四十而不惑，五十而知天命，六十而耳顺，七十而从心所欲，不逾矩。”这是他对自己一生中不断学习和进步的自述，在不同的年龄达到了不同的层次和境界。柏拉图在《理想国》中对人从生到死各个年龄阶段所应进行的不同内容的教育作了详尽的论述，教育理想是构成他的社会理想的重要部分。

终身学习的概念是与终身教育紧密联系的，后者已受到世界各国的广泛认同。1965年，联合国教科文组织成人教育计划处处长朗格让（P. Lengrand，1965）在第三届国际成人教育促进会议上向大会提交了关于终身教育的提案，并于1970年出版了《终身教育导论》一书，这标志着终身教育理念的确立，由此开始，终身教育理念在世界范围内得以传播和推广。1972年，联合国教科文组织发表了《学会生存——教育世界的今天和明天》，这份报告中明确提出了“终身教育”“终身学习”“学习社会”三个相互联系又互不相同的基本概念，使得终身教育理念进一步得到发展。1996年，联合国教科文组织发表的《教育——财富蕴藏其中》标志着终身教育理念开始趋于成熟。

终身教育理念受到世界各国政府和学者的极大关注，为终身学习理念的形成奠定了坚实的基础。关于终身学习的含义，自始至终都没有一个统一的概念，1994年在罗马召开的世界终身学习促进大会上提出并经罗马会议同意的“终身学习”的概念是相对得到公认的：“终身学习是通过一个不断的支持过程来发挥人类的潜能，它激励并使人们有权力去获得他们终身所需要的全部知识、价值、技能与理解，并在任何任务、情况和环境中有信心、有创造性和愉快地应用它们”。①

2. 终身学习的基本特征

“终身”概念包括学习的一切方面，包括其中的每一件事情。在了解终身学习基本特征的同时，我们应该注意的是，终身学习与终身教育存在明显区别。总括起来，终身学习具有自主性、连续性和自适性三方面的基本特征。

(1) 自主性。“教育必然是从学习者本人出发的。”②终身学习强调受教育者的主体地位，同时十分重视其学习活动的自主性。在终身学习理念下，学习者总是自觉地、终生不断地学习和训练自己。这种学习和训练主要是通过周围环境的影响，通过亲身经验改变自身的行为、人生观和知识内容。当然，这种自然动力的形成，需要终身教育体系的配合，使它不再是一种偶然机遇，而是一种深思熟虑的设计。

(2) 连续性。人的学习也是一个系统、整体、连续的过程，知识和经验都有连续性。终身学习不是局限在某一时、某一地或者人生的某一阶段，而是会成为一种生存的方式。在终身学习理念中，个人应当在一切时间、一切场所，自觉地学习和接受所需要的各种知识和技能，最大限度地发掘自己的潜力。心理学研究指出：人是一个未完成的动物，并且只有通过经常的学习，才能完善自己。因此，学习就要终身进行，要在所有现存的情况和环境中进行。

(3) 自适性。终身学习还具有较强的适应性和实用性特征，可以用来应对社会经济生活中的重大变化。例如，它可以直接应用到需要实现再就业的人群中，帮

① 吴咏诗. 终身学习——教育面向21世纪的重大发展[J]. 教育研究，1995(12)：10—13.

② 联合国教科文组织. 学会生存——教育世界的今天和明天[M]. 北京：教育科学出版社，1996：201.

助他们在接受继续教育后再次获得工作岗位。这种自适性特征对教师、师范生来讲也适用，以“教师教育”概念取代传统师范教育，将教师职前教育与职后培训统一起来，正是对终身学习理念的贯彻，也是对时代要求的应和。由此可见，终身学习为所有人提供了自主发展的机会，是推动个人实现自我创新的重要助力。

（二）师范生为何要根植终身学习理念

1. 时代发展的要求

学习是一个终身的过程，教育也是一个终身的过程，这个过程将家庭、学校、社会各阶段的教育联系起来，使教育融于生活，实现人与教育的融合。“终身教育”“终身学习”的目的是促进“人的发展”。人的发展始于启蒙教育，贯穿一生。未来社会是一个信息爆炸的时代，个体需要更丰富的知识来应对。这需要每一个人通过终身学习来获取足够的知识，通过储备丰富的知识来面对日益激烈的竞争需要，以应对未来社会的快速发展。学习是人类与生俱来的一种能力，也是个体在社会中生存和发展的重要手段，特别是 21 世纪的社会，更需要我们具备终身学习的理念。

2. “核心素养”养成的要求

终身学习与师范生“核心素养”的养成紧密相连。以小学教师为例，《小学教师专业标准（试行）》就提出，终身学习是小学教师应当具备的基本理念之一。教师仅有知识和经验还不够，还要终身学习先进的教育教学理论来应对社会和教育的发展，通过学习国内外教育改革与发展的经验和做法来扩充视野，提高自己的专业发展能力。一个教师只有不断优化知识结构，才能适应未来社会对教育的要求。因而，教师具有终身学习与持续发展的意识和能力，是其专业成长的基础，也是其成为卓越教师的保障和条件。

（三）师范生终身学习体系的构建

终身学习能够培养完善的人。终身学习社会的构建始于 20 世纪 70 年代的美国，1976 年美国联邦教育局颁布了《终身学习法》，该法中指出，“美国人需要终身学习，因为它使人们能够适应社会、技术、政治和经济的变化”。随后，亚洲、非洲、欧洲的很多国家和地区也针对终身学习逐步完善了相应的政策，并颁布了相应的法律。在经济全球化日趋明显的当今社会，终身学习已不仅仅是一种理念或理想，而已成为许多国家、地区、组织、城市的具体政策与行动。

20世纪90年代以来，我国大力推进终身教育及终身学习政策体系构建。从1995年《中华人民共和国教育法》中规定“逐步建立和完善终身教育体系”，到2021年1月全国教育工作会议要求“加快建设终身学习体系”，终身教育、终身学习及学习型社会的理念和行动框架多次被写进教育纲要、法规和党的全国代表大会报告中。我国在终身学习实践方面作出了多方面的努力，但终身学习体系的构建还处于探索起步阶段，学习型社会建设之路任重而道远。

师范生终身学习体系的构建属于全民终身学习现代教育体系构建的一部分。在讨论师范生终身学习意识的培养问题时，我们更多的是侧重于讨论将师范生置于何种组织框架下进行培养。迄今为止，学校仍然是最重要、最稳定的教育组织。因此，我们将重点学习“学校”层面的体系构建。

1. 学校功能与角色的重新定位

学校要培养师范生终身学习的能力和可持续发展的能力，因此，师范院校的教育要从以教授知识为主的模式向以培养能力为主的模式转变。学校教育要加强对师范生基本素质、基础知识与基本能力的培养；要采取综合素质评价方式；要使师范生学会学习，学会观察、倾听、表达自己的观点，学会提问和思考、交往和自我控制；要使他们能够认识到自己的学习需要，且能独立地学习并评价自己的学习，让“每一个学生应该成为自己的教师”①。

2. 学校向外开放与寻求合作

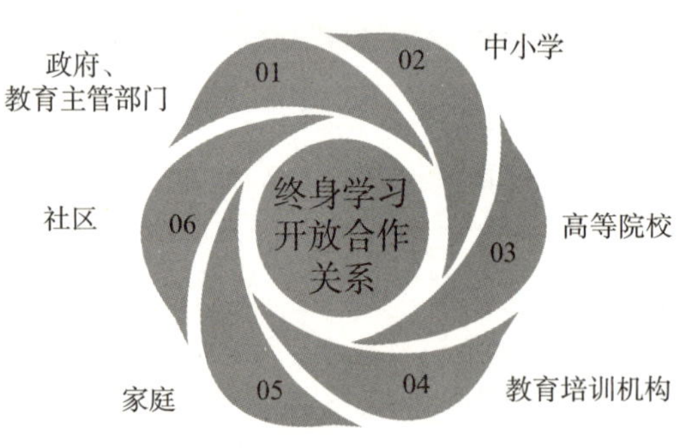

图6-3　师范生终身学习开放合作关系

随着教育体制不断改革，学校发展呈现多元化的现象。学校的向外开放成为发展的重要趋势。这种开放性是全方位地向社会、向个体开放，覆盖整个社会的全体成员，覆盖人生的各个阶段。开放学校不仅表现在学校向社会开放，还表现在社会向学校开放，真正实现学校社会化、

① Dave. R. H. Lifelong education and school curriculum: interim findings of an exploratory study on school curriculum structures and teacher education in the perspective of lifelong education[M]. Hamburg, UNSCO institute for education, 1973:90.

社会教育化(见图 6－3)。社会向学校开放主要是指学校以外的组织、个人为学校的发展提供必要的支持。

3. 学校教育教学要素优化

优化学校教育教学要素，具体实施如下。① 学校所有成员的学习常规化、制度化。教师、学生、教育管理人员都应成为终身学习者。② 课程结构综合化。开设综合型课程，加强学科之间联系、教育与生活联系、学习方法的指导和学习能力的培养(见图 6－4)。③ 教学方法现代化。教师应利用网络和多媒体教学，提倡团体学习和交往学习，培养学生独立思考能力。④ 师生关系民主化。提倡尊师爱生、民主平等、教学相长的师生关系，鼓励学生向教师提问，教师向学生学习。⑤ 教师发展专业化。转变教师的角色，教师应成为学生成长成才的引路人；培养教师的交往能力、管理能力、学习能力、研究能力、自我发展与调控能力。

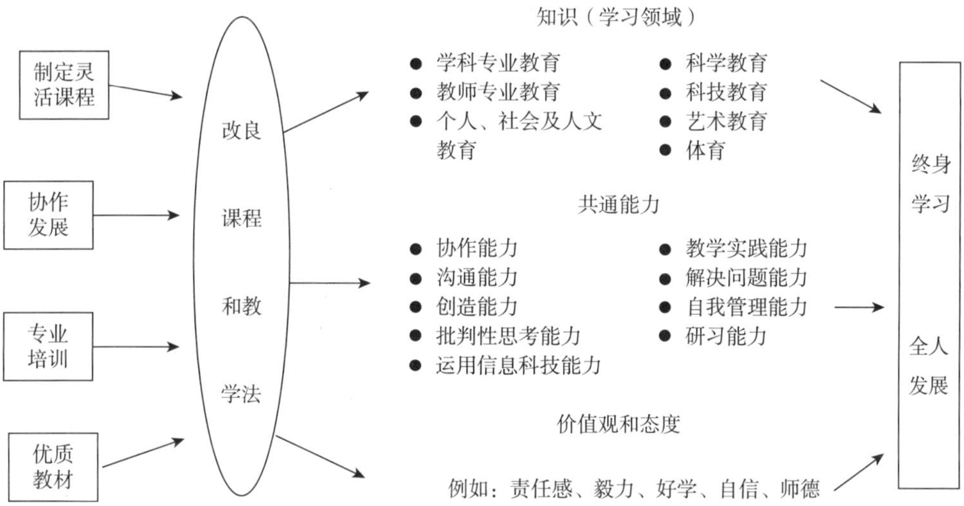

图 6－4　教师教育课程结构达到终身学习路径图①

4. 学生应适应终身学习体系构建

首先，在完善的体系保障下，终身学习的主体不再是个别人群，而应该是全体公民，所有人都应具有终身学习的权利，这是由知识经济时代的特征和发展趋势所决定的。师范生作为终身学习的主体性存在，更应充分认识到这一点，并积极维护

① 图文参考：中华人民共和国香港特别行政区教育统筹委员会．终身学习·全人发展——教育改革进展报告(一)[R]．香港：2002(1)：7.

这项权利，这既是促进个人全面发展的动力，更是人类进步的一项重要标志。同时，师范生应正确认识自身既是终身学习体系的学习者，更是终身学习体系的建设者。其次，在健全的终身学习体系下，师范生可以根据自己的学习习惯、性格偏好以及职业需求选择学习内容和学习方向。这时，树立正确的学习观尤为重要。最后，师范生应根据自身发展需求，制订阶段性学习计划，养成终身学习习惯，讲究学习方法。

二、 学会反思

"学会反思"既是师范生专业成长的必然要求，也是对终身学习的现代教育理念的贯彻落实。当前社会高速发展，知识迭代不断加快，师范生不仅要扎实掌握专业、教学知识和技能，更重要的是要学会以教育思想和理念为基础，对教育教学实践理性地展开思辨，从而不断自我建构、自我发展。师范生反思能力的欠缺势必会制约其专业发展与素养提升，因此只有在学习与实践中不断加强师范生的反思能力训练，才能更快地促进其专业素质的发展，帮助师范生更好地担当起新形势下的教育使命。

(一) 师范生反思能力的内涵

"反思"要求回顾过去、思考过去。在论述反思的同时，杜威(Dewy)率先强调了教学要有反思或反思性。从教育的角度来看，反思是一种发现问题、分析问题以帮助解决问题的过程。综上所述，反思是人对自身的观念和行为等进行反复、严谨、持续思考的过程。基于此，反思能力可以被界定为人们把自我作为考察的对象，对自身及自身活动进行观察、评价、反馈和调控的能力。

"师范生反思能力是指师范生以自身在教育学习和实践过程中的观念、行为作为反思对象，借助已有经验知识，对自身的专业发展和自我成长进行有意识、有计划的思考、评估、调控和完善的一种能力。"①王先荣认为，师范生在入职前就已经在头脑中构建了一些"教育教学的图式"，只不过这些潜意识里的教育教学观念以"缄默教育知识"的状态存在，而师范生的反思能力正是通过一种"反思—实践—再反思—再实践"的渐进过程使"缄默教育知识"嫁接教育理论的重要能力。基于前

① 回俊松，饶从满.基于成长经历的反思：职前教师反思的重要形式[J].东北师大学报(哲学社会科学版)，2012(6)：176—180.

人观点，我们把师范生反思能力定义为，师范生在学习和实践过程中，对自身的观念、思想或行为进行有意识的回顾、评价、监控和完善的能力。

（二）师范生反思能力的理论基础

1. 教师专业化理论

教师专业化的发展是一个内涵不断丰富、结构不断完善的过程，其经历了两个重要阶段：第一阶段为 20 世纪 60 年代至 70 年代的“组织发展”阶段，从社会学的角度加以考虑，主要的关注点在于把教师这门职业提升至专业化职业地位的问题；第二阶段为 20 世纪 80 年代开始的“专业发展”阶段，强调教师个体的专业发展水平，关注教学的品质，从教师的“地位论”转向教师的“角色论”。

从教师专业化理论的论说立场来看，教师专业化可分为三类：理智取向的教师专业发展、“实践—反思”取向的教师专业发展和生态取向的教师专业发展。“实践—反思”取向的教师专业发展的支持者居多，他们一致强调反思活动是教师专业化发展的重要路径。各种形式的反思，促使教师对自身及参与的教育教学活动探寻更深入的理解和意义。教师职业从非专业性发展为专业性的一个重要依据是教师不拘泥于狭隘的教学行为，而更多地转向于缜密地思考与审慎的行为。因此，教师是否具备对教育教学行为进行反思性决策的能力是其专业水平能否发展的重要因素。

教师专业发展是教师教育改革的目标和任务，是新时期对教师提出的必然要求，也是培养优秀职前教师的根本出发点。首先，它能够为师范生的反思能力培养提供必要的理论支持和学术背景，以专业化的理念指导师范生反思，以专业化的实践训练师范生的反思能力。其次，它具有精神上的引领作用。21 世纪以来，我国教师教育发展重点也由以前的教师队伍“数量扩张”转变至师资结构的“质量优化”。基础教育阶段各级学校对师范毕业生的专业素养要求越来越高。身处教师专业发展时代大背景之下的师范生以“实践—反思”取向为理想目标，实现自我的成长与发展是当务之急。

2. 建构主义学习理论

建构主义是认知心理学的一个重要分支，其理论渊源至少可以追溯至 18 世纪的意大利哲学家维柯。它融合了维果茨基的历史文化心理学理论、布鲁纳的发现学习理论及杜威的经验自然主义观念等多种理论或思想的精髓，是行为主义学习理论到认知学习理论的进一步发展。

建构主义学习理论在学习观、教学观及知识观等方面的观点十分丰富，认为学习过程至少应包括以下四个循环交替环节，即做、反思、学习、应用。建构主义学习观强调学习的反思性色彩。反思能使学习者利用经验来评价实践活动，进而影响活动，促进学习的再创造。建构主义教学观主张学生充分发挥自身的潜力，培养自我管控技能。教师则由权威者角色转变为学生的学习辅导者或高级合作者。建构主义知识观强调知识的客观性与主观性的辩证统一，即“接受”与“发现”的辩证统一，知识“结构”与“建构”的辩证统一，知识的“抽象性”与“具体性”的辩证统一。

建构主义可以指导师范生学会反思。首先，以建构主义为指导的反思活动能促使师范生强化对自我的调节、监控、评价与反思，使其在不断的审查与思考中促进自身认知结构的形成与完善，推动非智力因素向智力因素转化，提高其反省性与创造性思维。其次，建构主义强调，学习活动需要有具体的情境作为知识的成长点和检索线索，“情境”“协作”“会话”“意义建构”是学习环境的四大重要因素。① 就师范生的反思而言，反思活动是发生在一定的情境之中的再认知过程，也是对这一情境中的认知、思维和行为进行再认知的过程。因此，建构主义理论贯穿于整个反思过程之中，提倡建立一种互助和谐的学习共同体，形成“合作”“交流”型反思群体，而不再是封闭型的个体环境，从而为师范生创造有意义的反思情境。

（三）师范生反思能力的体系②

了解师范生反思能力体系的构成有助于教师在培养学生反思能力时做到有的放矢，也有助于学生对培养反思能力形成整体感知。

1. 培养反思意识

“意识是与人的行为发生一致的，意识是在人的行为当中产生的，是经历过后留在人脑海中的印象。”③反思意识是回顾式的思维方式，指主体对反思作用的正确认识，以及能促使自身参与反思实践的意识。师范生意识到反思的重要性是其主动参与反思实践的起点。培养师范生的反思意识远比传授给他们新知识更重要。

反思意识是教育情怀、反思道德等概念内涵的精神动力的集合。首先，在培养

① 何克抗.建构主义——革新传统教学的理论基础(上)[J].电化教育研究，1997(3)：7.
② 吉先菊.地方院校公费师范生反思能力培养研究[D].湖南：湖南师范大学，2020：24—31.
③ 赵雪晶.我国中学教师教学评价素养研究[D].上海：华东师范大学，2014：43.

反思意识的过程中，教育情怀的高低会对反思意识产生影响。一位具有教育情怀的师范生往往会怀揣对教书育人的理想，时刻促使自身产生强烈的自主发展意识，不断地衡量和审查自己与一名合格教师乃至优秀教师的差距，进而产生内在反思动力。其次，反思道德也会对反思意识有影响。以道德为本义所阐发的反思道德是一种理性的深沉积淀，是一种高度自觉的精神力量。熊川武教授认为，比提高教师的教学能力更为重要的是增强教师的道德感。因为缺乏道德感的教师很少会有意识地、主动地进行反思，除非是在因教学上的失误而迫于外界压力的情况下。[①]反思道德是增强教师责任心与使命感的重要因素，进而促进主体提升思想境界，实现自我超越。师范生作为教师的储备力量，其反思道德的价值可见一斑。

2. 保持反思态度

“虚心”“专心”“责任心”是反思主体在进行反省思维的过程中需具备的个人品质和态度，是形成反省性思维的必要条件。[②] 我们由此认为师范生的反思态度是指师范生在反省思维过程中，对反思这一行为的情感、观念、好恶等内在体验和行为倾向。反思态度包含对反思的认知因素、情感因素和意向因素三种相互协调的心理成分。当一个人认识到反思能力的重要性后(认知因素)，便会对这一能力产生重视和热爱的心理(情感因素)，并主动参与这样的反思活动(意向因素)。因此，使师范生保持一种积极的反思态度或促使他们的反思态度向积极方向转变，是促进师范生进行反思活动的重要方法。

3. 积累反思知识

反思知识即反思主体在进行反思活动时运用到的知识，是对有关反思问题的理论性理解。反思知识对反思主体能否正确运用反思具有实际的应用价值。师范生必须具备教育知识、学科知识和反思理论这三种互相融合、互相促进的知识理论体系。

教育知识对于师范生把握所学课程背后的教育理念和促进反思实践具有重要意义。一方面，教育知识有助于个体将行为或经验升华为理念，进而促进教育反思向理性发展。另一方面，学习教育知识应基于个体的反思去领悟其中蕴含的智慧，升华为正确的教育观念。因此，教育知识与反思能力构建出一种双向影响的形态。师范生将教育知识与个人反思实践相结合是其专业成长的必经之路。

---

① 熊川武.说反思性教学的理论与实践[J].上海教育科研，2002(6)：4—9.

② [美]杜威.我们怎样思维·经验与教育[M].姜文闵，译.北京：人民教育出版社，1991：24—26.

学科专业知识的发展水平直接影响师范生入职后的教育教学水平。一方面，在教育教学过程中，大部分的反思行为围绕专业课程所展开。因此掌握扎实的学科专业知识是开展教学反思的支撑，是反思活动得以顺利进行的基点。另一方面，学科知识体系环环相扣，若没有夯实基础，便无法促进知识的延伸和各学科的融合，也就无法在更高的层面上展开反思。因此，师范生需精通所学学科知识，发展思维水平，把握本学科的理论和应用价值。这是正确进行反思的支柱，也是促进自身核心素养发展的必要过程。

反思活动需要在反思理论的指导下进行，依据理论解释情境并指导自身的活动。反思理论能使师范生察觉到反思的要素以及要素间的联系，实现由直觉性的思考到有意识的反思之间的跨越。换言之，师范生通过提出假设和进行推理，将反思知识提升到理论水平。只有掌握更系统的反思理论，将自身的经验知识经过反思过程中问题的检验，内化为个体理性，才能更清晰地明确自身的行为与实践。

4. 增强反思技能

反思技能是指个体在进行反思活动中运用技能解决反思中的问题，从而促进自身顺利完成反思活动的基本能力。根据前人研究的观点并结合师范生的反思实际，我们将反思技能分为以下五个类别：经验技能、学习技能、评价技能、策略技能和交往技能。①②

基于经验学习理论③而衍生出的经验技能指的是学生对自身的经验进行提炼、概括与运用的技能。经验技能对于学生的反思活动具有重要意义。个体在与自我、环境或他人互动过程中所获取的反思经验在反思过程中发挥着重要作用，是反思者进行意义建构、积累经验的前提。

学习技能最终的表现形式是学习能力的获得。学习技能能帮助师范生完成反思中的实际任务，让其基于有效的学习活动进行调控，深化反思思维。因而学习技能影响着师范生学习的成败，也是其进行反思实践的工具。

对于师范生来说，评价素养是提升其专业能力的重要保证。师范生须增强反思的评价技能，提升自身评价素养，促进自身元认知水平和反思能力的提升。

---

① 熊川武.说反思性教学的理论与实践[J].上海教育科研，2002(6)：4—9.

② 钟志贤，曹东云.基于信息技术的反思学习[J].远程教育杂志，2004(4)：7－10，60.

③ Kolb，D. A. Experiential Learning：Experience as the source of learning and development[M]. Englewood Cliffs，NJ：Prentice-Hall，1984：28—38.

良好的策略技能有助于师范生作出正确的判断，在不同的反思情境中选择科学合理的反思策略，是促进其达成反思目标的重要手段。群体的合作与交流只有以融洽的人际关系为基础，才能有助于群体发生整体效应，有助于反思协作目标的达成。因此，交往技能成为促进师范生群体进行协作反思，形成反思氛围的重要因素。

总之，反思作为一种实践活动，是反思主体在一定的情境中能动地探索和改造客观物质的过程。可以说，反思态度是反思能力的生成之因，反思意识是反思能力的内驱之力，反思知识是反思能力的支撑之维，反思技能是反思能力的实现之途。师范生须学会反思、主动反思，从而实现个人能力增长和完成未来社会使命的统一。

三、学会交流

在大力提倡终身教育的背景下，锻炼师范生的终身学习能力是学校人才培养的重要内容。这种能力的培养需要转变师范生的学习方式，即通过师范生自主学习产生。同时，学习者之间的沟通合作、创新创造的过程能够提升这种能力。那么，创建"师范生学习共同体"正是转变师范生学习方式、提高师范生语言表达能力、强化师范生团队合作意识与能力的有效途径之一。

（一）什么是师范生学习共同体

1. 学习共同体

"共同体"(community)最初是一个社会学概念，由德国社会学家滕尼斯(Tonnies)在其著作《共同体与社会》(1881年)中首次提出，意在强调人与人之间的紧密关系和共同的精神意识。[①]"学习共同体"(learning community)是"共同体"在教育领域的延伸，而师范生学习共同体又是学习共同体在师范教育领域的延伸。

关于学习共同体的定义，学术界尚未有定论。1995年，博耶尔(Ernest L. Boyer)在他的一份报告中指出，"学习共同体"是以团队为基本形式，为实现共同愿景而担负着共同的使命，是一个合作互动、共同学习的过程；佐藤学认为学习共同体是一个学习场所，他指出，"把学校这一场所重建为人们相互学习、一起成长、心心相印的公共空间"，学校内的学习共同体"是一种以人们(儿童、教师、家长、教育行政人员)的'合作'为基础，转换为建构学校教育活动的实践"。[②]郑葳认为，"学

① [德]斐迪南·滕尼斯.共同体与社会[M].林荣远，译.北京：商务印书馆，1999：4—7.
② [日]佐藤学.学习的快乐——走向对话[M].钟启泉，译.北京：教育科学出版社，2004：3—5.

习共同体是具有共同目标、观念、信仰的人们，采取适应性的学习活动方式，共享学习资源和学习工具，共同学习的学习环境，是以共同体的形式组成的文化生态系统”。① 夏冬杰认为，学习共同体是学习者在共同愿景引领和共享合作文化的影响下，运用各种学习工具，在交流沟通和分享反思的活动中，完成学习任务、建构知识、实现共同发展的一种学习组织形式。

学者们的表述虽不尽相同，但是我们从中可以发现，“学习共同体”的概念包含三个方面的要素：一是“团体”，一个学习共同体必须是以团队的形式出现；二是“学习”，在共同体内，学习不仅是学习者的自主行动，而且是与同伴协作、互动的过程；三是“共享”，共同体内的成员必须有共同的愿景，有高度相近的目标和信念，能够遵守共同的规范，实现共享。

2. 师范生学习共同体

根据以上对学习共同体含义的阐释，再结合师范生的要求，我们可将“师范生学习共同体”理解为，师范生们为了实现共同的愿景而组成团体，按照事先约定的组织原则，利用合作学习、主动探究、参与互动等自主学习方式来提高自身和团体的教师专业素养与能力。在师范生的培养中融入学习共同体的理念，其必要性体现在如下几个方面。

（1）顺应国际教育改革形势。1995 年，学者纽曼和维拉格在讨论学校改革和重组问题时就提到了“学习共同体”的概念。② 在亚洲，佐藤学教授所推动的“学习共同体”已经在日本 3000 多所学校进行实践，掀起了日本基础教育的变革浪潮；进入 21 世纪，中国、韩国以及一些东南亚国家也先后启动相关教学改革。可见，构建学习共同体、促进学校教育转型已经成为国内外教育改革的有效范式之一。师范类院校作为未来教师的摇篮，应当紧跟国际教育发展的形势，在人才培养过程中融入学习共同体理念，一方面可以改进师范生的学习方式并由此来提高人才培养质量，另一方面可以引导师范生在未来的教学实践中进一步开展教学研究。

（2）利于师范生自主学习。师范生“学会发展”的核心在于“自主发展”，其重要衡量指标中的“终身教育”“反思研究”等理念均强调学习主体的“自主性”。师范

① 郑葳. 学习共同体：文化生态学习环境的理想架构[M]. 北京：教育科学出版社，2007：19.

② [美]Alan M. Blankstein. 创建优质学校的 6 个原则[M]. 林玲，等译. 上海：华东师范大学出版社，2007：48—49.

生学习共同体可以推动学生“自主性”的构建，改变教师单向传递知识的教学局面。明确了教学和学习过程中学生的主体地位，有助于学生自主把握学习，主动地开展专业学习，并在此过程中充满获得感。师范生在对专业充分认同的基础上，能更好地为未来的教师专业发展而奋斗。

(3) 提高师范生的沟通合作能力。在师范生培养过程中，我们发现不少学生缺乏与同伴互助合作的意愿，或者缺少交流沟通的能力。他们在专业学习上不擅长与他人合作，更倾向于独自完成课业，主要原因是担心被同伴拖后腿或缺少自信心。维果茨基认为，“人的高级心理机能的发展都是社会性相互作用内化的结果”①，创设一个专业的学习共同体，不仅可以让个体在相互沟通和交流中完成合作任务，培养团体合作的能力，还能够为个体的知识建构提供更加丰富的资源和有效的支持。②

(二) 师范生学习共同体的理论基础

1. 佐藤学的“学习共同体”理论

针对日本社会出现的教育危机，佐藤学教授于 1992 年提出建设学校“学习共同体”。在经历了数千所学校成功改革的基础上，他形成了自己关于“学习共同体”的构想，可以归纳为以下几点。③

> (1) 所谓学习共同体主要指学校这个环境。在学校里，学生相互学习、相互交流、共同成长，教师相互学习、共同提高，家长和市民也积极参与进来。公共性、民主性和卓越性是它的三大特征，教师、学生、家长三者之间建立起一种“相互学习的关系”。
>
> (2) 在学习共同体中，必须建立倾听—对话关系。前者是相互学习的基础，学习开始于向他人敞开心扉，而后者正是共同学习关系的体现。
>
> (3) 师范生的自主发展能力的培养，应当包含一个从互相倾听，到合作学习，再到共同成长的过程。

---

① Williams M. , Burden • R. L. , Psychology for Language Teacher[M]. Beijing: Beijing Foreign Language Teaching and Research Press, 2000: 30—38.

② 巴雪冰，杨连生，郭驰. 社团活动对大学生社会性发展的影响研究[J]. 大连理工大学学报(社会科学版)，2018(1): 65.

③ [日]佐藤学. 学校的挑战：创建学习共同体[M]. 钟启泉，译. 上海：华东师范大学出版社，2010:.

2. 群体动力理论

群体动力理论是由德国学者勒温最先提出，用以解释人的心理和行为。他借用的是物理学中的“场论”，即同一场内各个要素彼此影响，当其中一个元素变动，其余要素都会受到影响。其理论观点如下。

(1) 群体不是简单的个人集合，而是具有共同目标的集合体。

(2) 群体动力系统包含凝聚力、驱动力和耗散力这三个要素。

(3) 群体规范使成员按照群体的目标和准则调节自己的行为，引导成员朝符合群体发展的方向前进。

(4) 群体所处的环境会对群体产生影响，如：心理环境、社会环境等等。师范生学习共同体也是一个群体，群体理论能够对学习共同体的构建起到指导作用。

3. 学习型组织理论

美国管理大师彼得·圣吉提出了学习型组织理论。他指出，学习型组织是学习型社会的细胞，该组织具有持续学习的能力，在一起工作的人彼此信任，互补长短，为共同目标竭尽全力，不断开发和创造未来。学习型组织包括以下五个要素：① 自我超越，即不断自我实现；② 心智模式，即思维模式和心理品质；③ 共同愿景，即共同的目标；④ 团队学习，即共同思考，头脑风暴；⑤ 系统思考，即透过现象看本质，全面解决问题。建设学习型组织所必备的以上要素，在我们师范生学习共同体的构建中同样重要。

(三) 师范生学习共同体的基本特征

与传统的小组学习不同的是，师范生学习共同体更加强调成员之间的关系与沟通以及心理的相容，利用群体动力作用来引导成员自主、合作学习，而不局限于完成学习任务。具体来说，师范生学习共同体具有以下四个基本特征。①

1. 总纲领：共同愿景

共同愿景的存在是师范生学习共同体与传统小组学习模式最大的不同。共同

---

① 蒋盈，杨银. 师范生学习共同体：价值意蕴、基本特征及其组织形式[J]. 福建师范大学学报，2020(1)：136—137.

愿景是人们内心深处的愿望和力量。[①] 在师范生学习共同体内，成员以共同的愿望和理想为出发点，如"未来都能成为一名卓越的人民教师"等，这引导着整个团队的发展。当师范生将个人目标与团队的长远目标结合起来时，整个团队便会形成强大的凝聚力，每个成员自觉主动地为实现整个团队的愿景而努力。

2. 外部条件：导师引导

虽然学生是学习共同体的主体，但是在学习的过程中他们仍然需要指导老师的从旁引导。指导教师自身应具备先进的教育教学理念，在师范生学习共同体的创建和发展过程中成为他们坚强的后盾。但引导并不意味着干涉，而是要放权于学生。除了给予建议和指导外，更要聆听学生的意见或建议，并适当作出回应；要经常与学生交流，耐心解释有可能对共同体发展产生重要影响的决策等。此外，指导教师还要不断学习，着力提升自己的综合素质，使自己成为师范生行为上的楷模，及激发他们在未来从教生涯中持续追求进步的内在动力。

3. 核心要素：同伴合作

同伴之间开展合作是师范生学习共同体的核心要素。在师范生学习共同体中，不同成员之间的差异本身就是一种教学资源，具有不同背景文化的学习者，能够利用各自的专长，相互支持与合作，共同完成其共同协商确定的目标。[②] 在成员互助合作的过程中，成员若赞同他人的思想、观点，就将其同化到自己原有的经验中；若不认同他人的思想、观点，也可以通过协商，改变自己原有的认知结构，建构新的认知结构。

4. 最终目标：专业素养养成

师范生学习共同体的根本出发点与最终落脚点是专业素养养成。师范生学习共同体要求成员们主动进行对话、互动，在互动过程中，共享知识、经验，增强实践性智慧，逐步转变传统学习方式。这种自主研究型团队的学习方式能够帮助师范生更好地理解知识，进而内化知识，在与知识、成员的交流对话中达到自我的发展，包括教师专业素养的养成和对未来教师职业的认同，最终实现自我超越。

---

① [美]彼得·圣吉.第五项修炼——学习型组织的艺术与实践[M].张成林，译.北京：中信出版社，2009：203.

② 刘光余，邵佳明，董振娟.课堂学习共同体的构建[J].中国教育学刊，2009(4)：65—67.

第三节
师范生发展素养的养成

上一节所阐述的终身学习、反思研究和学习共同体构建是实现师范生自主发展的重要指标和必由之路。深刻理解三者的概念内涵，明确它们的理论渊源，掌握它们的基本特点及其创建的基本路径，对实现师范生自主发展具有重要的意义。本节从强支撑课程、培养路径探索两个方面作出建议和思考。在课程方面，对师范生发展素养的养成能够起到显著影响的主要是通识教育课程和教师教育课程；在培养路径方面，我们针对三项指标分别提出了建议。

一、终身学习能力的养成

终身学习能力的内涵很丰富，包括学习适应能力、思维能力、自主学习能力、自我监控能力和语言运用能力等等。

（一）强支撑课程

在师范生的课程体系中，能够集中体现终身学习理念的强支撑课程为教师教育类课程。根据《教师教育课程标准（试行）》，教师教育课程专指教育类课程，例如儿童发展与学习类课程，教育发展史、教育原理、教育哲学、课程与教学论，教育活动与指导课程等等。① 教师教育课程可以引导未来教师树立正确的专业理想，掌握必备的知识与技能，养成独立思考和自主学习的习惯；引导教师加深专业理解，更新知识结构，形成终身学习和应对挑战的能力。

（二）培养路径探索

1. 树立科学的学习观，以整体和连续的观点看待学习

人的学习也是一个系统、整体、连续的过程，知识和经验都有连续性，并相互影响、相互作用。正是因为认识到这一点，当下国际终身学习政策推进的基本策略之

---

① http://www.moe.gov.cn/srcsite/A10/s6991/201110/t20111008_145604.html.

一就是承认校外的学习和经验，建设学分银行以记录并评定个体的连续学习过程及其成果等。师范生培养中的校外实习、见习都是基于以上认识。

2. 深入提升学生个人的学习能力，尤其是信息能力

个体具备基本的学习能力是参与终身学习的基础。基础教育阶段已经关注到了学习能力的重要性并为此开展了许多尝试性工作。例如，美国一些公立学校开始实施学生的自我导向学习活动；中国自21世纪以来也一直在基础教育领域开展研究性学习项目，用以培养学生自主学习与自主探究的意识和能力。那么成人的基本学习能力状况又如何呢？调查显示，就总体而言，绝大多数成人在阅读、计算以及信息处理方面的能力都处于中等偏下水平。因此，要想培养师范生的终身学习能力，我们应当继续关注并提高他们的基本学习能力，并在知识经济和信息社会的背景下重点发展现代信息技术素养。①

3. 大力培育和发展终身学习文化

相比于把终身学习作为一种学习能力或一项技术来看，作为文化的终身学习的发展其实是一项更为困难的工作，因为文化不仅是长期积累和沉淀的过程，更是涉及个人和集体心理与观念发生转变的过程。就师范生的终身学习领域来说，可以联合各种教育、科技、文化、传媒等机构，共同举办师范生读书节、文化节、学校开放日、专业发展论坛等活动，营造和渲染终身学习的氛围，并通过物理和心理环境的建设，逐步推进终身学习文化在整个校园内广泛而深入地发展。与此同时，我们需要更加认识到的是，终身学习文化建设，须从学习者自身的终身学习文化自觉开始，因为只有首先改变自己，才能最终改变世界。

二、反思能力的养成

成为反思研究型教师是教师专业发展的重要目标，因此，培养师范生的反思研究能力必然是我国教师教育改革中不可忽视的重要内容。

（一）强支撑课程

通识教育课程是多学科的教育，是培养师范生反思能力的重要渠道。《教师教育课程标准（试行）》中提出反思型"实践取向"的教师培养理念，倡导教师做反思型

① OECD(2013). Skilled for life? Key findings from the survey of adult skills[R01 - 10 - 12]. http://skills.Oecd.org/documents/SkillsOutlook_2013_KeyFindings.pdf.

实践者，在研究自身经验和改进教育教学行为的过程中实现专业发展。2012年发布的《教师专业标准（试行）》，将“反思与发展”作为教师专业能力中的重要部分。①由此我们可以看出，当前我国教师教育越来越注重师范生实践反思能力的培养。通识课程中的哲学、逻辑推理、社会学等能培养师范生理解问题、反思问题的能力；教学评价与评估、艺术修养与实践类通识课程以实践教学为主，可以提高师范生对教育热点、难点的理解力与评价力，对促进教师的终身学习和“反思型实践者”范式的专业发展具有积极的作用。

（二）养成路径探索

1. 强化反思意识

柯瑟根表示，当教师具有强烈的自主发展意识和提升自我专业性的愿望的时候，当他在教育教学活动中感到困惑和阻碍的时候，当他在专业发展过程中体会到成就感和满足感的时候，教师的反思活动会更深入、更有效。② 专业认同感是师范生对教师职业的情感体会与价值评判，是保障师范生自主发展的动力源泉。因此，师范生的专业认同感既是反思能力的重要组成部分，也是影响反思能力的关键因素。比如一些师范类院校实行转专业模式，即有志从教并符合条件的非师范专业优秀学生，在入学1～2年内，可在学校核定的师范生招生计划内转入师范专业。非师范生在职业认知上有更清晰的认知，能作出更确切的选择。

师范生要逐步加强自主性，充分认识到自己是自身发展的主导者，主动地反思自身不足，强化反思意识。其一，师范生可以从名师或优秀毕业生案例中找到激励自身的外部动力，以成为一名“反思研究型教师”为发展目标，从优秀前辈的经验中反思自身增长点，树立奋斗目标。其二，师范生应通过更新教师观、教育观和学生观，根植反思的概念和意义，促进反思意识的觉醒。其三，强化专业发展意识。专业发展意识对于主体的反思意识具有积极推动作用。师范生应多参加学术讲座和科研活动，通过深入了解专业知识，强化理论思考。其四，培养问题意识。师范生应时刻对教育教学保持探索的心态，“任何反思都始于疑问，始于问题和问题的发现”。③ 问题意识是促进个体进行反思的源泉。因此，师范生需保持一种强烈的问

---

① http://www.moe.gov.cn/srcsite/A10/s6991/201209/t20120913_145603.html.

② 周成海.弗雷德·柯瑟根教师反思理论述评[J].外国教育研究，2014(10)：3—14.

③ 姚林群.论反思能力及其培养[J].教育研究与实验，2014(1)：39—42.

题意识，保持对外部信息的敏感度和追根溯源的热情。

2. 提升理论素养

反思过程需要理论知识的引导与支撑，离开了理论指导的反思，是片面的。

首先，师范生亟须加强反思理论学习，树立正确的反思观念，为指导反思实践打下坚固的理论基础。从学校层面来看，学校应当多举办关于培养反思能力方面的讲座，将理论应用于实践。从师范生个体层面来看，师范生应多阅读关于反思理论的书籍、资料或文献等。

其次，教师应提升师范生对教育理论的兴趣。一方面，教师可以通过案例分析提升师范生对教育理论的兴趣。在教学过程中，教师善于运用案例教学，促使师范生主动获取知识，产生钻研兴趣。另一方面，教师可以引导师范生通过阅读教育名著，在积少成多的过程中，培养自身对于教育理论的兴趣，形成自主发展的原动力。

3. 提高反思技能

师范生不仅要注重理论素养的提升，而且要学会如何将反思中所形成的教育理念运用到实践中以促进教育实践的发展，在这样的"反思—实践—再反思—再实践"的过程中促进反思技能的提升。

第一，学会在实践中反思。在教育实践中师范生应积极开展自我反思与团体协作反思，坚持进行小组研讨、对话反思、案例评析和行动研究等集体互助的反思活动。师范生应充分发挥实习和见习环节的作用，在教育教学实践过程中增强反思技能，提升反思能力。

第二，创新反思方式。现代教育技术为师范生进行反思提供了新的方法和途径。① 教师创建个性化的智慧教学平台，开展线上线下混合式教学。② 教师开通课程公众号，将自己所有的反思日志形成教育教学叙事研究故事，以供师范生进行历史反思，从回顾个人以往的反思日志中产生更多的观点和发现，进而更深入地了解教育教学研究的全过程。师范生应善于利用信息技术平台，冲破时空对思维的限制，扩展反思资源，拓宽反思领域。

第三，学会研究性反思。师范生参与教育科研，其意义在于：反思是教育科研的先导，师范生在开展教育科研的过程中，能体验到科学研究所揭示出的教育的客观规律，提高教育理论水平和对教育实践的理性认识，在提出假设和验证假设的不断探索过程中，促进反思水平进一步提升。因此，师范生应积极参与老师的科研课题，培养自身的创新意识，积极参与教育科研的理论研究与实践，提升反思能力。

第四，建立反思评价机制。建立反思评价机制，首先要注重质性评价与量化评价相结合。评价不应只给出“是”或“否”的答案，还应关注到反思者反思的原因、目的、过程和问题，促进集体对这一现象进行探讨。“教师反思意识的唤醒，使教师的评价素养始终对教师与学生交往的方式本身进行反思。这种反思不仅有助于教师在意识层面中再造教学理解，而且有助于教师评价素养的改进与完善。”①

4. 营造反思氛围

为师范生构建一种“时时在反思，处处有反思”的积极反思环境，创设有利于他们反思的场域支持，这对促进他们反思习惯的养成和反思品质的形成显得尤为重要。

第一，师范生必须积极交流，参与合作。应注重营造开放、包容、合作的反思环境。① 和教师进行平等对话，在对话中，师范生应把自己当作反思和学习的主体，而不是被动接受者。② 依托班级、宿舍建立反思群体，进行集体的反思、讨论或学习，在这一过程中，可以采取互相观摩教学实践、互相观看教学日志和教学反思笔记等方法进行反思探讨，激发多角度思考。

第二，在实习、见习过程中，具有“引领者”和“支持者”角色的指导老师对师范生的反思能力的培养具有重要推动作用。指导教师应抓住教育实习、见习这一快速提升实践能力的黄金时期，帮助师范生将其原有的教学理念通过实践的检验沉淀为积极的教学理念，促进“教育观念”和“教育理论”的嫁接，以解决实践中的不足。师范院校应更加明确指导老师的职责，对其进行规范考核。

第三，以终身学习为核心，形成反思合力。培养师范生的反思能力，首先需要创立一个充分自由的社会反思环境，促进师范生根据自身发展特性开展自主性反思。另外，家庭成员需在社会环境的影响下不断更新教育观念，逐步意识到反思的重要性，形成积极的反思态度。反思型社会与家庭的形成，能给师范生个体提供有力的支撑，使其反思能力获得生长的根基。

① 余闻婧，吴刚平. 教师教学评价素养的形态及其意义[J]. 全球教育展望，2014，43(11)：52—61.

三、交流能力的养成

本书主要从师范专业的人才培育要求出发，围绕师范生学习共同体的创建，提出在师范院校中可以运行的、具体的师范生交流合作能力的养成路径。

（一）强支撑课程

通识课程中的交流表达类、文化素养类课程在当下高等师范院校已经十分普及，此类课程成为师范生交流表达能力养成的主要途径。课程涵盖语言、交际、教育、心理、逻辑、艺术、社会、科学等多学科知识，旨在培养师范生在掌握一定教师语言知识的基础上运用语言完成传递信息、组织学习、交流思想感情等教育教学活动的教师语言知识能力与交际能力；旨在培养师范生基于学科特点的不同、时代社会的发展和交流对象的需要，更恰当、更得体、更鲜活地选择使用语言以及运用语言，提升师范生进行学科教育教学研究的教师语言研究能力与创新能力；旨在培养师范生以高超的语言能力推动专业能力提升，获得价值肯定，进而巩固专业思想，增强职业归属感和幸福感。

（二）养成路径探索

1. 组建师范生学习小组

师范生是未来师资队伍中的重要组成部分，都希望将来能够成为一名优秀的人民教师。但是师范生在学习过程中，有时会陷入盲目的、被动的状态。为了引导师范生开展良好的自主学习，高等院校的教师可以建立“学习小组”形式的师范生学习共同体，为师范生搭建互动学习、团体协助的平台，激发师范生主动学习的热情，发挥团队学习的力量，从而逐步实现全体成员教学素养与能力的提高。依据师范生在校学习时间的长短，训练小组可以分为以下几种形式。①

（1）新生学习小组。

刚入校的师范生起点一致，基础相似，彼此间互不熟悉，需要以完成学习任务为契机培养亲近感。新生学习小组成员在一起可相互交流学习及共同憧憬未来，也可探讨大学生活、学习安排计划等内容。新生学习小组可以让师范生更加亲密，彼此鼓励以提升学习的自信，从而形成学习共同体，这样便可以在以后的学习过程

---

① 蒋盈，杨银．师范生学习共同体：价值意蕴、基本特征及其组织形式[J]．福建师范大学学报，2020(1)：137—139.

中相互帮助，从而获得更好的学习效果。

（2）技能学习小组。

能够进入技能学习小组的一般是入学两三年的大学生。这个阶段的大学生大多目标逐渐清晰，鼓励自己不断加强学习，从而逐渐掌握未来教师需要的各种专业性知识及相关技能，比如，教师口语表达、教学课程设计、教学技能锤炼等等，也会相互商讨如何提升学习效能。

（3）研究型训练小组。

研究型训练小组主要是由大学三年级、四年级的学生共同组成的团体。在此类学习共同体当中，师范生可自由进行教学方案探讨、学术沙龙，也可以采取邀约优秀学者及专家来进行指导的方式。专家学者们大多具有深厚的科学研究与教学经验，能够为这些师范生提供针对性及指导性意见，为他们打开一盏学术明灯。

2. 组建师范生优选团队

师范生共同体在发展过程中需要领头雁以发挥榜样作用。因此，专业教师可以选拔与培养一支师范生优选团队，充分发挥优秀师范生的示范效果，激发其他师范生的学习热情，主动进行学习。为使激励效果达到最优化，优选团队成员的筛选与培养至关重要。

第一，开展教学技能竞赛。

开展教学技能竞技活动，不仅能够给予那些理论和技能较强的学生一个自我展示的平台，让他们不断保持优秀的心理状态，锤炼教学技能，达到事半功倍的效果。同时，也能够发掘更多的种子选手，引导其充分发挥榜样示范力量，激励其他师范生跟着自己一起学习。所有的师范院校每年都会举办本校的教学技能竞赛活动，如江苏省一年一度的全省师范生教学基本功大赛，还有“华文杯”全国师范院校师范生技能大赛等全国性技能竞赛，且赛制逐渐科学化，参赛规模逐年扩大。此类“以赛促练，以赛促学，以赛促进”的优选团队型学习共同体的建立在实践中被证明是极其有效的，尤其是对教师的课堂理论讲解有积极的补充作用。

第二，建立师范生风采展示平台。

师范生在校期间，不仅要学习一些基本的教学技能，还要学习如何提升自身的教学艺术。给优秀师范生们创设一个展示风采的平台，一方面有利于他们互相研究和学习彼此间的教学方式，提升对教学内容的感悟，逐渐积累、研究、体会、感悟出属于自己的教学艺术，形成个人教学风格；另一方面也能够发挥示范带动作用，为其他师范生提供良好的学习楷模。如一些师范院校的教师教育学院会将学生的书法、手工作品在固定的地点予以展示，并定期开展评比和表彰活动；将优秀的作品在微信公众号平台、网站上予以宣传。此类做法给予师范生一个良好的素养展示平台，让他们接受各方点评，及时发现自己身上的优缺点，从而不断激励自己，达到提升自身实力的目的。

3. 组建师范生实践共同体

早在 1972 年，英国在《詹姆斯报告》中就已经提出实现教师终身学习和终身专业发展必须进行职前教师教育实践的观点。① 教学实践对于作为未来“准教师”的师范生来说是极为重要的。然而，调查发现，师范生们对实习满意度普遍较低，存在的问题有实习时间短、实习学校教师指导不够、高校本校教师指导不够等。② 因此，很多师范生在正式就职前并未接受充足的教学实践，难以获得真正的实践知识与经验。

为了提高实习的有效性，师范院校应当建立专门而固定的师范生教学实习基地，并与一些优秀的中小学或幼儿园建立长期合作，一方面可以为这些合作学校提供优质的毕业生，充实他们的师资队伍；另一方面，这些学校也要提供至少 8 周的实习期给实习生，同时提供强有力的指导，协助打造良好的师范生实习平台，为他们的教学实践创造更好的条件，提供更多的机会。

此类与实习基地合作构建的实践共同体不仅帮助师范生快速融入新的环境中，也让师范生在教学实践基地中自觉吸收一些优秀教师的授课经验，获得更多的教学资源和实践知识，有利于师范生不断提升自己的教学素养与教学能力，为未来创造更多的就业机会。

当然，师范生学习共同体的组织形式还有很多。师范生学习共同体的运行可以帮助师范生开展一些自觉的、自主的实践活动，并在这些实践活动中，提高专业技能，提升专业发展的自觉性和自信心，最终促进个体在专业上的成长。

---

① A Committee under the Chairmanship of Lord James of Rusholme. The James Report，2015 年 10 月 31 日，http://www. educationengland. org. uk/documents/james /.

② “全国高等师范院校师范生培养状况调查”项目组. 中国高等师范院校师范生培养状况调查与政策分析报告[R]. 教育评论. 2014(11)：95—106.

课堂教学互动

1. 讨论:学校里哪些课程、项目或活动能够帮助你实现自我发展?
2. 讨论:你从所参加的学习共同体中有哪些收获?

思考题

1. 什么是师范生的自主发展?衡量师范生是否掌握自主发展的标准有哪些?
2. 师范生终身学习有哪些特征?
3. 师范生为什么要学会反思?
4. 师范生学习共同体的理论基础有哪些?

第七章 07

师范生素养养成课程体系

本章内容概述

课程学习是师范生素养得以养成的核心内容与基本路径。科学合理的课程体系可以将各门课程的教育作用最大化。本章简述课程体系的内涵及价值取向，探讨新时代对师范生素养养成课程体系的要求，讨论师范生素养养成课程体系可能的创新方向。结合通识教育课程、学科专业课程、教师教育课程三大板块课程以及它们相互之间的应然关系，阐述师范生素养养成课程体系的建构，并呈现了各高师院校所开设的通识教育课程和教师教育课程的共性内容。

本章内容结构图

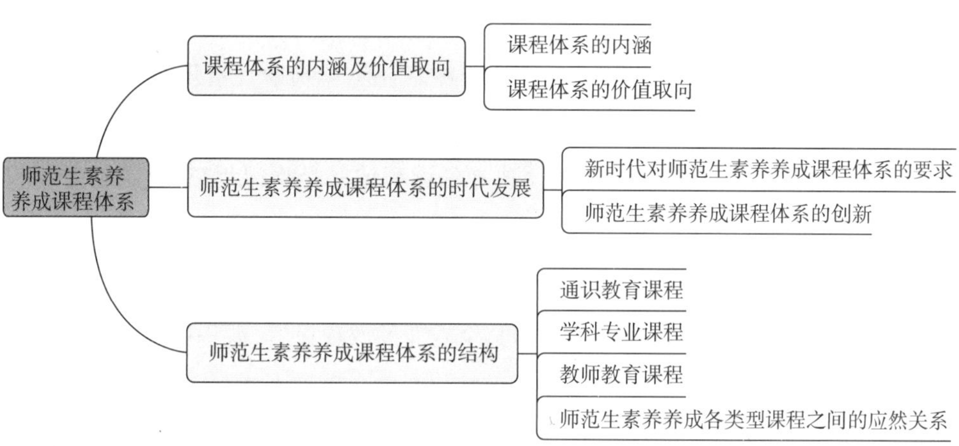

本章学习目标

◆ 理解课程体系的内涵和价值取向，以及新时代对师范生素养养成课程体系的构成内容和要求。

◆ 了解三大平台课程与师范生素养养成的内在关系。

第一节
课程体系的内涵及价值取向

课程是教育的核心，是教育思想、教育理论转化为教育实践的中介和桥梁，也是落实专业人才培养的关键。学校或专业开设的各类课程间合理组织、相互配合，构成了课程体系。课程体系集中反映了人才培养目标的具体要求，也体现了学生达到培养目标所要学习的具体内容及其构成要素。

一、课程体系的内涵

由于研究者出发点和视角的不同，中外教育文献中对课程的界定多种多样。一般来说，广义的课程是指学校根据一定的教育目的，构建的由各学科和各种教育、教学活动组成的体系；狭义的课程是指某一门课程，即教学科目。与之相对应，课程体系也有着广义和狭义之分。广义的课程体系是指在一定的教育理念指导下，将课程的各个构成要素加以排列组合，使各课程要素在动态的进程中指向课程体系目标（或专业目标）实现的系统。狭义的课程体系是指课程结构，是特定学校或专业开设的各类课程之间的组织和配合。课程体系可以分为宏观、中观、微观三个层次：宏观层次上是指整个国家的专业设置，即高等教育的学科及专业设置；中观层次上是指特定专业的课程体系，即某个专业的课程设置、课程内容、课程结构、课程评价等；微观层次上是指特定专业内某门课程的教学内容之间的组织和配合。本教材探讨高校师范专业人才培养的课程体系，属于课程体系的中观层次，包括师范生培养的课程结构、课程目标、课程内容、课程实施和课程评价等内容。作为一个系统，课程体系具有目的性、整体性和关联性特征。

1. 目的性：课程体系构建的依据和使命

从课程的定义中我们可以看出，课程体系是为了实现人才培养目标而构建的，它可以是宏观层面国家对专业人才培养的总目标，即课程结构中所体现出的对学生素质和知识能力结构的要求；可以是中观层面各个学校某专业的人才培养目标，反映了总培养目标对于课程类型、课程深度和课程广度的具体要求；也可以是微观层面上某一门具体课程能够实现的人才培养目标。各门课程培养目标的实现统合起来达到具体专业人才培养的目标，各高校专业人才培养目标的实现指向国家人才培养的总目标。课程体系的方向性、目的性明显。

2. 整体性：高质量课程体系的必然要求

课程体系的目标是整体规划的。学校办学定位、专业人才培养目标和课程目标是整体与局部、宏观与具体的关系，课程的培养目标由学校、专业和课程体系的培养目标逐级分解、细化而来。上级目标中有关科学、社会知识和对学生能力素质的要求，转化为课程的知识、能力和素养目标，最终落实到可操作的课堂教学目标。

课程实施具有整体性。课程实施受多种因素的影响，主要包括教师的教学方式方法、教学组织形式、学校的管理方式，以及相关的软硬件设施条件等。这些因素相互联系、相互影响，共同构成课程体系实施的整体。实施过程中各教学环节的相互关系、每个目标层次的达成度高低，都影响着培养目标的实现。

3. 关联性：课程之间关系的基本特征

作为系统的课程体系，要求其包含的课程之间存在关联关系。这种关联是指课程之间存在着某种相互作用、相互依存和相互制约的关系，反映的是这些课程在培养人才知识、能力和素质等方面的内在联系。[①] 正是这种内在联系，使得体系内各门课程之间相互协调、相互影响，一门课程培养目标的达成能够为其他课程的开展做好铺垫或与其他课程的目标互为补充；各课程间的相互协调和作用，共同构成了指向人才培养目标的课程有机整体。所以，并非所有的课程组合都可以称之为课程体系，课程间缺乏内在关联关系的课程组合只是简单的课程拼凑，无法产生整体的特定功能。

二、课程体系的价值取向

构建科学有效的课程体系是课程理论探究的主要问题。高校的办学定位、理念及专业的人才培养目标是课程体系构建的依据和指导思想。除此之外，课程体系的构建过程还需要有明确的价值取向。目前，课程体系构建取向主要有以下三种。

① 巩建闽.高校课程体系设计研究——兼论OBE课程设计[M].北京：高等教育出版社，2017：26.

（一）学科知识取向

人们普遍认为，知识是通过学科产生并围绕着学科来组织的，学科是理解知识和交流知识的最佳方式。学科知识取向的价值观认为，课程的价值在于知识的传承与创新、学术的探索与研究、学科的推进与发展。而高校的专业在很大程度上也承担着为相应学科培养人才的职能，因此课程体系的内容理应按照学科知识的逻辑顺序来组织，强调知识的全面、系统和纵深。目前，大多数本科课程在按照学科知识的逻辑进行组织。

学科知识取向的课程体系优势在于：保证知识的系统性和完整性；便于简捷有效地学习和传授人类文化遗产和科学技术成果；对于多数由建立在各学科基础上的学术部门组成的高校来说，更能提高管理效率。但以学科知识为中心组织的课程体系也有它的缺点：一是重知识技能的获得，忽视学生其他方面的发展，如情感发展和解决实际问题能力的培养；二是严格的学科边界有时会导致知识被人为割裂，限制了学生的视野，不利于其综合性知识的获得。

（二）社会需求取向

社会需求取向是指课程设计以社会需要尤其是社会问题的解决为中心，它主张通过对社会现实问题的分析来确定教育目标、课程设计、培养模式和实施过程。这类课程通常以问题为导向，围绕诸如城市问题、环境问题、社会责任等一个或多个主题组织课程。社会需求取向的课程构建不主张以学生兴趣、动机及活动形式作为设计课程的出发点，而是以社会政治、经济、文化等方面的需要作为学校课程的出发点和归宿。采用这一方法的高校，通常允许在若干学院内对所关心的社会问题组织统一选题，教学内容在围绕一个核心主题展开的同时，兼顾历史和现状两个方面。①

根据社会需要组织课程有许多优点，诸如易于激发学生兴趣，增强学生的社会责任感；满足学生学以致用的期待，教育效果立竿见影；注重综合多方面知识分析问题，摆脱了狭隘的学科限制等。但这种取向也受到反对者质疑，一是强调问题解决的课程往往过于关注实践，浅化了教育的深远意蕴；二是废除了学科教学体系，对学生的全面发展和知识获取的系统性关注不够等。

---

① 巩建闽.高校课程体系设计研究——兼论OBE课程设计[M].北京：高等教育出版社，2017：42.

(三) 学生发展取向

教育的目的是培养人,促进人的发展、完善是教育的终极追求。高等教育不仅要使学生学会做事,更要使学生学会做人,通过专业训练促使学生将所获得的知识和技能运用到其他学科和社会职业的同时,更要有利于其形成正确的人生观、价值观、职业道德,塑造完整人格。学生发展取向的课程构建以人的发展需要作为大学课程的出发点和归宿,目的是促进学生在全面、协调的基础上富有个性地发展。这种取向在坚持培养学生卓越智力的同时,着眼于人的全面发展,丰富人的精神世界。其教学方法也更加注重以人为本,把人作为教育的主体,主张教学自由、学习自由,强调掌握学习方法,进行个性化学习等。

学生发展取向的课程构建重视学生的兴趣和动机,强调发挥学生的主体作用,课程设计具有较大的灵活性。但在实践中,由于学生间存在个体差异、教育资源有限等原因,以这种取向构建的课程容易脱离具体的社会条件和发展水平,难以实现个人的全面和充分发展;过分强调学生个人经验的重要性,忽视了科学知识的逻辑性和系统性等。

学科知识、社会需求和学生发展三种课程构建取向并非完全割裂和相互对立的,它们有着各自的优点和缺点。因此,在构建课程体系的实践中,可以将三者辩证地结合起来,实现优势互补,使它们相辅相成。为了培养适应国家和社会需要的高素质人才,高校应该努力做到满足学科需要、社会需求和学生发展的有机融合,体现多重教育价值:① 要以人的全面发展为中心,从应试教育向素质教育、从知识传授向能力培养转变;② 面向世界、面向未来,课程体系改革要反映科技发展的现状与趋势;③ 面向问题、面向生产实践,课程体系改革要与我国经济建设和社会发展需求相一致。[①]

① 孙根年.课程体系优化的系统观及系统方法[J].系统工程理论与实践,2002(6):141.

第二节
师范生素养养成课程体系的时代发展

一、新时代对师范生素养养成课程体系的要求

百年大计，教育为本；教育大计，教师为本。从习近平总书记在全国教育大会上提出“坚持把教师队伍建设作为基础工作”，到党中央和国务院颁布实施《关于全面深化新时代教师队伍建设改革的意见》《教师教育振兴行动计划（2018—2022年）》等一系列重大政策，教师队伍建设在整个教育事业中的重要战略地位得到进一步明确。师范生培养属于教师教育的职前阶段，对师资队伍的建设水平提升起着关键作用。师范生素养养成课程体系除了要符合一般课程体系要求之外，还需要回应新时代对教师素质的要求和国家对师范专业建设的引领，依据国家相关重要文件和会议精神明确课程设计理念、培养目标、内容范围、实施路径等。

（一）参照教师专业标准对教师专业素养的要求

为促进教师专业发展，建设高素质教师队伍，2012年2月10日，教育部制定和颁布了《幼儿园教师专业标准（试行）》《小学教师专业标准（试行）》《中学教师专业标准（试行）》，对幼儿园和中小学教师需具备的专业素质从专业理念与师德、专业知识和专业能力三个维度作出了全面且系统的描述。师范专业课程体系应以培养师范生作为未来教师需具备的专业素质为目标方向，将教师专业素质逐步分解到课程体系目标、课程模块目标和具体课程目标当中，根据目标确定课程内容和教材，选择科学有效的实施方式和路径，制定科学合理的评价制度以检验和保障师范生专业素质的养成。

（二）遵照师范类专业认证“反向设计，正向实施”的基本思路

2017年10月，教育部印发了《普通高等学校师范类专业认证实施办法（暂行）》，这标志着师范类专业认证在全国范围内广泛推行。课程体系的设计与实施

是师范生培养的核心环节，也是专业认证的关键。师范类专业认证的“产出导向”理念强调明确师范生学习产出标准，对接社会需求，以师范生学习效果为导向，对照毕业生核心能力素质要求，反向设计课程体系与教学环节，配置师资队伍和资源条件，评价师范类专业人才培养质量。正向实施是指按照既定培养方案实施教学，培养学生。专业应按照“反向设计，正向实施”的基本思路，即以培养目标和毕业要求为导向，建设逻辑合理、产出导向的课程体系，包括明确课程体系与毕业要求的关联矩阵，采用匹配的教学内容和教学方法，配置足够的软硬件资源，建立富有成效的质量保障体系等。课程设置、课程结构主要根据专业设计，课程内容、课程实施以及课程评价由授课教师在明确课程体系与毕业要求的关联矩阵后进行二次设计。①

（三）遵循“新文科”建设的精神指引

建设新文科，高校需实施人才培养的新模式，以培养创新型人才为目标，及时更新课程设置，注重学科专业交叉，智能化教学方式方法；学术研究技术化、团队化、社会化；确立顺应国家需要和社会需求的新标准，注重文科的社会服务功能；探索文科管理的新方法，遵循六项基本原则，即遵循“差异性原则”，精准把握科学理性；遵循“历史性原则”，消解马太负效应；遵循“开放性原则”，优化管理层级结构；遵循“多元性原则”，有效实施分类管理；遵循“人本化原则”，充分彰显人文关怀；遵循“特殊性原则”，有效修正管理偏差。②

“新文科”建设背景下的课程体系构建应以培养“有理想信念、有道德情操、有扎实知识、有仁爱之心”的卓越教师和未来教育家为目标，通过打造开放协同的“地方政府—高校—中小学（幼儿园）”实践共同体，精准对接基础教育改革的重点、热点、难点，利用大数据和智能化技术转变师范生实践教学方式，追踪师范生教学能力发展历程，保障师范生专业素养、教师教育素养、信息技术素养等的养成。

二、师范生素养养成课程体系的创新

基于教师专业标准对基础教育教师素养的要求，师范类专业认证对师范专业建设的引领，以及新文科、新师范建设的精神导向，新时代的师范专业应以培养复

① 戴立益.师范专业认证与教师教育创新[M].上海：华东师范大学出版社，2020：155.

② 黄启兵，田晓明.“新文科”的来源、特性及建设路径[J].苏州大学学报（教育科学版），2020，8(2)：75—83.

合型、实践型、创新型的人才为目标，传统重学科、重学术的课程体系已严重不适应新型人才的培养，亟须作出深刻的变革。

（一）课程设置理念转型变革

理念的变革是课程改革的起点。新的时代背景下，课程理念需要做到以下转型。

1. 从知识性课程向养成性课程转型

教师专业标准的基本理念是“师德为先，学生为本，能力为重，终身学习”，师范类专业认证标准指出，师范生的毕业要求首先要涵盖师德规范和教育情怀，这就要求师范教育要把立德树人摆在首要位置，将社会主义核心价值观的树立贯穿于师范教育的全过程。传统的师范专业课程体系重视专业知识的教育与学习，师范生德行养成由于难以落实和评价而一直被忽略或放弃。教师大计，师德为本，师范专业课程要努力让学生获得知识的同时涵养师德。将知识学习与师德养成深度融合，使传统的知识性课程向养成性课程转型，是新时代师范专业课程体系改革的重大课题。养成性课程强调引导学生从自身经验基础和实践体验出发，主动探索和获得知识，在此过程中体悟专业的意义和价值。

2. 从理论性课程向应用性课程转型

教育教学能力是师范生的核心素养。以理论性知识为主的学术导向课程，其课程内容与课程实施往往远离教育实践，知识学习囫囵吞枣，难以有效地培养师范生的实践能力。为真正体现以学生为中心、以能力为本位的教育理念，有效解决教师教育理论教学与实践应用衔接不畅的问题，理论性课程需向应用性课程转型。应用性课程不仅是指实践性教学环节的增加和强化，更是指课程内容紧密跟踪对接基础教育改革发展前沿，课程实施强调以学生为主体，通过探索、体悟获得知识和观念；课程评价注重主体多元化、时间过程化、方法质性化。

3. 从分科性课程向综合性课程转型

教师的工作对象是人，而人是具有主观能动性的。以影响人为目的的教育是一种非常复杂的活动，表现为众多因素的相互作用及发展的多样性与不确定性。面对多样的、多变的教育实践情境，未来的教师需要宽广的视野和跨学科的思维。因此，师范教育要强调培养师范生的综合素质，注重复合型、应用型人才的培养。传统的分科性课程体系强调专门型人才的培养不能满足师范生素养养成的需要，师范生素养养成的课程体系需要向综合性课程转型。综合性课程的学习，不仅有利于消除师范生孤立地看待各门学科知识的现象，形成完整的世界观，还有助于师范生探寻各门学科知识之间的内在联系，以发现新的知识，培养广阔的认知视野，提升知识整合能力，使师范生学会综合性地解决问题，培养综合能力。

（二）课程目标基于师范生核心素养

就师范生而言，核心素养养成既是其自身全面发展的需要，也是基础教育课程教学改革、学生核心素养发展和未来职业适应的需要。师范生素养养成课程体系目标的设定要基于师范生核心素养的养成。

1. 培养师范生核心素养的价值逻辑

培养师范生核心素养是基础教育改革的必然诉求。师范生是未来的教师，是我国未来人才培养的主力军。基础教育改革的关键是课程改革，课程改革最终要由教师去执行。2016年9月，《中国学生发展核心素养》框架正式颁布，标志着以核心素养为导向的新一轮基础教育课程教学改革的开始。培养学生的核心素养要求从事基础教育的教师首先要具备相应的核心素养和能力，这是基础教育核心素养课程教学改革对承担未来新型教师培养的师范院校提出的必然要求。作为培养未来师资的高等师范院校应该正视基础教育课程教学改革的人才需求，注重培养师范生的核心素养，为基础教育核心素养课程教学改革提供师资力量。

培养师范生核心素养是学生核心素养落实发展的前提。《中国学生发展核心素养》提出了各学段学生发展核心素养体系，明确了学生应具备的适应终身发展和社会发展需要的品格和关键能力。培养、落实学生核心素养的首要前提是拥有一支素质和能力较强的师资队伍。师范生作为未来的教师，其核心素养的培养直接影响未来学生核心素养的落实与发展。为了形成优秀的教师培养优秀的学生、优秀的学生做优秀的教师的良性循环，师范院校必须把提升师范生核心素养作为主要任务。

培养核心素养是师范生未来适应教师职业的关键。随着社会的快速发展，教育需要通过一轮又一轮的变革不断迎接来自各方面的挑战。作为教育主体的教师要具备科学精神、自我发展、实践创新等核心素养，不断提升教育理念，调整培养目标，改变教育教学方式。今天的师范生即为明天的教师，高校的师范专业必须注重师范生适应未来教师职业需要的核心素养的养成。

2. 基于核心素养的课程目标制定

师范生核心素养是高校师范专业人才培养的重要产出标准，因此课程体系构建要坚持成果导向，以师范生核心素养养成为目标，在师范生核心素养与开设课程之间建立清晰的对应关系，指导课程标准的制定、教材的编写、课程的实施以及学生发展。基于师范生核心素养，课程目标的制定应强调以师德养成为先，以知识塔基打牢为主，以复合能力锻炼为要。

强调以师德养成为先。近年来，国家一系列关于师资队伍建设的政策文件都突出强调对教师职业道德素养的要求，把培养教师的思想政治素养、职业道德水平和教育理想信念放在第一位。教师是人类灵魂的工程师，必须用新时代中国特色社会主义思想铸魂育人，积极引导师范生增强中国特色社会主义道路自信、理论自信、制度自信、文化自信，传导主流意识形态，帮助师范生扣好教育人生的第一粒扣子，让真善美的种子在师范生心中生根发芽。培养未来教师的课程体系必须强调将师德养成摆在课程目标的首位，并将师德教育渗透到课程内容的全领域、课程实施的全过程之中。

强调以知识塔基打牢为主。知识具有奠基性的作用，是能力和素质形成的前提和基础。师范生将来的工作对象是具有主体性的、全面发展的人，工作目的是从各方面培养人，因此在学习阶段需要掌握更加广泛的通识性知识、更加牢固的教育教学知识和学科知识。课程体系构建应以知识主体为导向，培养学生形成独特的跨越学科界限的知识视野和思维方式，塑造既有广博知识面又有知识深度的 T 型创新型人才。①

强调以复合能力锻炼为要。现代教师在教育中扮演的角色越来越专业化、多样化，除了要做好学生思想的引导者、知识的传授者之外，还要承担起课程资源的开发者、集体活动的组织者、学生心理健康的指导者、教育的研究者和家校沟通的桥梁等工作。这要求教师不仅具有教学的能力，还要具备班级指导、综合育人、自主学习、反思研究、交流合作等方面的能力。所以，师范生素养养成的课程体系目标必须关注学生复合能力的培养。

（三）课程内容聚焦实践

目前，师范生素养养成课程体系中，除了教育实习、见习等实践课程是在真实

① 王铭玉，张涛. 高校“新文科”建设：概念与行动[N]. 中国社会科学网-中国社会科学报，2019-03-21.

的教育情境之中完成之外，其他大多数课程均需要在校内课堂教学中完成。脱离教育实践的传统课堂教学效果较为有限，师范生对相关理论知识的掌握大多停留在“听过”“知道”的状态，距离深入理解和应用于实践还很遥远。因此，课程内容的组织须采取实践取向，让师范生结合真实的实践情境，深入理解和把握理论知识的真谛。

课程内容的传授要结合实践情境。传统的理论教学脱离实践经验，不能激发师范生学习的需要，也不能让师范生感受到所学知识的意义。因此，课程内容的传授要注重创设真实的问题情境，借由问题情境将理论知识与教育实践连接起来，引发师范生对教育实践的情感体验，在产生思考问题、获得知识动力的同时，关注到教育实践的现实，激发为提高基础教育水平而学好专业的责任感，并树立起教书育人、为社会主义建设和发展培养人才的职业理想。

课程内容的理解应基于实践脉络。教育问题是复杂的、多变的，表面上看似相同的现象，因其背后涉及的教育对象特征、学校条件、家庭环境、社会文化、经济水平等多方面因素不同，其应对的方式与程序可能截然不同。教育是人类社会所特有的更新再生系统，可能是人世间复杂问题之最。① 教育理论期望为复杂多变的教育世界找寻一个唯一的、永恒不变的本质，期望通过观察、实验和归纳的方法来发现教育运行过程中以简驭繁的基本规律，并将其运用于实践。现实使教育理论工作者逐渐认识到，这种教育理论的影响作用是相当有限的，理论至多是一种在有限境域中的有限的理论。② 这也是学了一大堆理论的师范生在面对教育实践时会手足无措或认为理论无用的原因。因此，我们要重新审视课程内容所蕴含的复杂的实践脉络，将师范生的学习置于复杂的真实实践中，深入理解、辩证地看待所学内容。

课程内容须重视实践中生产知识。在知识经济时代，知识的生产模式发生了很大改变，新的知识生产模式 3 是由“产业—大学—政府—公民社会”四螺旋动力机制模型推动的新型知识生产方式，相较于大学是知识生产主体的知识生产模式 1 和知识生产主体不再单一的知识生产模式 2，知识生产模式 3 强调知识生产是多主体的，知识生产的适应性情境更加完善。师范生不仅可以作为知识的接收者，也

---

① 叶澜.世纪初中国教育理论发展的断想[J].华东师范大学学报(教科版)，2001(1)：1—6.

② 吴东方.复杂性理念关照下的教育之思[M].北京：教育科学出版社，2014：3.

可以成为知识的生产者。马克思主义哲学强调，实践是认识的来源，实践是认识发展的动力。师范生不一定先要掌握知识，才能进入实践，也可以先接触实践，通过感知、体悟，在教师的启发引导下思考、提炼生产出“自己的”知识。目前，多数师范专业采取了“全程实践”的人才培养模式，实现了理论学习的同时进行实践学习。总之，实现理论与实践的高度融合，需要校内课程重视引领师范生从实践中生产知识，将实践内容有机吸纳进课程内容框架。

（四）课程实施数字化

当今社会，互联网、多媒体、大数据、人工智能等信息技术的飞速发展，极大地改变着我们的教育和学习方式，新文科建设要求充分利用信息技术工具，提高教育实效。教师教育研究要与信息技术深度融合，探索实施网络化、数字化、智能化、个性化的教育，推动形成“互联网＋高等教育”的新形态，以现代信息技术推动高等教育质量提升的“变轨超车”。随着互联网技术的成熟和在线课程理念的更新，慕课（大规模在线开放课程，MOOC）已成为当前数字化教学模式创新的重要基点。

基于慕课课程资源的创新性教学模式，目前主要有直接在慕课平台学习课程、教师开设翻转课堂、慕课平台与高校合作开办慕课学分课程三种。① 第一种，学生直接在慕课平台学习课程。当前，慕课平台已出现海量的课程资源，绝大多数课程都可以在慕课平台搜索到相应的课程资源，教师可以从中选择知名院校、权威教师开设的，与自身人才培养目标相一致的课程资源供学生学习。第二种，教师开设翻转课堂。相对于传统教学中，教师课堂上讲授知识、学生课后完成作业的教学模式，翻转课堂提倡一种混合式教学与学习模式。它是指学生在课前通过观看教师事先录制好的或是从网上下载的教学微视频以及拓展学习资料以自学课程内容，课堂上教师对学生在自学过程中遇到的困难、疑问进行解答，订正学生作业，拓展课程内容，帮助学生进一步掌握和运用所学知识。翻转课堂的意义在于学生课前通过网络学习相关内容，对于其中难以理解和产生疑惑的问题由教师在课堂上帮助完成。基于慕课的翻转课堂也被称为 SPOC（Small Private Online Course），即小规模私下的在线课程。教师通过 SPOC 将慕课资源运用到自己的课堂教学中，从而将自己从知识的讲解中解放出来，专注于课堂上的讨论与辅导，提高教学效率，SPOC 被视为慕课发展的新趋势。第三种，慕课平台与高校合作开办慕课学分

① 翟志勇．慕课（MOOC）时代的通识教育［J］．北京航空航天大学学报（社会科学版），2015，28（5）：110—112．

课程。国外完全在线的学分项目现在已经推出，如 2013 年 Udacity（优达学院）宣布与美国佐治亚理工学院和 AT&T 合作，正式开发一个在线硕士学分项目。[①] 大学完全与慕课平台合作或联合建立慕课平台，将一些优质的教育资源开发成为学分课程，除了现有的慕课平台的测试功能外，还可以在期末建立现场的考试制度，以确保课程的质量。

在慕课时代，大学可以建立分级课程体系，以确保不同类型的课程完成使命。对于那些知识普及型的通识教育课程，完全可以让学生在慕课平台上修习课程，与慕课平台合作开发学分课程，或建立慕课学堂提供辅导与测试工作。对于那些注重能力培养的课程，完全可以建立基于慕课的翻转课堂，将知识点的讲授交由慕课完成，教师则在课上组织讨论，训练学生各方面的能力。对于那些有助于人格养成的课程，特别是经典研读课程，除了借助翻转课堂外，还要完全实现小班化教学，注重教师和学生面对面的讨论，真正实现言传身教。[②] 总之，慕课的发展既对教育提出了挑战，也提供了机会。师范生培养应充分利用慕课资源，创新课程实施新模式。

① 李曼丽，张羽，叶赋桂，等. 解码 MOOC：大规模在线开放课程的教育学考察[M]. 北京：清华大学出版社，2013：66—68.

② 翟志勇. 慕课（MOOC）时代的通识教育[J]. 北京航空航天大学学报（社会科学版），2015，28(5)：112.

第三节
师范生素养养成课程体系的结构

系统的各要素通过一定的结构组织成为一个整体，结构越合理，系统各个部分间的相互作用就越协调，系统整体的作用才能最强。课程体系的结构是课程体系之中各门类和各个部分课程的组合方式及比例关系的总称。课程体系的结构不仅是专业课程门类的组织形式，还蕴含着一定的课程理念和课程设置的价值取向，体现了各高校、专业的人才培养模式。近年来，依据国家战略和专业标准，为了更好地规范引导师范类专业建设，积极推进教师教育质量保障体系建设，稳步提高师范类专业人才培养的质量和水平，2017 年 10 月 26 日教育部颁发《普通高等学校师范类专业认证实施办法(暂行)》，明确提出了师范专业“一践行三学会”培养质量体系，即师范专业毕业生要能够践行师德、学会教学、学会育人、学会发展。为培养师范毕业生核心能力素质，高校师范专业通常主要围绕通识教育课程、学科专业课程和教师教育课程三大板块进行课程设置。

一、通识教育课程

习近平总书记向广大教师提出了“四有好老师”“四个引路人”“四个相统一”“四个服务”的要求，这深刻表明作为教师不仅要具备教育教学的知识和能力，还要是一个品德高尚、见识广博、理想远大、乐于创新等全面发展的人。高等院校中的通识教育是高等教育内容的组成部分，“它以人为核心，以人的全面发展为出发点，旨在通过多学科的教育，使学生的心智、品格、身心等各方面协调、均衡发展，使学生成为具有远大的眼光、开阔的视野、批判的思维、博雅的精神和优美的情感的‘全人’”。[①] 实现通识教育目标的方法有很多，比如阅读、第二课堂、社会实践、开设通识课，其中最重要、最常见，也最有效的方法就是开设通识课程。通识教育课程是

① 赵勇，魏可媛. 地方高校通识教育课程体系建设现状及对策研究[J]. 中国成人教育，2017(9)：105.

整个师范生培养体系的重要组成部分，师范院校开设通识教育课程具有独特的目的和意义，是教师教育内在规律的反映，也是教师职业的必然要求。

（一）通识教育课程的基本理念

通识教育的目的是培养“全人”。因此，通识教育课程的设计应该能够融合和贯通多种多样的知识，以培养师范生整合多种知识的能力，并通过知识的学习和能力的培养，智慧、道德与身体得到和谐发展。通识教育课程的融通理念主要体现在科学与人文、传统与现代、个体知情意培养等方面。①

1. 科学与人文的融通

科学和人文共同构成了人类文化的整体。二者相互依存，相互补充，共同构成人类认识世界与改造世界的方法和力量，也是完整的人的发展必不可少的两个方面。以培养人为目的的教育，尤其是以培养未来担负培养人使命的师范生为目的的教育，不可偏重于科学或人文任何一方。② 高校师范专业的通识教育课程要为师范生提供一种广泛的课程，使师范生在学习一些人文领域通识课程时，能够修习一些自然科学课程，从而受到人文和科学的全面熏陶。人文领域课程培育师范生的美德，开发师范生的形象思维和审美能力，提高其感悟和体验生命的境界。自然科学课程培养师范生的科学思维能力，使其掌握客观、理性地分析事物的态度和方法，提高科学素养。另外，还应鼓励开设一些跨学科课程，包括人文与科学各自领域内的跨学科课程及跨人文和科学两个领域的课程。通过通识教育，我们的未来教师兼具人文情怀和科学素养。

2. 传统与现代的融通

传统文化是人类几千年文明的结晶，是人们的精神家园，是推动文明进步和社会发展的重要力量。一个民族拥有自己的文化根基，才能自信地面对时代冲击，在保持本真的基础上吸收、融合其他文化，发展、壮大自身文化。传统文化是现代文明的源泉，没有人类几千年的文明积淀，也就没有丰富绚烂的现代文明。没有传统文化，现代文明就成了无源之水、无本之木。高校通识教育应引领学生汲取人类优秀传统文化中的养分，通过对历史文化的涉猎，提升文化内涵。现代文化是在对传统文化进行扬弃和创新的结果，是传统文化的延续和发展，反映了现代社会人类生

① 邢运凯. 高职院校教育通识课程论纲[M]. 杭州：浙江大学出版社，2011：125—129.
② 项贤明. 当代学校教育中的科学和人文危机[J]. 中国教育学刊，2020(8)：50.

活的全貌。师范生未来肩负着引领学生思想、价值观念的责任，在职前阶段应该广泛关心、关注人类生活面临的各种问题和困境，包括和平与战争、环境保护与经济发展、民主与政治、社会教育等世界总体或个体生活所面临的问题，经过深入的学习与讨论，形成正确的认识和态度倾向。

通识教育课程设计，既应充分吸纳人类传统文化的精华，使师范生汲取人类文明的养分，又要展现现代社会先进的知识与理念，在思想上引领师范生走在时代的前沿。另外，也可以设置一些融通传统与现代的课程，如"中国文化发展进程"，呈现文化的历史发展脉络，赋予传统新的生命力。

3. 个体知、情、意培养的融通

通识教育追求培养"负责任的人和公民"，通识教育课程的设计应从知识传授转向人的培养。教育对人的培养包括知识教育、情感教育和意志教育，三者并重，统一于整个教育过程当中，最终使师范生的人格获得完备的发展。无论是科学文化还是人文文化，传统文化还是现代文化，都既有知识性的一面，又有陶冶人的性情和教会人方法的一面。教育要考虑的是如何在教授学生知识的同时，让学生得到情感的陶冶和能力的增长。通识教育如果只是为了传授各方面的知识，不注重通过知识传授发展学生心智、陶冶学生情操，那么通识教育课程就将成为各学科知识的机械拼凑，不但不能完成培养人的任务，还容易让师范生迷失在知识的海洋里，找寻不到通识教育课程的意义。

通识教育课程的设计不仅要让师范生获得多方面的知识，更重要的是要让师范生了解各学科的基本方法，培养多方面的能力，发展心智。在此过程中，基于对各学科的了解，产生对全领域知识的正确认识和态度，激发广泛的兴趣和好奇，有着高度的求知欲和自主学习的愿望，把对学生知、情、意的培养融合起来。很多课程可以显著地将学生知、情、意的培养在个体身上融通，如"名著导读""艺术作品赏析"等课程。有些课程没必要要求师范生系统全面地掌握知识，这类课程可以通过开设专题报告或讲座的形式让师范生了解该门课程的基本结构，掌握课程的基本思维方法即可。总之，通识教育课程应努力将意志、情感等的培养融合在知识教育的过程当中，使学生个体在知、情、意方面和谐全面地发展，成长为现代完整的人。

（二）通识教育课程与师范生素养养成的内在关系

通识教育旨在培养融汇不同学科、不同文化，培养道德修养良好，关心人类及其所处环境，具有强烈的社会责任感，并具有正确的价值判断能力、清晰的表达和沟通能力以及批判性思维的“完整的人”。这与师范生培养的育人目标高度一致。

1. 通识教育课程奠基师范生师德养成

习近平总书记强调，合格的老师首先应该是道德上的合格者，好老师首先应该是以德施教、以德立身的楷模。“践行师德”是师范类专业认证标准对师范生提出的首条毕业要求。师范生的师德养成是一个系统工程，需要师范院校构建全员参与、全程培养、全方位进行的师德养成机制，其中通识教育课程的设置可以为师范生的师德养成奠定深厚的基础。伦理为职业之基，通识教育通过显性和隐性课程的设置引导师范生走上建构教师伦理的道路。荀子在《劝学篇》和《修身篇》中、韩愈在《师说》中都有关于教师伦理的集中论述。通识教育关于传统文化、经典诵读等内容的显性课程设置，可以使师范生对教师的精神和使命产生强烈的认同与努力追求的积极态度。通识教育课程中也有隐性的非正规形式的教师伦理教育，如通识教育实施中有效的师生沟通、浓厚的学术氛围、几代传承的教师教育办学精神等，帮助师范生在体验的过程中理解教育教学的丰富内涵与责任，获得正确的教育专业理念，唤起、激活心中的教育理想和信念，促进师范生专业伦理教育，促进职业生涯规划与专业发展。

2. 通识教育课程助力师范生学会发展

“学会发展”是师范类专业认证标准对师范生提出的第四条毕业要求，其二级指标包括自主学习、国际视野、反思研究和交流合作。通识教育课程对培养学生的自主学习意识、开放心态、反思能力和交流合作能力方面，具有显著影响。

时代在变，知识在变，社会的人才需求也在变，教育应亦随之改变。作为未来教师，师范生必须培养开放的心态和持续发展的理念。通识教育课程中的“教育哲学”“新课程改革解读”等这些与当前基础教育接轨的课程，能够培养师范生的思辨意识、发展意识、改革意识，提升师范生对学科知识的理解和对学科思想的感悟，着力提高师范生的学习能力、实践能力和创新能力，成为师范生在专业发展和教育工作中不断前进的动力。2011 年，教育部在《教师教育课程标准(试行)》中提出反思型“实践取向”的教师培养理念，倡导教师做反思型实践者，在研究自身经验和改进教育教学行为的过程中实现专业发展。2012 年，教育部印发的教师专业标准，将“反思与发展”作为教师专业能力中的重要部分。由此我们可以看出，当前我国教师教育越来越注重师范生实践反思能力的培养。通识教育是培养师范生反思能力的重要渠道和有效方式，通识课程中的哲学、逻辑推理、社会学等能培养师范生理解问题、反思问题的能力；教学评价与评估、演讲与写作、艺术修养与实践类通识课程以实践教学为主，可以提高师范生对教育热点、难点的理解力与评价力，对促进教师的终身学习和“反思型实践者”范式的专业发展具有积极的作用。① 另外，演讲与表达和社会实践类通识教育课程通过专题训练和团队合作的教学方式，提高师范生的沟通表达、团队合作意识与能力，为职后师范生以开放的态度对待同事和学生，加强与领导、同事、学生的交流和互动，与他们建立积极的合作关系打下基础。

3. 通识教育课程契合教师职业的全方位素质要求

高校师范专业加强通识教育，为师范生提供接触多学科知识的机会，使师范生看到不同学科课程及其知识的联系，形成学科知识体系的整体观念，促进不同学科知识及其思维方式的相互迁移，使师范生成为具有较高综合素质和广泛适应能力的全面发展的人才。基础教育需要适应社会发展和素质教育实施的全方位素质教师。首先，教师作为传递人类文明与知识的职业，要求具备多方面的文化素养。中学阶段的文理分科，造成师范生大学入学前的知识结构缺陷。进入师范专业之后，过细、过窄的学科专业划分，愈加强化了他们知识掌握的偏狭。这种不完整的知识结构，使得他们很难担负起“传道、授业、解惑”的重任。目前，基础教育正在推行的素质教育改革、综合课程改革等，都需要教师具备多方面的文化素养。通识教育课程培养师范生具有多学科的知识和通用的能力，适应了基础教育对高素质师资的需要。其次，教师作为人类灵魂的工程师，必然需要自身具备健全的人格。师范院校培养的学生不仅应该精通某种专门知识，而且应该能够正确认识世界、认识自我，具有强烈的责任感、正义感、同情心，是既会做事又会做人的全方位素质人才。②

（三）通识教育课程的结构

课程结构是课程各部分的组织与配合，是课程体系的骨架，主要规定了组成课

---

① 马晓春，郭崇林，姜洪泉. 教师专业发展视角：通识教育在师范生自我职业生涯发展中的效能研究[J]. 电子科技大学学报(社科版)，2014，16(1)：99.

② 安守春. 通识教育与人才培养刍议[J]. 青海师范大学学报(哲学社会科学版)，2011，33(2)：132.

程体系的学科门类，以及各学科内容的比例关系、必修课与选修课、分科课程与综合课程的搭配等，体现出一定的课程理念和课程设置的价值取向。众多高校所开设的通识教育课程既有共性的部分，也有个性的彰显。目前，多数师范院校的通识教育课程由以下类型课程组成，见图 7－1。

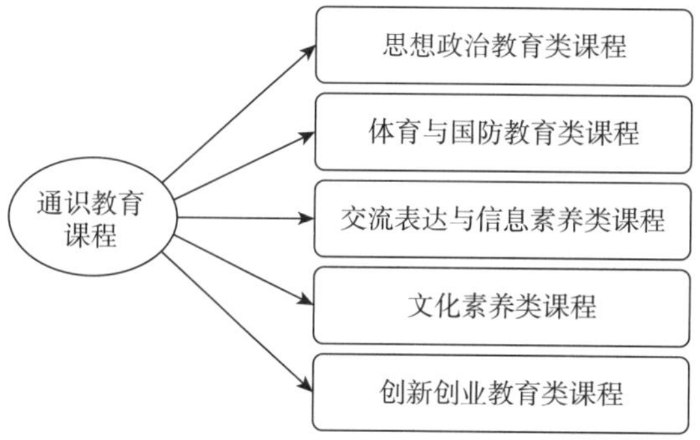

图 7－1　师范院校通识教育常规课程结构图

1. 思想政治教育类课程

思想政治教育类课程由教育部统一安排，主要包括“思想道德修养与法律基础”“中国近代史纲要”“马克思主义基本原理”“毛泽东思想和中国特色社会主义理论体系概论”等课程，各个高校的各个专业均有开设。思想政治教育类课程开设的主要目的是加强对师范生的思想政治教育，提高师范生的道德品质修养，培养师范生正确的世界观、人生观和价值观，是促进师范生精神成长的主要途径。按照“精讲管用”“知行统一”的原则，思想政治教育类课程要精讲课内，加强课外。课程可以分为课内理论教学和课外实践教学两部分，一部分内容由教师课堂讲授，另一部分内容在任课教师的安排下通过师范生参加社会实践，课外自主学习，撰写读书报告、调查报告和课程论文等形式来进行。

2. 体育与国防教育类课程

大学体育课程的主要目的在于使学生掌握锻炼身体与增进健康的手段和方法，从而具有健康的体魄和健康意识。增强体质需要长时间坚持锻炼，而且体育锻炼的方式多样，所以大学体育课程一般连续开设 2 个学期或 4 个学期，各学期可由学生选修不同的体育课程。国防教育课程的主要目的在于使学生掌握基本军事理论和军事技能，增强国防观念和国家安全意识，强化爱国主义、集体主义观念，加强组织纪律性，促进大学生综合素质的提高，也为中国人民解放军训练后备兵员和培养预备役军官打下坚实的基础。国防教育课程包括军训和军事理论教育两个部分。军训课与新生入学教育一起被安排在第一学期，军事理论教育则采用网上授课、学生自学、教师辅导的方式进行。

3. 交流表达与信息素养类课程

交流表达类课程包括中文写作课程和外国语言课程。其中，外国语言课程以英语为主，它是目前全球使用最广泛的语言，是国际交往和科技、文化交流的重要工具。大学生通过学习和使用英语，可以直接学习和了解世界优秀的文化和文明，也有助于增强国家语言实力，有效传播中华文化。随着科技信息化、经济全球化、大数据普及化的发展，信息技术成为人们获取知识的核心途径。信息素养类课程向学生系统介绍以操作系统、网络技术、多媒体技术为核心的，包括计算机系统构成、操作系统、办公信息处理、计算机网络、信息检索与安全、多媒体技术及应用、网页设计等内容的计算机科学的基本概念，提高学生在网络环境下应用计算机的基本技能和信息处理能力。

4. 文化素养类课程

文化素养类课程通常是由社会科学、人文科学、自然科学和艺术审美等领域内容构成的综合性课程。课程内容体现的是文化知识的基础性、多元性、广博性。形成的综合性课程分别呈现各学科领域的精华内容传递给学生。各学科领域课程的作用不同，社会科学类课程如社会学、政治学等主要是让学生熟悉社会科学的一些核心概念和方法，认识社会行动规律与社会发展规律，熟悉科学探究人类个体行为的方法；人文科学类课程如文学、哲学等主要是让学生掌握历史、文学等学科知识，使学生能够体会历史的博大精深，了解人类社会的历史与现在，体会哲学的深邃，探究人生的理想与意义，使学生具有继承人类优秀文化与交流思想的能力；自然科学类课程是培养学生了解科学的基本概念、理论以及方法，养成科学思维的习惯以及追求真理的科学精神；艺术审美类课程要使学生具备基本的艺术鉴赏能力，培养学生的审美素养。总之，文化素养类课程是通识教育课程中的重要组成部分，对学生科学素养、艺术素养和人文素养的培养起着关键作用。

文化素养类课程在通识教育课程中占据越来越重要的位置，师范类专业认证标准明确要求“通识教育课程中的人文社会与科学素养课程学分不低于总学分的

10%”。文化素养课程的开设方式与具体课程设置也是最具灵活性的，有的院校将其设为通识教育选修课，要求学生选修指定领域的满足一定学分要求的课程；有的院校将文化素养类课程认定为新通识教育课程，将其作为必修课开设，包括经典阅读课程、通识核心课程和分布式课程，三部分课程涵盖人文、社会、科学、艺术、教育等领域内容，将思想政治教育、体育和国防教育、交流表达与信息素养等课程作为公共必修课板块；还有的院校采取“必修＋选修”相结合的方式开设，将文化素养类课程分为“人文社会与科学素养课程”和“通识教育素养课程”，前者是各专业根据人才培养需求设定的必修课程，后者是学校公共选修课程，学生需选修自己专业所属学科以外学科的课程，选修课程要满足一定的学分要求。

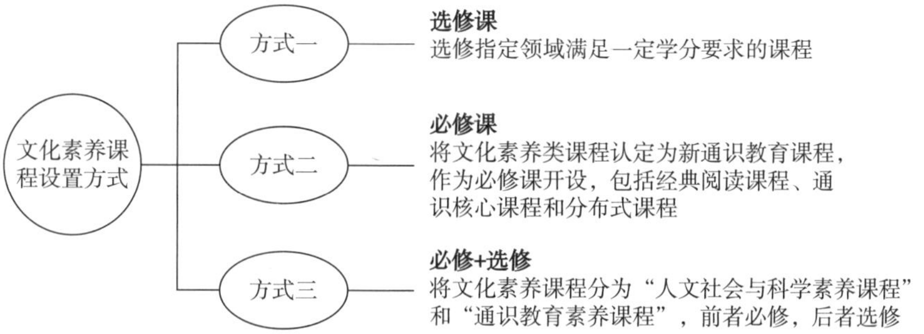

图 7－2　师范院校文化素养类课程常见设置方式

5. 创新创业教育类课程

师范生毕业后要走向社会，或就业，或创业。就业指导课让在校大学生了解职业生涯规划的意义，确立职业理想，设计科学可行的职业生涯规划，也帮助他们了解国家对大学生就业的方针政策，并掌握求职技巧，成功就业。创新创业教育课以培养具有创业基本素质和开创型个性的人才为目标，主要以培育在校学生的创业意识、创新精神、创新创业能力为主，分为“创新创业基础”和“创新创业实践”两个部分。社会实践课是在学生学习专业知识和技能的同时，学校通过相关平台发布丰富多彩的社会实践活动，引导学生参加社会调研、志愿服务等各种社会实践，了解社会的同时强化知识理解，锻炼技能。

目前来看，大多数师范院校通识教育课程结构符合我国高等教育人才培养理念。设置的通识教育课程充分囊括了思想政治理论、国防教育等具有中国特色的课程和能够培养师范生所需核心能力的体育、交流表达、信息素养、创新创业等课程，以及人文科学、社会科学、自然科学等领域的丰富的文化课程。在各类课程设置方式和学分比例结构上，多数院校在思想政治教育类课程、体育与国防教育类课程、交流表达与信息素养类课程上是较为相似的，而不同院校的文化素养类课程设置差异较大，这也体现出高校逐步加强了对通识教育课程的论证研究，正在探索能够发挥更大效用的通识教育课程设置方式和比例结构。相信在不久的将来，师范院校通识教育课程会加大选修课的比例，提高师范生选课自由度，文化素养类课程内容更加丰富，涵盖更多心理学、伦理学和艺术领域的课程，能够更好地在促进师范生全面发展的基础上，满足师范生学习的个性化需要。

二、学科专业课程

学科(discipline)一词具有双重含义：一是指知识体系或学术分类，如物理学、生物学、教育学等；二是指学校设立的教学科目，如语文、数学、英语等。学科专业课程中的“学科”是第一重含义，指一定科学领域的知识体系。师范专业是“××学＋教育学”，如“数学＋教育学”“历史学＋教育学”等的复合学科专业，这导致不同高校对师范专业学科课程的理解不同，有的高校将“××学”专业课程设为学科课程，也有高校将教育学专业课程作为学科课程。由于《教师教育课程标准(试行)》将教育基础类课程划归为教师教育课程，我们这里认为学科专业课程是指帮助师范生积累未来从教学科相关知识的课程，它是各学科教学的基石，对各学科师范生的专业素质培养具有重要的影响。

(一) 学科专业课程的基本理念

学科专业课程的直接目标是培养师范生具备学科知识，最终却是指向师范生能够从事基础教育的学科教学。因此，师范生培养的学科专业课程需对接基础教育需要，注重分科基础上的综合，并融入学科发展方向的内容。

1. 对接基础教育需要

高校师范专业的使命是培养中小学学科教师。作为师范生，掌握一定的学科知识是成为合格教师的必要前提，但师范生需要的是能够被师范生理解的学科知识，而不是各学科的高深知识。所谓被理解的学科知识，是指师范生了解这些学科知识从中小学到大学的演变轨迹、区别和应用，知道这些学科知识、概念的来龙去脉和它们之间的联系。简言之,即能够将中小学学科知识和高校相应的学科专业知识相融合。[①] 被理解是教师传授学科知识的前提。如果学科专业课程一味追求高深的学科知识,脱离与中小学学科知识的联系,那么师范生将对中小学学科知识理解不深,在未来从教中可能出现绝对化、狭隘化地理解知识的弊端。所以,从长远来看,师范专业的学科课程内容必须与基础教育各学科的课程相对接,以免师范生入职后难以适应基础教育中的学科教学。

2. 注重分科基础上的综合

为实施素质教育,我国中小学普遍开设综合实践活动和科学、跨学科教育等综合课程,这些课程的开展需要教师整合多学科的知识及相关的实践经验。虽然师范专业的学科专业课程包含不同学科的知识,如化学师范专业的学科课程会包含物理、实验等学科内容,但这仍然是分科培养教师,无法满足基础教育对教师整合多学科知识的要求。分科课程使师范生只有专业知识的深度,而缺乏一定的广度和整合,容易造成培养的未来教师综合能力不足,难以胜任基础教育的综合课程教学工作。因此,学科专业课程在分科设置的基础上应当注重适当综合,既有分科课程,也有综合课程。

3. 融入学科发展方向

随着时代的进步,知识结构的内容不断更新,学科内容和方向也在发生着日新月异的变化。现代师范生的学科专业课程应摆脱只传授知识的传统定位,融入对于学科发展方向的探讨与研究。首先,将学科前沿进展带入学科专业课程,不仅可以使得课程内容不再枯燥,同时也有助于课程氛围的调动,在传授师范生学科知识的同时,拓展了师范生的视野,增加他们对于学科动态发展的认识,有助于他们形成持续发展的知识观。其次,引领师范生结合时代特征探讨学科未来可能的发展方向,能够激发师范生创新性的思维,并体会到学科知识与社会发展的关系。

(二) 学科专业课程与师范生素养养成的内在关系

学科专业课程为师范生学会教学提供了学科知识。目前,我国中小学主要采用分科教学,师范生将来要从事某一学科或以某一学科为主的教学工作,如语文、数学、化学、政治等。实际上,中学教育专业师范生在选择专业时即已明确了未来从教的学科,如将来想从事中学物理课程教学就选择物理师范专业。小学教育专

① 许应华,付文生.高校教师教育学科专业课程体系的缺失与建构[J].黑龙江高教研究,2017(4):20.

业有的采取分科培养，大学一年级共同学习通识教育和教育基础课程，到大学二年级分小学语文方向、小学数学方向等，但大多采用全科培养模式，培养师范生更为深厚的综合能力，提高其对于未来工作的适应性。从事任何一门学科的教学或者综合学科的教学，都离不开相关的学科知识。教师只有先有知识，才有可能传授学生知识。因此，学科专业课程可以为师范生学会教学打下知识基础。

与中小学不同，我国幼儿园教育的内容尽管相对划分了健康、语言、社会、科学和艺术五个领域，但提倡各领域的渗透和整合，多采用综合课程、活动课程的形式。五大领域的相关知识会在相应的教育活动与指导课程中分别呈现，但幼儿教育的内容并不局限于甚至往往会超越五大领域所学，所以学前教育师范生有必要涉猎广泛的自然科学和人文社会科学知识，并掌握自主获取知识的方法。幼儿教育是全面发展的教育，师范生还需掌握美术、音乐、舞蹈等艺术方面的知识和技能。艺术课程的开设也是为幼儿教育师范生学会教学提供支持。

三、教师教育课程

教师教育课程广义上包括教师教育机构为培养和培训幼儿园、小学和中学教师所开设的公共基础课程、学科专业课程和教育类课程。本教材中的教师教育课程是指 2011 年教育部颁布的《教师教育课程标准（试行）》中规定的教育类课程。《教师教育课程标准（试行）》的研制是建立在对教师教育课程改革研究的基础之上的，编制过程中借鉴了以美国、英国、德国、法国、澳大利亚为代表的国家和我国香港、台湾地区在教师教育课程标准、课程理念和实践等方面的先进做法，保障了我国教师教育课程的改革立足于国际前沿。①《教师教育课程标准（试行）》体现国家对教师教育机构设置教师教育课程的基本要求，是制定教师教育课程方案、开发教材与课程资源、开展教学与评价，以及认定教师资格的重要依据。目前，各师范院校教师教育课程的设置无论在理念上，还是在内容结构、学分结构上都以《教师教育课程标准（试行）》为基准。

（一）教师教育课程的基本理念

教师教育课程在中小学和幼儿园教师培养中发挥着重要作用，是提高教师教育质量的关键环节。为实现促进教师专业发展的核心追求，教师教育课程秉持三

① 张文军，钟启泉. 教师教育课程改革的国际趋势[J]. 教育发展研究，2012(10)：1－6.

大基本理念:育人为本、实践取向、终身学习。

1. 育人为本

教师是幼儿、中小学学生发展的促进者,在研究和帮助学生健康成长的过程中实现专业发展。教师教育课程应反映社会主义核心价值观,吸收研究新成果,体现社会进步对幼儿、中小学学生发展的新要求。教师教育课程应引导未来教师树立正确的儿童观、学生观、教师观与教育观,掌握必备的教育知识与能力,参与教育实践,丰富专业体验;引导未来教师因材施教,关心和帮助每个幼儿、中小学学生逐步树立正确的世界观、人生观、价值观,培养他们的社会责任感、创新精神和实践能力。

2. 实践取向

教师是反思型实践者,在研究自身经验和改进教育教学行为的过程中实现专业发展。教师教育课程应强化实践意识,关注现实问题,体现教育改革与发展对教师的新要求。教师教育课程应引导未来教师参与和研究基础教育改革,主动建构教育知识,发展实践能力;引导未来教师发现和解决实际问题,创新教育教学模式,形成个人的教学风格和实践智慧。

3. 终身学习

教师是终身学习者,在持续学习和不断完善自身素质的过程中实现专业发展。教师教育课程应实现职前教育与在职教育的一体化,增强适应性和开放性,体现学习型社会对个体的新要求。教师教育课程应引导未来教师树立正确的专业理想,掌握必备的知识与技能,养成独立思考和自主学习的习惯;引导未来教师加深专业理解,更新知识结构,形成终身学习和应对挑战的能力。

(二)教师教育课程与师范生素养养成的内在关系

教师教育课程改革的目标在于促进教师的专业发展,培育合格的教师,最终实现学生学习品质的提升。对于师范生来说,教师教育课程是个体专业发展的起点和基础,关系到他们能否顺利地承担教师的角色,以及能否更快、更好地适应未来教育教学工作的需要。

1. 教师教育课程塑造师范生的教师角色

教师角色认同是师范生成为合格教师的重要心理基础,它影响着师范生进一步追求教师专业发展的意识和行为。教师角色的认同包括两层含义:第一,认同教师这个职业本身，认为这一职业可以给自身带来满足感，甚至于自我价值的实现；第二，认同教师角色的义务，在此基础上正确行使权利，认真履行义务。这两层含义是相互联系的，联系的中介是角色的权利维度。① 教师教育课程中与教师理想信念教育相关的课程，如教育基础、职业道德与专业发展领域，可以使师范生了解教师的权利和义务，在此基础上建立对教师职业的深度认同，从而认真从事教育学习活动，恪守专业伦理，习得专业知识和能力，实现教师专业发展。教育实践领域的教育见习、教育实习可以让师范生深入教育实践，零距离接触教育对象和优秀的中小学教师，体验感知工作对象的个体差异和教育教学工作的复杂多样，了解基础教育对优秀师资的需要，感受自身的专业素质能够带给学生成长和发展的影响，丰富对教师角色的认识与认同，树立成为一名能够引领学生学习和发展的优秀教师的职业理想。

2. 教师教育课程支持师范生获得专业知能

专业知能是教师开展教育教学工作的必要条件，是区别于其他专业人员的重要特征。教师教育课程是培养师范生获得教育专业知能的主要途径。

首先，教师教育课程支持师范生获得教育专业知识。引导学生学习与发展是教师专业发展的最终目的，教师在拥有一定量的学科知识的基础上，还需要掌握大量的教育专业知识，才能将知识通过适宜的方式顺利地传授给学生，所以教育专业知识的掌握最能体现教师专业性的一面。教师教育课程中有关儿童发展与学习方面的课程，介绍有关儿童学习的理论、适宜的学习方法、儿童发展阶段与特征等知识，帮助师范生了解教育对象；教育基础课程包括教育发展史、教育原理、教育哲学、课程与教学论、班级管理等方面的知识；教育活动与指导课程主要学习教学设计、教学实施、教学方法以及教学评价等方面的知识，保障未来教师顺利开展教学；中小学师范专业的心理健康与道德教育课程主要帮助师范生掌握中小学生的品德发展特点与规律，容易出现的心理问题及教育和干预方法；学前教育专业的幼儿园与家庭、社会方面的课程，主要帮助师范生了解幼儿园与家庭、社区合作的重要性和合作方式及途径等内容，有助于未来教师开展家园、社区的沟通协调工作；职业道德与专业发展方面的课程，主要向师范生介绍教师的职业道德与遵守及教师专业发展的方向、阶段等方面的知识，助力师范生长远的职业发展；教育实践课程让

① 靳玉乐，肖磊. 教师教育课程改革的价值诉求[J]. 教育研究，2014(5)：122.

师范生深入教育实践场所，通过亲身体验了解学生、了解教师、了解教育教学工作，丰富对教育多样性的认识，加深对课堂知识的理解，形成实践性知识。以上教师教育课程所涵盖的知识是师范生从学生成长为教师的必备专业知识，也是其长远发展的知识奠基。

其次，教师教育课程支持师范生获得教育专业能力。知识是能力获得的前提和基础。教师教育课程支持师范生获得大量的教育专业知识，这为师范生专业能力的获得打下良好的知识基础。教师教育课程中的教育活动与指导和教育实践课，除了支持师范生获得相关知识以外，还重在培养师范生的专业能力。教育活动与指导方面的课程在帮助师范生了解教学设计、教学实施、教学方法以及教学评价等方面知识的基础上，重点引导师范生通过教学设计和实施的训练获得教育教学的能力。《教师教育课程标准(试行)》特别强化了教育实践课程的开展时间和学分比重，因为教育实践课程创造机会让师范生观摩并参与、研究教育实践，可以锻炼师范生综合运用所学知识进行教学设计、挖掘利用课程资源、组织开展教育活动、科学合理评价学生、进行班级管理、解决个别学生问题等全方面的专业能力。

3. 教师教育课程养成师范生的实践智慧

教师实践智慧就是在教育实践中能够帮助教师在正确的时间“以正确的方式做正确的事”的一种品质，由教师实践伦理、实践性知识和实践思维三部分构成。① 教师实践伦理是教师实践智慧的价值导向系统，它包括公正、正直、良心等。只有合乎伦理的实践才是智慧的，合乎伦理是实践智慧存在的前提。实践性知识是教师实践智慧的核心，它是关于在“什么时间”“怎么做”的知识。课堂上的知识只说明“做什么”是正确的或不正确的，但无法教会学生在什么情况下“做什么”或做到什么程度。实践性知识源于经验，个体要通过“临床”的方法，不断地对自身所必须处理的人或事作出判断，经过长时间的经验、反思和提炼，形成自己的实践知识和实践思维。实践思维是实践智慧的保障系统，它尊重具体性、差别性，是一种具体思维、关系思维、动态思维。实践思维认为，教育实践是复杂的，受多种因素影响，处于动态的发展过程中，实践过程不可重复，实践结果不可预知，实践主体能随着实践进程的变化而对方案作出主动调整。从理论思维到实践思维的转变，

① 赵正新.教师实践智慧本质探析[J].当代教育科学，2015(6)：19.

需要师范生接触大量的教育实践，并进行深入、持久的反思研究以实现。可见，实践伦理、实践性知识和实践思维的形成都离不开大量教育实践的支持。教育见习和教育实习是教师教育课程中非常重要的组成部分，各高校师范专业设置了从大一到大四的全程实践教学体系，教育实践时长不低于 18 周，致力于养成师范生的实践智慧。

（三）教师教育课程的结构

为保证师范生毕业后初入职便能够基本适应基础教育新课程的需要，高等师范院校按照《教师教育课程标准（试行）》规定的学习领域、建议模块和学分要求，构建了有针对性的幼儿园、小学和中学教师教育课程体系。教师教育课程涵盖儿童发展与学习、教育基础、职业道德与专业发展、教育活动与指导、中小学生心理健康与道德教育（幼儿园与家庭、社会领域）和教育实践六大学习领域的课程，每个学习领域由价值相近的不同模块组成，每个模块涉及一个重要的主题，并指向问题解决。各高校根据《教师教育课程标准（试行）》中的建议模块，结合自己的实际情况和学生的需要确定并开设每个领域的具体课程。

表 7-1　师范院校教师教育课程结构①

学段	学习领域	建议模块
幼儿园	1. 儿童发展与学习	儿童发展；幼儿认知与学习；特殊儿童发展与学习等
	2. 幼儿教育基础	教育发展史略；教育哲学；课程与教学理论；学前教育原理等
	3. 幼儿活动与指导	幼儿游戏与指导；教育活动的设计与实施；幼儿健康教育与活动指导；幼儿语言教育与活动指导；幼儿社会教育与活动指导；幼儿科学教育与活动指导；幼儿艺术教育与活动指导；0～3 岁婴幼儿的保育与教育；幼儿园教育环境创设；幼儿园教育评价；教育诊断与幼儿心理健康指导等
	4. 幼儿园与家庭、社会	幼儿园组织与管理；幼儿园班级管理；家庭与社区教育；教育资源的开发与利用；幼儿教育政策法规等
	5. 职业道德与专业发展	教师职业道德；教育研究方法；师幼互动方法与实践；教师专业发展；教师语言技能；音乐技能；舞蹈技能；美术技能；现代教育技术应用等
	6. 教育实践	教育见习；教育实习

① 钟启泉，崔允漷. 教师教育课程标准（试行）解读[M]. 北京：北京师范大学出版社，2013：97.

续 表

学段	学习领域	建议模块
小学	1. 儿童发展与学习	儿童发展;小学生认知与学习等
	2. 小学教育基础	教育哲学;课程设计与评价;有效教学;学校教育发展;班级管理;学校组织与管理;教育政策法规等
	3. 小学学科教育活动与指导	小学学科课程标准与教材研究;小学学科教学设计;小学跨学科教育;小学综合实践活动等
	4. 心理健康与道德教育	小学生心理辅导;小学生品德发展与道德教育等
	5. 职业道德与专业发展	教师职业道德;教育研究方法;教师专业发展;现代教育技术应用;教师语言;书写技能等
	6. 教育实践	教育见习;教育实习
中学	1. 儿童发展与学习	儿童发展;中学生认知与学习等
	2. 中学教育基础	教育哲学;课程设计与评价;有效教学;学校教育发展;班级管理等
	3. 中学学科教育活动与指导	中学学科课程标准与教材研究;中学学科教学设计;中学综合实践活动等
	4. 心理健康与道德教育	中学生心理辅导;中学生品德发展与道德教育等
	5. 职业道德与专业发展	教师职业道德;教师专业发展;教育研究方法;教师语言;现代教育技术应用等
	6. 教育实践	教育见习;教育实习

1. 儿童发展与学习领域课程

教育教学须坚持儿童本位的教育理念,从儿童的年龄特点、发展水平、兴趣和需要出发制定教育目标,确定教育内容,选择教育方法,才能取得良好的教育效果。做到以儿童为本位的前提是了解儿童,包括了解儿童的身心发展规律、学习方式特点、心理需要等。儿童发展与学习领域课程的目的就是帮助师范生从各方面了解他们未来教育的对象,包括正常儿童与特殊儿童,获得关于儿童发展的知识,为后续教育基础、教育活动与指导等领域课程的学习奠定基础。

2. 教育基础领域课程

教育基础领域课程包括教育发展史、教育原理、教育哲学、课程与教学论、班级管理等具体课程。通过该领域课程的学习,师范生可以了解教育产生与发展的历史,历史上著名的中外教育家及他们的教育思想;提升对教育知识进行批判和反思的能力,深化对教育理论的理解;对教育功能有清晰的认识,树立坚定的教育信念和科学的教育观;掌握教育学的基本概念、原理,教育教学工作的基本原则、方法技能,明确教师的责任,初步具备教育教学的基本功;掌握教育规律,学习并尝试运用教育规律分析、解决实践中出现的各种教育问题等。该领域课程主要为理论性课程,支持师范生获得教育基础知识,为学会教学、学会育人做好知识准备。

3. 教育活动与指导领域课程

所有的教育理念、教育知识最终都要落实到教育教学行为上来,通过教育行为能力得以展现。教育活动与指导领域课程对接基础教育改革需求,帮助师范生了解、研究基础教育最新课程标准与教材;学习教学设计、教学方法;训练教育教学活动组织与实施及开展合理教学评价的能力。通过对本领域课程的学习,师范生能够达到"学会教学"的要求,为接下来的教育实习和初入职时能够顺利开展教学做好准备。

4. 中小学师范专业心理健康与道德教育领域课程

心理健康与道德教育是中小学教育的重要组成部分。心理健康教育课程主要阐述中小学生心理健康教育的组织管理、理论方法,以及中小学生学习心理、自我意识、人际关系、生活适应、挫折、冲突及心理危机等方面问题的教育与辅导,培养师范生具备重视中小学生心理健康的意识,了解中小学生常见的心理问题,具有对中小学生进行心理支持和辅导的能力。习近平总书记强调,要在加强品德修养上下功夫,教育引导学生培育和践行社会主义核心价值观,踏踏实实修好品德,成为有大爱大德大情怀的人。道德教育课程让师范生了解中小学生道德发展的阶段特点,掌握儿童道德教育的规律,培养道德教育能力,能够引导中小学生尊重他人,尊崇善良,遵守伦理道德、公共道德、职业道德,从爱父母、爱亲人做起,逐步升华到爱家乡、爱祖国、爱人类;从爱动物、爱植物做起,逐步升华到爱环境、爱自然、爱地球。《关于新时代推进普通高中育人方式改革的指导意见》和《关于深化教育教学改革全面提高义务教育质量的意见》都体现了综合育人的特点,坚持"五育"并举,全面发展素质教育。① 心理健康与道德教育课程在提升师范生综合育人能力方面起着重要作用。

5. 幼儿师范专业幼儿园与家庭、社会领域课程

家庭是人生的第一所学校,家长是孩子的第一任老师,要办好教育事业,家庭、学校、政府、社会都有责任,尤其对处于低幼阶段孩子的教育,离不开家庭、社会的支持。幼儿师范专业开设的幼儿园与家庭、社会方面的课程,主要帮助师范生了解

① 高瑜.基础教育的未来方向[N].中国教育报,2019-09-12.

幼儿园与家庭、社区合作的重要性、合作方式和途径、当前合作存在的问题及解决路径等内容，有助于未来教师在开展家园、社区沟通协作工作的基础上，有效整合幼儿园、家庭、社区三方资源，提高学前教育质量。

6. 职业道德与专业发展领域课程

职业道德对教师职业来说有着更为特殊的意义，教师教育必须注重师范生的师德养成，该领域的课程是其中重要的途径之一。教师职业道德课程使师范生充分认识理解教师职业道德对强化教师自身素质、提高教书育人效果所具有的价值和意义，系统掌握教师职业道德的基本原理、基本规范及其养成的一般策略，自觉进行教师职业道德修养，为他们形成良好的教师职业道德素养，更好地满足当代教育改革发展需要，更好地教书育人，增强教育能力奠定基础。教师专业发展是个体教师专业成长的过程，即教师通过学习、训练和实践反思，不断提高自身专业水平，达到专业成熟的过程。教师专业发展需要基础专业技能的支持，如书写技能、语言技能、现代教育技术和研究方法等。专业发展相关的课程包括教师专业发展和各方面能力培养的课程，能够培养师范生自主学习所需要的意识和专业基础技能，支持师范生学会发展，终身学习。

7. 教育实践领域课程

教育实践让师范生深入教育实践场所，通过感知体验、动手操作的方式进行学习，对养成师范生的创新精神与实践能力，提高师范生的综合素质有着特殊作用。教育实践在整个教师教育课程中占据着特殊地位，师范生一定要完成不少于 18 周的实践时间才能毕业。为充分发挥教育实践的育人功能，各师范院校结合自身条件和学生需要构建了师范生实践教学体系，通过整合专业课程、教育见习、教育实习、教育研习、教师技能训练、社会实践、毕业论文等实践教学环节，将师范生素养养成融合到课内外教学实践中。

知识链接

教育实践的功用

四、 师范生素养养成各类型课程之间的应然关系

教书育人是教师的天职，这要求教师是复合型人才。“教书”要求教师既要具备一定的学科知识，知道“教什么”，又要拥有丰厚的教育教学知识，懂得“怎么教”；

“育人”要求教师既要了解儿童的成长发展规律，知道“育什么”，又要掌握多样的育人方法，懂得“如何育”。复合型人才的培养对师范专业的课程构建提出了更高要求，“课程建设的关键和当前课程改革亟待破解的‘瓶颈’则在于加强各类、各门课程间的联系和贯通，即关注和强化师范生在不同课程修读中所获得的学习经验之间的联系，最大程度地产生最优的学习效能，真正达成教师教育课程的整体目标”。① 因此，师范生素养养成课程体系的通识教育课程、学科专业课程和教师教育课程之间应是有机联系、互相衔接的。

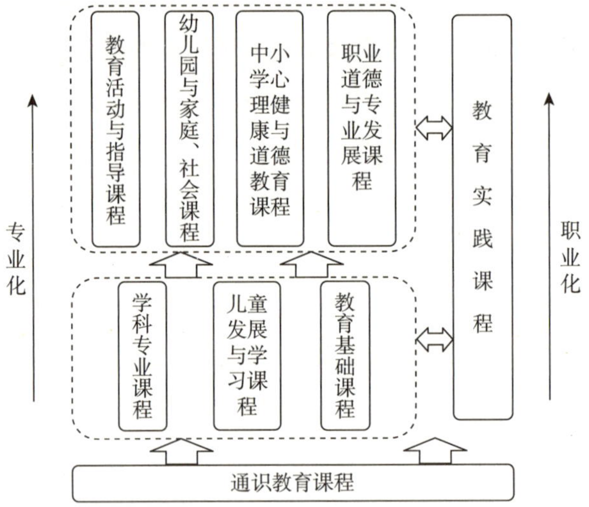

图 7-3　师范生素养养成各类型课程之间的应然关系

通识教育课程是专业教育课程的基础。通识教育课程通过培养师范生获得具有鲜明时代特征的先进价值观念、拓展具有综合融通特征的多领域知识、锻炼具有普适通用特征的核心能力，使师范生在人格与学问、理智与情感等身心诸方面得到自由和谐发展。学科专业课程则在通识教育课程培养“完整的人”的基础上对师范生进行专业化、职业化教育。

教育活动与指导课程、心理健康与道德教育课程、职业道德与专业发展课程等教师教育课程是对学科专业课程、儿童发展与学习课程和教育基础课程知识的整合与运用。教育教学需要按照学科知识的内在逻辑顺序，需要根据儿童的思维水平和发展特点选择适宜的方式方法，需要随着时代发展创新教育理念和模式，这些

① 杨跃.教师教育课程衔接：不容忽视的改革视域[J].南京师大学报(社会科学版)，2017(2)：93-95.

要依靠学科专业课程、儿童发展与学习课程和教育基础课程积累的知识和经验基础。教育教学类课程通过对以上知识的整合和运用，建立起教学设计、组织与实施的方法和过程体系，并训练师范生掌握技能。

教师的专业知识体系并非只是各类知识的简单叠加，而是由多种知识要素通过教育实践整合而成的。教育学、心理学、学科教学类课程的学习需要结合教育实践，教育实践课程包括教育见习、实习、研习等，在师范生走进教育现场时也要确保“理论在场”。教育实践课程与理论课程应互相嵌入，才能使师范生在学习理论知识的同时深入教育实践，经过自身学习、建构、反思和外化，将外在知识最终同化到自己的认知结构中，逐渐形成多维度、多层次的动态知识体系。因此，教育实践课程应贯穿师范生素养养成的全过程。

课堂教学互动

1. 讨论：师范生素养养成课程体系哪个方面的创新最有价值？为什么？

2. 讨论：本学期所学习的课程，通识教育课程对自身专业素养的提高有哪些价值。

3. 讨论：对于学科专业课程与教师教育课程，在未来的学习中你会更重视对哪一部分课程的学习？

思考题

1. 课程体系构建的价值取向主要有哪几种？你最支持哪一种？为什么？

2. 师范生素养养成课程体系主要包括哪几部分课程？它们分别培养师范生的哪些素养？

3.《教师教育课程标准（试行）》中规定的教师教育课程涵盖哪六大学习领域？每个学习领域有哪些建议模块？

第八章

08

师范生培养实践教学体系构建

本章内容概述

实践教学活动是师范生培养的重要内容，是成为一名真正教师的必经环节。本章首先介绍实践教学的基本问题，阐述实施实践教学的理论基础。然后探讨实践教学体系的结构，主要从教育见习、实习、研习及其他实践活动四个方面详细论述。最后剖析它们之间的内在关系及实施案例，构建师范生培养的实践教学体系框架。

本章内容结构图

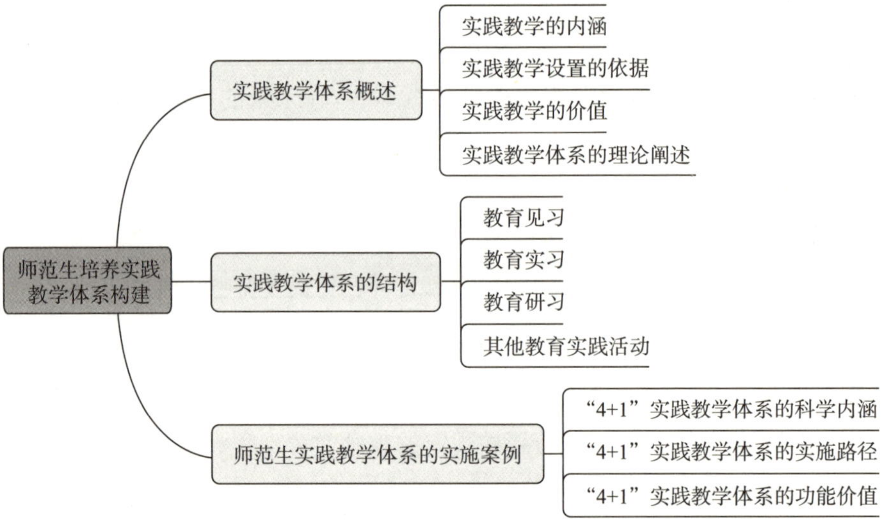

本章学习目标

◆ 理解实践教学的内涵与价值，了解设置实践教学的依据和理论基础。

◆ 理解教育见习、教育实习、教育研习与其他实践活动在师范生培养体系中的地位，并知道它们之间的内在关系。

◆ 了解“4＋1”实践教学体系

第一节 实践教学体系概述

实践教学是师范教育培养体系不可或缺的重要组成部分。师范生校内的知识学习构成了专业素养的理论基础，而这些知识需要经过教育实践的检验，在不同的教育情境中反复验证，才能内化为个人经验。实践教学为师范生实践性知识的获得提供了条件与可能。实践教学体系的构建使得教育实践活动彼此联系，并在逻辑上实现了师范生实践能力的全面提升。本节将阐述实践教学的内涵、设置依据、功能价值与理论基础，从这些方面可以深入了解什么是实践教学、为什么要实施实践教学，以及实践教学提出的理论支撑。

一、实践教学的内涵

近代以来，我国高等教育人才培养始终坚持理论与实践相结合的理念，师范教育更加强调实践在培养体系中的核心地位。实践教学相对于理论教学而言，是指在实验室或现场，在教师指导下，通过学做结合，以学生自我学习和动手操作为主，从而获得感性知识和技能，提高综合实践能力的一种教学形式。[①] 理论教学以教师为主导，从某一学科的概念、范畴与基本原理出发，由简到繁，由浅入深，循序渐进，强调知识的逻辑关系，学生则根据教师的讲演路线，理解并识记知识体系。相比而言，实践教学则以教师为指导、以学生为主体，学生处于主动参与的地位，通过高智力投入、创造性的实践活动以及有目的的现场体验，理解知识、发展技能、提升能力。[②]

实践教学以培养学生实践能力、应用能力、创新能力等综合素质为目标，强调学生对理论知识的实际操作应用和亲身体验，以获取操作技能、直接经验等缄默性

① 张晋．高职实践教学的内涵及其特征[J]．继续教育研究，2009(8)：115—117．

② 时伟．论大学实践教学体系[J]．高等教育研究，2013(7)：62．

知识和实践性知识为主;强调学生思维的训练,分析问题、解决问题等综合应用能力的培养和训练。[①] 师范教育由理论教学和实践教学共同组成,在经过一段时间的理论学习后,都有一定的实践教学环节与之相对应,并且每个实践教学环节既相对独立,又紧密结合,将各个相对独立的实践教学内容联系到一起,就构成了师范生培养的实践教学体系。

二、实践教学设置的依据

师范生培养体系中任何一类课程或活动的安排都不是凭空设置的,不管从宏观层面,还是微观层面都有其存在的依据。上至国家教育政策,下至师范生自身的专业发展,都对实践教学的设置提出了要求。

(一)师范专业认证的实践遵循

随着国家对师范生教育实践能力的进一步重视,尤其是教育部提出在全国范围内开展师范专业认证工作以来,师范院校对师范生教育实践能力的培养与提升达到了前所未有的高度。师范专业认证标准明确提出,师范专业建设应当实践教学体系完整,专业实践和教育实践有机结合。教育见习、实习与研习相贯通,涵盖师德体验、教学实践、班级管理实践和教研实践等,并与其他教育环节有机衔接,教育实践时间累计不少于一学期。

现实中教育实践往往只重视教育实习而轻视教育见习和教育研习,且实践教学内容片面。教育见习为学生提供观摩教学的机会,时间较短,且内容单一;教育实习窄化为教学实习,实习只关注备课和讲课技能,对师德体验、班级管理实践和教研实践等较少关注。因此,我们从师范专业认证标准对实践教学提出的具体要求可以看出,完整的实践教学体系,要实现教育见习、实习、研习的一体化模式,不能只注重师范生教学能力的培养和训练,还要把师德体验、班级管理、教研实践等内容科学合理地纳入实践教学的课程设置中。这种要求也同时符合师范专业认证标准中"践行师德、学会教学、学会育人、学会发展"四个方面的毕业要求规定。

(二)教师教育课程改革的实践诉求

开展师范生教育实践是教师培养的必要环节,也是教师培养质量保障的关键措施。近年来,我国教师教育改革持续推进,各地各校积极探索师范生教育实践工

---

① 任丽婵,李慧. 全程实践教学的理论与实践研究[M]. 长春:吉林大学出版社,2019:14.

作，取得了可喜成效，但还不同程度地存在着一些亟待解决的问题，例如师范毕业生的教育教学能力尚不能完全适应中小学学校教育教学的现实需要。加强师范生教育实践，明确任务，规范过程，加强保障，增强师范生的社会责任感、创新精神和实践能力，着力培养高素质专业化的“四有”好教师，是深化教师教育改革、全面提升教师培养质量的重要任务，也是推动实践就业一体化、着力促进高校师范毕业生就业的迫切需要。我国著名课程专家钟启泉建议，师范教育改革要“改变脱离实践、轻视反思的倾向，教师教育课程应强化实践意识，关注现实问题，将理论学习和实践反思紧密结合，引导师范生积极参与和研究教育实践”。[①]

（三）师范生专业发展的内在需要

师范生教育实践依然是教师培养的薄弱环节，师范毕业生的教育教学能力尚不能完全适应学校教育教学的需要。根据我国教育改革和发展的新形势，针对师范生教育实践现状，教育部印发了《教育部等部门关于加强师范生教育实践的意见》，旨在通过系统设计和有效指导下的教育实践，促进师范生深入体验教育教学工作，逐步形成良好的师德素养和职业认同，更好地理解教育教学专业知识，掌握必要的教育教学设计与实施、班级管理与学生指导等能力，为从事学校教育教学工作和持续的专业发展奠定扎实基础。

对师范专业而言，理论学习与实操训练具有同等重要的地位。在校的各种专业理论课程学习为师范生认识、掌握、认同本专业打下基础，而成为真正的教师，只有理论知识是远远不够的，实践教学则搭建了校内学习与校外实训的桥梁。不同形式的实践活动满足了不同阶段师范生的学习需求，也弥补了理论学习的不足，实现了“做中学”的教育理念。开展实践教学活动，是理论学习的必要补充，是师范生专业发展的内在需要。实现这一目的，就需要教育见习、教育实习与教育研习三种实践形式相贯通，并结合其他多种形式的实践活动，共同搭建完备的实践教学体系，从而促进师范生的专业化。

三、实践教学的价值

理解实践教学的设置依据，对于我们正确认识实践教学在学科体系中的定位

---

① 高巍，刘瑞．师范专业认证视角下高师院校教育实践基地建设存在的问题及对策[J]．教师发展研究，2018，2(4)：51－56．

具有重要意义。特别是中小学、幼儿园对新教师综合能力的要求越来越高，使得职前师范生培养的方向和路径也要顺应时代发展的诉求，通过各种实践教学活动培养师范生的实践能力。总体上看，实践教学不仅关乎高校人才培养质量，还给师范生自身素养的提升带来积极作用。

（一）有利于推进高校创新人才的培养

2013年《教育部等部门关于进一步加强实践育人工作的实施意见》中指出，实践育人特别是实践教学依然是高校人才培养中的薄弱环节，与培养拔尖创新人才的要求还有差距，因此要深化实践育人理念，充分认识实践育人理念的重要时代价值。师范教育尤为强调创新，师范生的创新能力直接关系着国家创新人才的培养质量。实践教学是理论知识与实践活动、间接经验与直接经验、抽象思维与形象思维、传授知识与训练技能相结合的过程，[①]其核心理念是“理论与实践相融合、实践育人”，注重学生在实训、实习情境中构建知识与行动之间的联结。师范生通过实践，不仅践行着理论知识，还会在具体的教育场域中面临着课堂学习所无法预设的各种问题情境，这就需要师范生学会识别、思考、探索，运用创新思维解决真实教学过程中的复杂问题。因而，实践教学对于培养创新人才具有重要的推动价值。

（二）有利于师范生实践性知识的构建

教师在教学时所运用的知识是融合了个人的教学信念、价值观、过去教育与生活经验以及专业理论知识的一种综合型知识，这种知识即“实践知识”。实践知识能有效解决教师当前教学情境中的各种复杂问题，这种实践性知识的形成，并非来自逻辑性的过程，是实践者通过“行动中认知”与“行动中反思”等方式生成的。[②]陈向明认为，教师的实践性知识是教师真正信奉的，并在其教育教学实践中实际适用和表现出来的对教育教学的认识。[③] 正因为如此，教学实践活动为教师实践性知识的获得与积累提供了平台，师范生可以通过教育实习、教育见习、教育研习等活动学习经验，并在对实践进行反思的过程中获得个人性、情境性的实践性知识。

（三）有利于提升师范生教育信念

教师的教育信念是教师在教育教学实践过程中形成的对教育的价值和意义、

---

① 黄斌，饶本强. 实践教学与大学生创新能力的培养[J]. 河南教育(高校版)，2009(12)：39.

② 杨秀玉. 教育实习：理论研究与对英国实践的反思[M]. 北京：中国社会科学出版社，2017：44.

③ 陈向明. 实践知识：教师专业发展的知识基础[J]. 北京大学教育评论，2003(1)：105.

教育基本理论和原则及规范的坚信不疑的认识。① 教育信念是教师专业成长的一个基本要素和重要标志，对于具有教育信念的教师来说，他们会把教育当成一项光辉的、神圣的、终身的事业，愿意克服重重困难和障碍，对教育充满着浓烈的情怀，而不仅仅是将其看作谋生的职业。职前教育阶段是构建教师教育信念的关键时期，师范生在校的学习经历对其教育信念的影响是潜移默化且深远的，会影响其对未来职业的选择与坚持，激发师范生奉献教育事业的使命感。设计良好且有效的实践教学体系对于师范生教育信念的养成具有重要作用。传统的实践教学模式存在很多的误区，学生只是在见习和实习中观摩、模拟教育教学各环节，而新的实践观认为，教学实践不应该是程序性的、经验性的，而应是探索性、研究性的，反思性的教学实践活动能帮助师范生真正地进入真实的教师角色当中，充足的实践体验和高质量的指导与监督，通过赋予实习教师逐渐增强的教学自主权，能够大大增强其职业获得感和教育信念感。

四、 实践教学体系的理论阐述

建构主义以皮亚杰的认知发展理论和维果茨基的社会建构理论为理论基础，关注人的认知问题，在教育领域带来一系列的观念变革，同时也为实践教学体系的建构提供重要的理论依据和参考。建构主义学习理论发展至今，衍生出了一个庞大的理论群，如反思性学习理论、情境学习理论、合作学习理论等，都对教育实践活动的设计带来重要的启示意义。

（一）反思性学习理论

教育见习、教育实习等教学实践活动是安排师范生进入学校现场亲自参与实际教学的活动，使其从中获得与教育教学有关的第一手经验。师范生在教育见习、教育实习期间的学习是一种经验性学习的过程，即通过实践学习将新旧经验联结起来，既要结合师范生过去的学习经验，也要融合当下的实践经验。不过更重要的是，在学习过程中，实践经验不一定必然带来新的知识，师范生必须通过反思这一环节才能产生真正的学习，并创造出新的经验与实践的智慧。

反思是对自己的思维过程、思维结果进行再认识的检验过程，它是学习中不可

① 文雪. 教师的教育信念及其养成[J]. 当代教育科学，2010(9)：29.

缺少的重要环节。通过反思性学习师范生可以学会学习，使学习成为探究性、研究性的活动，可以增强能力，提高创造力，促进自身的全面发展。20 世纪 90 年代以来，国外关于教师素质的研究，已从原来注重对教师教学理论的构建和教学技能的训练，转向注重对教师已有知识结构、思维模式及教学能力习得的研究。波斯纳(G. J. Posner)指出：没有反思的经验是狭隘的经验，至多只能成为肤浅的知识。为此，他提出了一个教师成长公式：经验＋反思＝成长。① 而且他还认为，经验是教师成长的前提，而没有反思的经验是狭隘的经验，如果教师仅仅满足于获得经验而不对经验进行深入反思，那么，他的反思将大受限制。

教育见习、教育实习等实践教学活动为师范生提供了获取直接经验的有效途径，但这种直接经验如何与学校所学理论融合，并内化为自身的实践性知识就需要主动反思的参与。我们在实践中经常发现，师范生会自觉或不自觉地复制指导教师的传统的教学方式，缺乏批判性反思。因此，师范生要具备一种“能跳出来反观自身的能力”，即成为一个主动积极的学习者，能够批判性地审视自身的行为及其行为发生的情境，并在指导教师的协助下，能针对他们的教学或教学情境进行主动的省思探究活动，透过反思及做判断、决定等历程，省思自己的实践学习行为并据此不断改进自己、发展自己、提升自己。② 教育见习、教育实习中的反思包括获取新知和对实践的反思，观察笔记、日志、案例研究等都是可供反思的形式，与指导教师的个别或小组研讨会相搭配可以更好地提升反思的深度，而教育研习活动则通过专题或课题方式帮助师范生将直觉性的经验上升到一定的理论高度。

（二）情境学习理论

20 世纪 90 年代以来，受到认知科学、生态心理学、人类学及社会学等学科的共同影响，学习的研究取向逐渐从认知转向了情境，并逐步出现了两个流派，即心理学传统的情境学习理论和人类学传统的情境学习理论。学习的情境理论关注物理和社会的场景与个体的交互作用，认为学习不可能脱离具体的情境而产生，情境是整个学习中重要而有意义的组成部分。学习的实质是个体参与实践，与他人、环境等相互作用的过程，是形成参与实践活动能力、提高社会化水平的过程。③ 情境

① 王春光，郭根福．反思性教学实践与教师素质的提高[J]．中小学教师培训，2003(4)：7.

② 杨秀玉．教育实习：理论研究与对英国实践的反思[M]．北京：中国社会科学出版社，2017：82.

③ 姚梅林．从认知到情境：学习范式的变革[J]．教育研究，2003(2)：60.

学习是有关人类知识本质的一种理论,它研究人类知识如何在活动过程中发展,特别是人们如何去创造和解释他们正在做什么的表征;知识不是一件事情或一组表征,也不是事实和规则的云集,知识是一种动态的建构与组织。按照这种学习理论,建构知识与理解各种知识的关键所在就是参与实践。

情境学习理论与建构主义理论有异曲同工之处,都强调社会文化背景在个体意义建构中的作用,但情境理论在很多方面推动了建构主义的研究。情境学习理论认为个体不仅建构了自己的知识或主观世界,共同体中个体的身份也是在互动中建构的。在教学实践活动中,学习者是以"合法的边缘性参与"方式进行学习的,一名新手准教师从加入实践共同体到发展成为完全的参与者,这一过程说明了学习者是如何逐步在实践中变得能够胜任重要职责的,同时也使学习者的身份获得了建构。①

情境学习理论启示我们,知识只有在它产生和应用的情境中来解释,才能产生意义。在师范生职前培养中,准教师必须尽可能地置身于真实的教育教学情境中,通过实践活动去学习如何教学管理。在课堂中学习的缄默知识往往脱离具体的情境,不能迁移到复杂的真实情境之中用于解决结构不良的问题,所以很多师范生初次接触真实教学情境时会产生茫然无措之感,甚至认为之前所学的理论似乎无用。因此,通过设置不同形式的实践教学活动,加强情境性学习,可以最大成效地减缓师范生将来入职后的不适应性,也有利于学习经验的有效迁移。

(三) 合作学习理论

合作学习是建构主义倡导的重要学习理念之一。建构主义强调,知识一方面具有个人性和独特性,另一方面又具有社会性,因而知识的获得过程实际上是社会性的建构过程,它离不开学习者之间的交流、对话和合作。成人的学习常常是一种社会互动性的活动,而团体可以提供有效的情境促进学习。正是由于合作学习具有不同于传统的个体性学习的特征,因此它为实践教学活动中师范生与指导教师和见习、实习同伴的合作学习提供了理论基础。

在教育见习、教育实习、教育研习等实践活动中,师范生与高校及中小学指导教师之间的关系既是指导者与被指导者的关系,同时也是一种合作学习的关系。在合作学习过程中,师范生能够学习指导教师的教学管理方法,同时学习指导教师

① 王文静.情境认知与学习理论:对建构主义的发展[J].全球教育展望,2005(4):59.

实际教学的思维方式；而指导教师也能够在指导师范生实践的过程中，反思自己的教育理念与教学模式，从而提升自己的教育教学水平。可见，这种双赢的学习必然是平等的、合作的学习。[①] 在教育见习等实践活动当中，师范生往往与一部分同伴结成合作学习小组，会针对同一年级的相似问题或不同年级的不同问题彼此交换经验、分享心得，也会在小组集中研讨时与指导教师共同研究协商解决问题的办法，从而构建起超越个人经验的集体共识，建立起彼此支持、信赖、鼓励的合作关系。

---

① 杨秀玉．教育实习：理论研究与对英国实践的反思[M]．北京：中国社会科学出版社，2017：90—93．

第二节
实践教学体系的结构

实践教学的多种形式彼此之间既相对独立，又相互联系，但要发挥实践活动对师范生素养培养的整体功效，需要对照师范专业认证标准，厘清不同实践教学活动的基本内涵与要求，遵循“教育见习—教育实习—教育研习”的融通要求，在时间、空间上构建起全程贯通的递进式实践教学体系，并在师资、管理、制度保障等层面做好匹配建设，以切实提高师范生培养质量。本节主要详细论述实践教学体系各实践方式的基本内容，明确教育见习、教育实习、教育研习及其他实践形式的价值地位、实施目标、内容、形式、评价等环节，最后从整体上构建完整的师范教育实践教学体系。

一、教育见习

师范生在开展教育见习之前，需要明确教育见习的性质与特点、目标与任务、内容、形式及管理评价等，从而对教育见习的内涵与实施过程建立全面的认知。

（一）教育见习的性质

教育见习是指师范生在积累了一定的教育教学理论的基础上，进入教育现场，实地感受、观察、体验见习学校的真实教学情况，为教育实习和教育研习做好经验和心理上的准备。它不同于教育实习，教育实习一般是师范生在学完专业课程和教育类课程之后在中小学学校进行的教育教学实践活动，主要在师范教育的后期进行。而教育见习一般在实习前开展，作为教育实习的先导，侧重于对教育现场的观察和感受，获得有关学校情境的真实体验。实践中，有的学校采取集中教育见习模式，选择一段时间持续见习；有些则采用分散式见习，贯穿于学校学习的前几年。

教育见习是师范生培养体系中的重要一环，在专业理论学习的同时丰富学生的实践经验，增加实践性知识，对于奠定师范生对教育教学的感性认识基础，增强专业认同感和教育信念具有重要的作用。然而,各地高校师范生教育见习的实施状况不容乐观,主要存在以下问题:部分高校对教育见习认识不到位,重视程度不够;缺少必要的教育见习管理制度,见习时间较短,实践基地过少;师范生表现被动,指导教师未发挥应有的作用;师范生见习前准备不足,见习目标和任务模糊;教师见习过程指导不到位;评价与反思不够等。可见,明确教育见习的性质和目标,制定规范的教育见习制度,建立高效的指导教师队伍,完善见习监督与评价系统,具有十分突出的必要性。

(二) 教育见习的目标、内容与形式

1. 教育见习的目标

教育见习的总目标:通过教育见习,全面熟悉中小学(幼儿园)教育的基本情况。用未来教师的眼光,了解中小学(幼儿园)教育的全貌,体验中小学(幼儿园)教师工作的全过程,广泛接触教育对象,运用所学理论分析和反思教育教学中的实际问题,为进一步见习和以后的实习打好基础。

教育见习的具体目标:① 走进学校,熟悉学校的日常管理和办学特色;② 观察学生并与学生进行交流,对学生的行为和心理有一定的感性认识,学会理解学生的行为表现;③ 通过观摩课堂,熟悉课堂教学的各个环节,了解和理解教师的课堂教学行为,体会教学艺术;④ 通过参与班级管理,获得班级管理的方法和技巧;⑤ 通过自己的反思及与指导教师的交流,对见习过程中发现的问题进行及时讨论和总结,逐步掌握具体工作中的方法。

2. 教育见习的内容

教育见习是实习生通过在实践学校观摩以了解教育教学的全貌,因此一般不直接参与学校的实际工作。其基本内容主要包括:课堂教学观摩见习、学科教学常规见习、班级管理见习、班主任工作见习。

(1) 课堂教学观摩见习。

观摩和学习指导教师的教学课堂,可以让师范生最快也最有效地熟悉中小学课堂的基本教学情况。如通过观摩专家教师的课堂教学,师范生熟悉教学的各个环节及其运行机制,学习专家教师如何"更有效地识别有意义的模式和理解多种事件"[①]。在课堂的观摩中,师范生具体要了解教学过程的各个主要环节、师生主要

---

① 徐碧美. 追求卓越——教师专业发展案例研究[M]. 北京:人民教育出版社,2003:40.

活动情况、教师的重点提问、学生的典型发言、有效的教学方法和手段、教学中的精彩创新与失误之处、板书等，并及时撰写听课记录。同时，通过课前、课中、课后的准备、观察和反思，初步体会教学艺术，理解教学技能。

课堂观摩见习由三个环节组成：观摩前、观摩中、观摩后。观摩前，师范生要认真阅读指导教师教案，并熟悉教材，与指导教师交流课堂教学设计的思路；观摩中，应关注教师课堂教学环节及整体教学程序，做好记录，既关注教师的活动，也关注学生的参与程序；观摩后，要填写教师课堂教学记录表，与同伴交流观摩的心得和体会，与指导教师交流课堂教学设计实施的效果，向指导教师请教观摩中的疑问等。①

(2) 学科教学常规见习。

作为一名见习生，教育见习中要熟悉各学科的教学常规。工作内容具体如下：教学准备上，应了解教具、课件的选择与制作，参考资料的选择与来源；课堂教学上，关注教学环节的设置，师生互动方式与内容，教学组织方式，教师的口语表达与体态语言；作业布置与批改方面，要了解作业量、作业类型、作业难度、批改格式、评语写作等；学生个别辅导方面，要知晓辅导对象的确定、辅导内容、辅导方式与实践、辅导效果等；教学评价上，应关注评价方式、评价主体和评价效果等。

学科教学常规见习途径主要有如下几种：较长时间地观摩教师的教学过程并记录，与同班级或同学科的见习同学交流与讨论，向见习学校指导教师或高校指导教师请教各项教学常规的做法。例如，南通大学小学教育专业的学科教学常规见习包括“主修方向科目的教学常规”和“辅修方向科目的教学常规”，由相应的主修和辅修科目教师担任师范生的指导教师，师范生要观摩指导教师的课堂教学，研习指导教师所撰写的学期教学计划、教案以及所批阅的作业本等，辅助批改作业和个别辅导，在指导教师指导下完成 1 份教学设计。其间有半天时间，由教务处主任、教研组长组织，集中观摩教研课，参与教研活动。②

(3) 班级管理见习。

班级管理是指班级管理者(主要是班主任)带领班级师范生按照教育管理规律

---

① 刘志敏，等. 教育实习指南[M]. 北京：高等教育出版社，2012：35.

② 陆平.“主题浸润式”教育见习模式初探——以南通大学小学教育专业为例[J]. 湖南第一师范学院学报，2020(3)：31.

的要求，为了更好地实现教育教学目标而进行的一系列活动。因此，班级管理既是实现班级教育目标的必要条件，也是实现教育目标的途径。师范生的教育见习中必然包含对班级管理工作的认识与体验，需要熟悉班级规章制度，认真研究班级一日活动，对晨会、班会、值日、课间操、放学等日常活动的组织与管理进行具体的观察和记录。通过参与班级活动以及和班主任、学生的沟通，逐步认识和掌握班级管理的方法和技巧。

(4) 班主任工作见习。

在见习的第一阶段熟悉学校、儿童、教学、管理的基础上，到了第二阶段师范生主要担任本班助教，辅助任课教师、班主任进行教学和管理。具体表现为批改作业，帮助任课教师搜集备课素材和准备教具课件，参加教师的集体备课和评课，协助班主任完成晨会、班会、组织课间操等。

3. *教育见习的形式*

可以采用以下三种方式进行设置。

(1) 集中见习：将见习集中安排在某一阶段，课程设置以教育见习为主，大部分时间在中小学进行见习。在此阶段要有不少于 12 周的教育见习。这样能使师范生较集中地接触基础教育教学实际，奠定较扎实的感性认识基础。同时，师范生可以借此进一步了解自己的兴趣与能力。

(2) 分散见习：将教育见习分散到各个阶段进行。如美国许多大学将见习时间规定为 150 个学时，其中，观摩听课不少于 100 学时，从大学一年级开始，贯穿大学二、三年级；英国教育见习也在 20 周以上，师范生每周有半天时间进行见习，以熟悉中小学的教学实际情况；法国教师教育专业的学生有 1/3 的时间进行教育实习，一年级有 6 周见习，二年级有 12 周教育实习(包括见习)。这种分散而连贯的方式使师范生能经常接触并关注基础教育实际，有助于师范生保持较稳定的职业意识，并主动获取相关知识，以增强其自信心。

(3) 集中与分散相结合的见习：在第一学期有较长而集中的时间进行见习，而在其他时间也要有一定连贯性的见习活动，所有见习时间不少于 12 周。这样，师范生既能较集中地获得有关基础教育的感性认识，为学习教育理论课程打下坚实的基础，又能不断强化职业意识，并结合教育理论进行探索和研究。①

---

① 魏彦红. 教育见习：教师教育的一贯性[J]. 河北师范大学学报(教育科学版)，2007(3)：140.

（三）教育见习的管理与评价

1. 教育见习的管理

教育见习是一门重要的实践课程，绝大多数的师范专业都安排了不同形式的教育见习活动。但实际的实施状况并不理想，其中最主要的原因之一就是制度不明确、管理不到位，使得不少学校的见习活动流于形式，师范生被安排到见习学校后只是走马观花地观摩教学管理工作，缺少见习学校和高校教师的有效指导，从而无法真正达成教育见习目标。因此，教师在师范生整个见习过程中要规范落实见习制度，给予师范生有效指导，明确见习目标和责任，减少盲目性。

高校、地方教育主管部门、实践学校要形成三方联动，协同做好教育见习精细化管理工作。由高校牵头，定期召开实践工作协商会，制定教育见习规章管理和监督制度。加强见习指导教师的遴选，为学生精准配备双导师，组建结构合理的指导教师队伍。见习过程中，指导教师要深入实践学校，进入各班对师范生进行轮流指导，与班上老师交流学生的见习情况，帮助师范生解决专业上的困惑与实践中的困难。除了个别指导之外，指导教师还应定期召开小组研讨活动，引导师范生集中讨论各自的经验和收获，增强实践与理论的联系。

每个见习生应该严格遵守见习纪律和见习学校的各项规章制度；服从领导，虚心接受双方指导教师的指导；认真做好听课笔记和课后评议工作，填写好教育见习手册；见习结束后，完成一份见习报告。

2. 教育见习的评价

教育见习评价对教育见习的实施起着重要的导向和质量监控的作用。评价的目的功能、评价的目标体系和评价的方式方法等各方面直接影响着见习目标的实现。因此，教育见习评价要以促进师范生的可持续发展为评价的根本目的，注重主体价值取向的评价，把师范生从见习前的准备、见习过程的表现、见习总结反思的作业都纳入评价的范围，注重过程性评价、终结性评价与形成性评价相结合。在评价方法上要定性与定量相结合，实现评价方法的多样化；在评价主体上要实施指导教师评价、小组成员互评和见习学生自评相结合的多元主体评价。① 见习评价的方式主要包括见习作业、阶段反思和见习报告三种类型。

---

① 张海燕. 教育见习：问题与对策[J]. 新疆师范大学学报（哲学社会科学版），2008(3)：93.

二、教育实习

对教育实习的认识同样从实习性质、目标任务、内容与形式、管理与评价几个方面展开，全面了解教育实习的基本内容有助于减少实践中的盲目性。

（一）教育实习的性质

教育实习是按照国家教育部门颁布的师范教育教学计划，在教师指导下，使师范生积极主动自觉地运用已获得的教育理论、专业知识和技能，在实习学校中，直接从事教学工作实践和思想品德教育工作实践的一种教育活动。[①]

在实践领域，对教育实习的定位存在各种观点。一种认识是将教育实习定位为职前教师教育中的一个环节，实习活动被视为师范教育、教学计划中的重要组成部分，是培养中小学教师的综合实践环节；一种认识是将其定位为一系列的实践活动，即包括参观、见习、试教、教学实习、班主任工作实习等一系列的教育和教学实践活动；还有一种认识是将其界定为一门课程，是一门有目的、有组织、有计划、有丰富内容的，旨在综合准教师所有学习经验的特殊课程；还有研究者将其视为一种学习过程，教育实习不仅是一门课程，更应该是职前教师教育中的一个持续的经验学习的过程。总的来说，教育实习就是在教师教育中，与理论学习紧密联系的，基于学校真实教育教学情境的一种有指导、有组织的学习教学的过程，同时也是一个反思、批判性的经验式学习过程。[②] 师范院校所说的教育实习大部分是指狭义的教育实习，即集中时间进行的教育实践活动。

学生通过深度融入教育教学全过程，学生能主动参与、主动观察、主动思考，有效地强化了教育教学实践能力的培养和训练，极大地增进了教师职业感悟和职业认同，提高了职业素养和职业品质，是对师范教育实习模式的突破与创新，也有利于实习学生较好地实现由大学生向教师角色的转变。教育实习作为教师职业的预备阶段，获得了宝贵的接触、熟悉教育对象和教育环境的体验，更增加了逐步由感性地喜欢教师职业、学生发展成理性地热爱的机会，进而获得对自身职业的充实感和幸福感，为积极的身份认同建构奠定基础。在教育实习中，师范生感悟鲜活的教育事件对他们的启化，通过叙述一个个自己放置或被放置到的情节化故事，开始思

---

① 许高厚．教育实习[M]．北京：人民教育出版社，2001：2．

② 杨秀玉．教育实习：理论研究与对英国实践的反思[M]．北京：中国社会科学出版社，2017：27—32．

考教师与教育对象、与学校和社会所处的关系网，在日益加强的专业思想和职业意识中觉察“我是谁”，从而建立起自己的身份认同。相较于教育见习以观摩教学为主的实践方式，教育实习需要师范生亲历教学过程，将自己卷入真实的教育情境，直面突发的各种问题与困境，可以说教育实习的最大特征就是将教学问题境遇化，并为实习生提供利用境遇知识解决实际问题的机会，在这样一种特定的实践环境和社会环境中获得高度经验化和个人化的实践性知识。

（二）教育实习的目标、形式与内容

1. 教育实习的目标

在师范生核心素养培养理念的引领下，教育实习需要突破传统的“掌握知识与发展技能”二维教育目标，在职业素养、专业成长以及社会文化等方面彰显多维教育取向，反映出深刻的教育内涵。教育实习作为一门综合型的实践课程，其目的在于全面提升师范生的综合素质，为其后续的专业发展奠定基础。

教育实习总目标：教育实习，为师范生构建真实、复杂、具有挑战性的、开放的教育实践环境和职业情境，帮助师范生掌握必备的教育教学知识与能力，并重视反思与批判能力的培养，以达到合格教师的标准，从而促进师范生可持续的专业发展。

教育实习具体目标主要包括以下几方面。

(1) 教育实习使师范生在职业道德、人格素养、专业智慧、创新精神和实践能力等方面得到全面锻炼和提升，形成正确的教育观、质量观和人才观，具有教师的责任感、使命感和敬业精神。

(2) 教育实习是贯彻理论联系实际的原则，培养合格师资不可缺少的环节。通过实习，师范生在课堂教学、开展班主任工作等方面得到锻炼，加深对所学教育理论的领会。

(3) 师范生深入、具体地了解我国中小学和幼儿园教育教学的现状，进一步认识相应阶段教育工作的艰巨性、重要性，强化对教育专业的热爱，能在教育思想方面得到切实的提高。

(4) 师范生熟悉中小学、幼儿园教育教学的内容和程序，学会独立从事教育教学工作的技能、技巧和方法，学会反思课堂情境、课堂困境和自身的教学行为，逐步形成个人的实践知识和能力。

(5) 通过教育实习，师范生学会做教育观察、教育调查、教育案例等方面的研究，逐步具有教育研究的能力，成为自主成长型的教师、研究型的教师。

2. 教育实习的形式

为了加强培养师范生的实际教育教学能力，国内外的高等师范教育十分重视教育实习，不断寻求更有效的教育实习的途径与方法，不断扩展教育实习的形式。美国的教育实习分为三种：模拟实习、早期实地经验和教学实习。其所谓的模拟实习是指借助现代科学技术和手段，模拟中小学课堂教学情境，让师范生在有实践经验教师的指导下，运用教育理论和方法去解决种种个案，类似于我国的微格教学；早期实地经验，主要让师范生了解中小学教学实际，协助中小学教师工作，并承担一定量的实际教学；教学实习，指在一名校方指派的教师的指导下，每个实习生到校方认可的公立中小学开展教学。在英国，大部分的教育实习采用集中式实习与连续性实习相结合的教育实习模式。这种实习形式表现为，师范生除了每周在实习学校定期实习两三天，还要在一段时间内集中在实习学校进行全日制的实习，相当于我国的集中教育实习。近年来，还有一些国家改革了过去单一的集中式实习形式，使实习贯穿在大学各个学习阶段，延长了实习时间。例如，日本师范教育改革中，把原来集中实习的时间提前和分散，增加了教育实习时间，有计划地安排6～7次共14周的教育实习。在我国，一些学校也已创造性地提出了“分散式教育实习”“顶岗式教育实习”“全程跟进式教育实习”“混合编队式教育实习”等各具特色的模式或方案。总的来说，我国的教育实习主要有以下三种形式。

(1) 集中定点教育实习。

集中定点教育实习是传统的教育实习形式，主要是对相同专业的师范生进行统一编队，在同一时间段内，在指定的实习学校进行教育实习，由高校派出指导教师负责师范生的实习管理，时间一般为6～8周。这种集中定点教育实习一般是根据高校要求完成一定的实习任务，例如组织教学活动、参与班级管理、开展班会活动等，很少会完全放手让师范生顶岗实习。该模式具有统一管理、统筹安排、一致高效的优点，但一个高校指导教师负责一个实习学校的所有实习生，往往指导流于形式，效果不佳。

(2) 分散教育实习。

分散教育实习是相对于安排集中实习而言的形式，其基本做法是在临近毕业的学期，师范生回到家乡自主联系实习学校开展实习工作，时间一般也是6～8周。这种模式下没有高校指导教师全程指导，因此可以避免选派指导教师对高校内部正常教学秩序造成影响，师范生自主联系实习学校，这种灵活安排也有助于师范生将实习与就业紧密结合，甚至可以在高校规定的实习时间结束后选择继续实习，为就业做好最后铺垫。

(3) 顶岗支教实习。

顶岗支教实习模式是伴随近几年我国不断深化教育教学改革出现的一种高等师范院校学生进行教育实习的新形式。具体是指师范院校的实习生在掌握了理论知识后，有组织、有计划地进入贫困地区的一些实习学校，顶替原有教师的岗位，独立承担一学期的教育教学任务。与传统的教育实习相比，顶岗支教实习的时间更长，一般在三个月到一年之间。师范生要摆脱学生定位，以一名正式教师的身份顶替原有教师的岗位，完全履行其岗位的所有职责。这种教育实习与支援贫困地区的教育事业融为一体，使师范生迅速投入教育教学工作当中，极大地提高师范生的综合能力。

3. 教育实习的内容

不同于教育见习以观摩为主、直接参与为辅，教育实习强调师范生从观察到有限参与，直至全权负责一定的教学管理工作，其目的不仅是简单的技能培养，而且是全面素质的综合提升。因而，教育实习的内容将从广度和深度上体现综合性。

(1) 教学工作实习。

《教师教育课程标准(试行)》指出，各学段的师范生应当在教育实习中观摩学生(幼儿)的生活和教育活动的组织与指导。了解幼儿园教育的规范与过程，了解实习班级幼儿的实际情况，在教师指导下设计教育活动方案，组织一日活动，获得对教育过程的真实感受；观摩小学课堂教学，了解课堂教学的规范与过程，了解小学的教学与管理实践，获得对小学教学工作内容和运作过程的感性认识，在有教师指导的情况下，根据小学生的特点和教学目标设计与实施教学方案，经历1～2门课程的教学活动；观摩中学课堂教学，了解中学课堂教学的规范与过程，感受不同的教学风格，在有经验的教师指导的情况下，根据学生的特点，设计与实施教学方案，获得对学科教学的真实感受和初步经验。

从上述要求我们可以发现，教学工作实习主要是在观摩的基础上，了解教育对象的年龄特点，在指导教师的帮助下设计与组织课堂教学活动，掌握一定的课堂教学经验。在实习入门阶段，师范生主要是与实习学校的指导教师和学生建立积极的关系，观摩指导教师的课堂教学，并在指导教师的监督、指导下，学习钻研教材、编写教案、课前试讲、顶岗上课、课后反思等。

(2) 教育管理实习。

除了课堂以外，教育管理工作也是实习生重要的学习内容。幼儿园教育管理实习主要是指幼儿园常规管理实习，即师范生了解并学习如何帮助幼儿掌握应遵守的日常生活规则和基本行为规范。主要包括：日常生活常规，如进餐、如厕、睡眠等习惯的养成，与成人、同伴交往的礼仪等；教学常规，主要表现在教学活动中的一些行为规范要求，例如如何组织幼儿有序活动；游戏活动常规，即知道怎样帮助幼儿掌握游戏前的规则、游戏时的秩序要求和游戏后的收尾工作等。中小学教育管理工作主要是指班主任管理实习，具体内容包括：制订班主任工作实习计划、召开主题班会、日常例行班级管理、开展对学生的个别教育、学习家校沟通的措施和方法、组织课外活动、开展心理教育等。

(3) 教育教学研究实习。

教育教学研究实习是依托于教学实践和班主任管理实习工作，在教学和管理实习工作中发现问题、分析问题、解决问题的教育实践活动，是提高实习生专业素养和教育理论知识的重要途径。对初次接触教育工作的实习生来说，教育中出现各种问题是难免的，关键在于实习生如何去面对这些问题，如何去解决这些问题。教育教学研究实习就是把实习生面对的一个个问题当作课题去解决，从而拓宽实习生的专业知识，开阔实习生的教育视野。

(三) 教育实习的管理与评价

1. 教育实习的管理

教育实习要建立制度化的管理模式，形成教育实习管理和质量监控的相关制度，保障教育实习管理规范有序和教育实习主要环节的质量监控行之有效。首先，要形成由高校、实习学校与当地教育行政主管部门组成的实习管理监督机制，制定规范的教育实习管理制度。其次，在内部管理上，加强高校和实习学校导师的培训与监督，遴选优秀的指导教师，规范指导教师的职责范围，通过集中培训的研讨方式提高指导教师的指导水平。此外，要建设网络化教育实习平台，为师范生实习提供丰富且有针对性的实习资源，将线下实习与线上互动结合起来，促使教师实习管理规范化和自动化；对师范生而言，则要建立常规化的管理监督机制，如日常考评与请假制度。另外，教育实践考核评定标准具体明确，能够使师范生在教育实习过程中明确自身师德体验、教学实践、班级管理实践、教研实践等能力的达成情况。

2. 教育实习的评价

形成良性的教育实习评价反馈机制，才能保证实习效果的发挥与改良。目前，教育实习中实习生成绩的评定缺乏科学严谨的考评机制，主观性较强，评价方式还是传统的文字评价，评价主体以双方导师为主，缺乏多元的评价来源，评价内容也较为单一。因此，要建立多元评价主体，彰显科学评价理念。根据教育实习评价的需要，选择合适的评价主体，或多主体参与共同完成评价。一般实习评价采用自我评价、同伴评价、中小学（幼儿园）指导教师及高校带队教师综合评价方式，使评价结果更加符合实际情况；可以开发教学演示评价表、整体性表现评价表、实习生自我评价表、实习同伴观察表等具体且可操作的评价工具；另外，还可以优化教育实习课程评价实施，推广多样化评价方法；通过内部自我评价与外部他人评价相结合的方法，形成内部自我评价与外部他人评价的整合体系；评价内容不仅包含备课讲课、班级管理等能力，还要包括考勤表、学习心得笔记、听课记录、观察日记、教案设计、教学录像、教学研究小论文等内容，此外，要尤为注重对实习生师德师风的考察。

三、教育研习

教育研习是贯穿在教育实践活动过程中的反思性研究学习，而有目的、有组织的研习安排能提升教育研习的指向性和有效性。了解教育研习的性质、目的、内容、形式、管理与评价是师范生了解研习实践活动的基础。

（一）教育研习的性质

《教师教育课程标准（试行）》中指出，师范生应该具有研究教育实践的经历与体验，要在实践中积累所学所思，形成一定的问题意识和一定的解决问题的能力，并参与各种科研活动，获得科学地研究学生的经历与体验。新师范教育背景下，教师不再只是课程的忠实执行者，不仅要学会“如何教”，还要善于在改革和传统矛盾中发现并研究新问题，成为课程的开发者、研究者。为了实现教师角色转换的要求，师范生培养就必须改变过去“重技能、轻研究”的人才培养模式，强化师范生在实践过程中的研究能力。教育研习就是为了适应这一要求而设置的一种教育实践类课程。

教育研习，是指师范生在教师指导下，在教育实践过程中对出现的有关问题运用所学的教育理论进行分析、探讨和研究，在理论与实践的互动中提高反思能力和研究能力，进而提升自己的职业技能水平，以便更好地适应将来的教师工作。教育研习从本质上说是以实践为基础的学习活动，建立在真实的教育教学情境之中，强调在实践中发现问题、解决问题，其基本原则是“在实践中研究，在研究中实践”。[①]

(二) 教育研习的目标、形式与内容

1. 教育研习的目标

教育研习是师范生培养实践教学体系中的重要内容，是促进师范生成长为研究型、反思型教师的重要的教育实践活动。其目的主要是引导师范生深入了解教育实际，学会在真实的教育情境和教学个案中调查研究、发现问题、选择课题、收集数据、形成观点，以培养和发展他们的研究意识、研究能力和分析、解决问题的科学态度与方法，促使师范生在对实践经验的科学反思和理性认识分析的循环上升过程中不断获得坚实、全面的专业发展。

2. 教育研习的形式

从当前各个师范类高校的实践教学体系来看，教育见习和教育实习基本得到较为成熟的发展，而对教育研习重视程度不高，多数仅以毕业论文为主，缺少形式多样、内容丰富的教育研习形式。当然也有一些高校探索出符合本校人才培养理念和学生能力的研习模式，例如，华东师范大学采用“大夏科研基金”立项的方式，鼓励师范生以3～5人为小组选定研习题目，以此申报课题，并且自主选择校内及校外的教师进行指导，在实习结束后完成研习项目，学校为各课题组提供全额经费支持；浙江师范大学师范生在实习结束后开展集中研习，对实习期间的课堂观察、教学视频、调研工作及班主任工作进行研习并提交相应的研究报告；南京师范大学泰州学院师范生在教育见习的同时每隔一周开设一次见习、实习专题研讨课，高校指导教师选取实践过程中的重要问题向所有师范生进行集中讲解与讨论，提升师范生的教学反思能力。

---

① 谢国忠. 教育研习：一种新的教师职前教育课程形态[J]. 常州工学院学报，2007(6)：109.

可以看出，教育研习可以采取边实践边研究的形式，师范生在实践当中产生的问题能够得到及时的反馈；也可以采取集中研究的方式，师范生在教育实践活动结束后分专题进行研究并提交研究报告。

3. 教育研习的内容

在复杂的教育现象中，值得研究的课题十分广泛，所采取的研究方法也可以多种多样，因此，教育研习的内容是十分丰富的。

从研究视野范围来看，教育研习“对外”可以研究教育改革与实践、家庭教育、学校与社区教育等，“对内”可以研究儿童发展、教师教育教学、课程与教材、学校环境等内容；从研究对象上看，教育研习可以对不同学段的教育者和受教育者展开研究，也可以对师范生自身的学习与发展进行反思；从教育活动的角度来看，教育研习可以包括对教学活动、学习活动、游戏活动、班级管理、班主任工作、教育科研活动等的研究；从研究范式上看，教育研习可以是思辨性的、理论性的研究，也可以是实证的、质性的研究。①

（三）教育研习的管理与评价

开展教育研习活动，增强了师范生了解教育教学科研的基本过程，体会开展教学科研活动的迫切性和必要性，增强教育事业责任感和使命感，培养教学和管理的创新意识。为了保障教育研习活动的顺利开展，以专题研究项目为主的研习活动中，高校要为师范生配备专业教师以系统指导其合理选题、完成开题报告、开展调研过程、撰写研究报告等环节；采取边实践边研讨的研习方式，则要求高校指导教师在师范生教育见习、实习过程中加强与学生的交流沟通，通过个别或小组集中研讨及时解决师范生的困惑。师范生则要在实践活动中认真观察记录，时常反思，学会运用所学的专业知识、教育学知识、心理学知识等解释各种教育现象，学习科学的研究方法，遵循科学研究规范，实地考察、多方调研，为解决基础教育实际问题贡献自己的方案和智慧。

对教育研习的评价也要依据一般的教育评价原则。过程性评价与结果性评价相结合，既要考察师范生平时的观察记录与分析、教育随笔、实践日志等过程性资料，也要注重课题研究报告的质量，即该报告是否反映实践当中的真实问题，是否采取科学的研究范式，是否体现理论与实践的结合等。

---

① 顾敦沂. 教育实习指导书[M]. 北京：人民教育出版社，2006：402.

四、其他教育实践活动

教育见习、教育实习与教育研习是师范生培养实践教学体系中最基础的三种实践形式。无论各高校各专业具体情况存在多大差异，师范生实践知识与能力的建构必然要通过这三种方式实现，即使在实际方案中具体做法不同，但宗旨和方向基本一致。当然，教育见习、教育实习与教育研习并非从头至尾贯穿于师范生的学习生涯，实践教学总体目标的达成，也需要这三种形式与其他实践活动有机融合，最终构成完整的实践教学体系。在具体实施中，其他教育实践活动的途径多种多样，以下列举比较常见的几种做法。

（一）专业技能实训

良好的教师职业技能是教育教学工作顺利进行的基本保证，是教师的教育影响引起学生积极反应的重要条件，是教师的教育教学活动取得教育实际价值的重要前提。[①] 教师职业技能的形成离不开有计划、有组织的专门训练。师范生培养的专业技能训练，包括通用技能和专业技能。通用技能主要指“三字一话”、教学设计、课件制作、讲课、说课等师范技能，是每一位教师必备的基本功。通用技能具有很强的实践性，必须经过反复的实践训练才能达到质的飞跃，一般从师范生入学后就分阶段地进行训练。专业技能主要体现各专业的专业特色，如学前教育专业要夯实弹、唱、跳、画、说、演等技能基础。为了检验师范生的训练效果，学校每学期均应安排相应的基本功测试，要求师范生必须达到相应的合格水平才能毕业。

（二）课程实践教学

实践教学不仅包括让师范生走出课堂，采取参观、实地亲身考察与调研的方式进行实践教学活动，还包括基于课内课程教学的实践方式。课程实践教学是第一课堂的有机组成部分，它和理论教学都是课堂教学不可或缺的重要部分，且相对于理论教学而言，它更加凸显师范生的主动性。师范专业课程中，大多数课程是富含实践性内涵的，在基本理论教育的基础上，设置与教学内容密切相关的实践主题，以师范生主动参与和体验为基本形式，主要是理论课程教学要结合实践活动，采取灵活多样的教学形式，如采用线上线下混合式教学、翻转课堂等，还可以实施微格教学、案例观摩、试讲试教等方式。其中，微格教学是重要的课程实训方法。所谓

① 杨国全. 教师职业技能训练概论[M]. 北京：中国林业出版社，2001：31.

微格教学，是以现代教育理论为指导，运用现代科技手段进行教学技能训练的一种方法。微格教学要求师范生就某一内容进行充分的准备，然后面对其他师范生进行模拟教学。这种实践方式作为教育实习的先导环节，能够在师范生正式进入真实的教育场景前提前演练教学，不断打磨师范生的教育教学技巧和课堂掌控能力。

课程实践教学要打破过去重视理论讲解而轻视实践教学的做法，在教学目标、教学内容、教学方法和教学评价等环节突出实践能力取向。课程实践教学不能凭借任课教师的经验随意地安排学生的实践教学活动，而要在课程实践教学大纲的指导下高效、有序地开展，在开展过程中不断地反思、验证、归纳、总结、升华，从而在实践的基础上对原有的课程实践教学大纲进行及时修订，促进教师建立理论教学和实践教学相长的良性循环，真正实现把理论运用到实践，并在实践的基础上对理论进行检验、修正。①

（三）综合（社会）实践活动

综合（社会）实践活动是全面提高大学生思想道德素质、科学文化素质，促进教育教学改革，推动高等教育为经济文化建设服务的重要措施，已成为高校思想政治教育工作的重要组成部分。长期以来，综合（社会）实践活动都是共青团工作的主要内容，是高校团组织思想政治工作的主体工程。然而，社会实践活动发展到今天，已经不能简单地等同于一般的团组织活动了，尤其对于师范院校，社会实践活动更是具有了特别的意义。实践表明，有计划地组织师范生参加社会实践活动，有利于提高师范生的政治素质，加快他们的社会化进程，有利于提高师范生的生活能力、组织教学能力、社会适应能力等。

师范教育课程体系范围内的综合（社会）实践，其主要价值在于培养师范生的敬业精神和服务意识，提高师范生的知识水平，增强师范生的社会适应能力和实践能力。社会实践教学主要被安排在节假日进行，有小社会实践教学和大社会实践教学两种形式。小社会实践教学，即课外实践教学，其立足于师范生经常性的学习与生活空间，以兴趣为基础自由组合，采取课外小组的方式，进行跨学科交流，如大学社团活动，围绕社会、学术、生活问题进行讨论。大社会实践教学，即校外实践教学，其主要包括社区参与、社会体验与问题调查，如大学生“三下乡”活动，让师范生

① 徐生梅，吴小贻. 基于“以问题为中心、以课程为模块”高校课内实践教学模式探究[J]. 宿州学院学报，2013(3)：92.

带着明确的目的,在志愿活动、科普服务、文化传播等多种服务中调查研究,提升适应与引领区域经济社会发展的能力。①

综上所述,完整的实践教学体系是以教育见习、实习、研习为基础,融合其他多种形式的教育实践活动的实践综合体。该体系的每个部分是相对独立的,各部分都有其独立的定位和价值,但最大化实现各种实践形式的功能,还需要多方发挥联动作用。因此,需要从横向与纵向两个维度构建实践教学体系。

横向联结,即从各实践方式的内容上建立联系。教育见习是师范生观摩真实教育情境的良好方式,为后续的教育实习和研习打下基础。教育实习是提升师范生教学技能的主要途径,通过前期的教育见习,师范生对教育现场建立了直观感受,但要想能相对独立地组织与实施教学管理工作,则需要经过教育实习的磨炼,同时也为教育研习问题的产生提供了源泉。教育研习旨在促进师范生教学研究能力与反思能力的初步形成和发展,研究问题来源于实践,最终也回到实践。教育见习和实习则为教育研习提供了解决“真问题”的绝佳场所,教育研习中对问题的解决方案也要回归到教育见习和实习中进行验证。师范生的实践技能不是一蹴而就的,需要在教学中经历观察、参与和实践的过程来培养和提升。

纵向联结,即从时间维度上实现前后衔接。各实践教学方式并非独立发挥其价值,而是要基于师范生的专业学习进度合理安排各种方式的实现形式,从而起到整体效益大于部分的效果。因此,除了在内容上构建联系外,时间维度上也要体现全程性、一贯性、渐进性的特点,要循序渐进地推进一系列的实践环节。如大学一年级主要进行校内的技能训练,夯实基本的说、写、唱、跳、画等技能基础;大学二年级随着专业基础课程的开展,一方面进行课内实践,如案例教学、模拟授课,另一方面进入中小学、幼儿园进行短期的教育见习,以观摩为主,主要熟悉与课程相关的实践领域;大学三年级随着专业课的深入学习,需要更多的实践锻炼机会,因此可开展连续性教育见习与阶段性教育实习,安排专业导师全程指导;大学四年级则以师范生自主实习为主,师范生可结合自己的就业方向选择适宜的学校进行实习;在寒暑假期间,师范生可根据自己的专业特长和兴趣方向开展社会实践,如为留守儿童提供学业帮扶,增强自身的社会责任感。可以看出,各实践方式的难度、时长以及对师范生能力的要求都在逐步提升,最终进入真正的实战演练阶段。

---

① 时伟.论大学实践教学体系[J].高等教育研究,2013(7):64.

第三节
师范生实践教学体系的实施案例

随着教师专业化发展要求越来越高，实践教学在教师教育专业中已经成为与理论教学并驾齐驱的教师培养途径。实践教学在师范院校中起着非常重要的作用，实践教学的改革成了当今教师教育专业改革的关键，进行富有影响力的教学实践改革将有助于应用型人才培养目标的落实。本节在前面对师范生实践教学各环节介绍的基础上，阐述“4＋1”实践教学体系，着重分析各实践教学的具体实施路径。

一、“4＋1”实践教学体系的科学内涵

实践教学体系是由各种实践教学形式等若干事物和意识相互联系构成的一个整体，[①]包括专业技能训练、社会调查、社会实践、教育科研、教育见习、教育实习、教师培养目标、实践教学手段、实践教学环境、实践教学保障等要素。实践教学体系的建立要有利于推进师范教育人才培养模式的改革和优化，同时应符合自身特点，凸显师范生的基本特征，体现出自身的师范性。

（一）“4＋1”实践教学体系的内涵

“4＋1”实践教学体系是整合各种实践教学环节构成的创新系统。这里的“4＋1”有两层含义：从横向维度看，师范生大学四年的理论学习都伴随着至少1项实践活动，即从大一到大四实践教学活动不间断，体现实践教学的全程性；从纵向维度看，师范生在专业学习关键期大三这一年采用每周4天的高校理论学习和1天的中小学（幼儿园）跟岗实践交替进行，体现实践教学的知行融合。“4＋1”实践教学体系主要由综合（社会）实践、专业技能训练、“4＋1”跟岗见习、教育实习、教育研习五个环节组成，它把师范高校教学过程中几个主要的实践性教学环节串联起来，形

① 田振华.近十年来我国师范教育实践教学体系的批判与超越[J].当代教育科学，2017(7)：25.

成条块组合状，构成一个完整的实践教学系统（见图 8－1）。

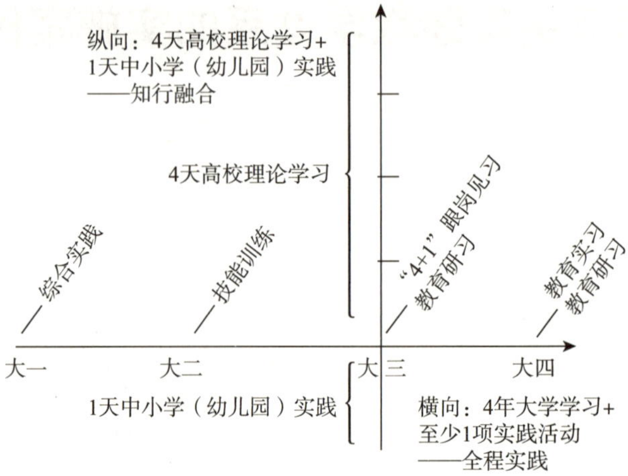

图 8－1 "4＋1"实践教学体系

"4＋1"实践教学体系的核心是"4＋1"跟岗见习，即师范生从大学三年级开始，每周 4 天在高校学习教育教学专业知识和学科专业知识，每周 1 天在见习学校全天跟岗见习实践。该实践是基于杜威的经验哲学，强调学校教育必须为学生提供可以引起思维的经验情境，师范生所需要习得的那些知识本身是基于人的身体的主观感受和身体在活动中的体验而建构的。这一实践环节将原来的集中见习改变为专业知识学习和教育见习间隔进行；将分散的教育实践变为连续的、发展式的，经由"观察—助教—教学"的实践路径；将教育见习放到教师教育的大视野中，树立教育见习、实习整体观，从而克服单一的从理论到实践应用的单循环线，打破一次性实践的模式，把实践贯穿在整个教学工作中，每次都有具体的任务和目标驱动，做到连续性和阶段性的有机结合。

在理论学习的同时，"4＋1"跟岗见习将师范生放置于真实的职业情境中，使他们以合法的身份边缘性参与教育教学实践活动，以培养工作技能，并获得教师角色的身份意识与职业认同感，逐步走向正式教师，最终完成教师身份的转化、教师职业素养的形成。当然，"4＋1"跟岗见习不仅仅是一项教育见习实践，它与师范生的专业学习、实习研习、论文写作都有着密切的联系：是专业课程学习的深化，能促成意向性学习发生；是实习研习的先导，它与教育实习、教育研习有机结合，承前启后，相辅相成，融为一体；是论文写作的基础，师范生毕业论文写作素材往往来自实践的启发感悟，出自对真问题的研究。因此，这是一种能提升师范生素养的高影响力的实践活动。

（二）“4+1”实践教学体系的特点

“4+1”实践教学体系是在合理配置各实践教学环节基础上形成的独具特色的教学体系，具有全程实践、循序渐进、知行融合、协同育人的特点。

第一，全程实践。“4+1”实践教学体系整体设计，从大一开始，贯穿本科四年学习的全过程。在全程实践教学的安排上，采取分段设置目标的办法，给予学生再认识、再提高的机会，使学生能够在理论的指导下实践，在实践基础上学习理论。以综合（社会）实践、专业技能训练、“4+1”跟岗见习、教育实习、教育研习五个环节组成的教学体系，贯穿在大学四年学习全过程中，使得实践教学四年不断线。

第二，循序渐进。“4+1”实践教学体系体现了阶段性和连续性的统一：阶段性是指分步对师范生教育教学能力进行培养，前期以体验、观察为主，后期则以直接获得实践经验为主，每次实践在前期基础上深化，难度和专业性逐渐增强；连续性则表明各阶段并不是孤立存在的，而是形成前后连贯、逐步推进、螺旋式上升的教育实践体系。“4+1”实践教学体系中的五个环节都是相对独立的，但它们相互间又有内在联系，构成了一个有机的整体。五个环节是依次排序，体现了由浅入深、由表及里的关系，呈现出渐进性的特点。

第三，知行融合。“4+1”实践教学为师范生提供了将理论学习融入教育实践的良好契机，形成了师范生知行转化的有效机制，促使教育理论和实践交替进行，双向转化，有机融合。“4+1”实践教学将实践分散于理论知识学习的过程中，使“理论—实践”单应用的模式按学生的认识顺序扩展为“感性经验—理性认识—实践应用—理论提高”的模式，使理论知识与实践知识相互交织，在“理论—实践—再理论—再实践”的过程中互相增长，达到学生学习知识过程与个体认知发展过程的统一。

第四，协同育人。“4+1”实践教学体系真正构建了高校与地方政府、基础教育学校“三位一体”协同育人机制，通过加强主体间的制度建设、建立“职权明晰、优势互补、合作共赢”的长效合作机制，对权限与职责进行了严格规定，以确保师范生能够在优秀的中小学（幼儿园），以及在富有教育教学实践经验的优秀中小学（幼儿园）教师、高校教师的共同指导下获得发展。

表 8－1 协同育人主体与师范生培养之间的关系

协同育人主体	与师范生培养之间的关系阐述
高校	承担师范生培养职责，发挥知识来源、理念引领、智力支持、人才资源保障作用
基础教育学校	承担师范生培养职责，为师范生提供教育见习、实习基地，是师范生就业工作单位
地方政府	借助师范生培养质量的提升，提高中小学教学质量，从而发挥社会效益；同时管理有关公共事务，承担政策保障、统筹管理的职能

“4＋1”实践教学体系将师范生的理论学习与实践有机结合，采用协同创新的组织模式，遵循实践教学规律，循序渐进地开展教学活动。这不仅为师范生实践能力的培养提供了新的思路，而且在建设高素质、专业化、创新型的教师队伍中发挥着重要作用。

二、“4＋1”实践教学体系的实施路径

“4＋1”实践教学体系是由既相互独立，又有机联系的五个环节组成，每个环节是系统中的支系统，分别有它的定位、目的、任务、内容、要求等。接下来具体介绍每个环节的实施过程。

（一）综合（社会）实践的实施

综合（社会）实践是给师范生更多的接触社会、接触行业、与人沟通交流的机会，使师范生对国情、社情、民情建立感性认识，丰富社会经历，积累人生经验，提升个人素质和综合能力，为后续学习打下基础。它包括社会服务活动，如社会调查、家教、支教等，也包括师范生在校的一系列实践教学活动，如社团活动、读书阅读活动、访谈调查活动以及结合自身优势进行创新实践活动等。

（1）安排：主要在大学一、二年级进行，也可以贯穿大学四年，利用每年的寒暑假课余时间完成。

（2）定位：增强师范生的社会意识和责任意识。

（3）目的：通过综合（社会）实践活动拓宽视野、开拓思路、积累工作经历和社会生活经验；增强师范生的社会责任感，培养师范生的职业精神，激发师范生在校学习的主动性、责任性，明确学习方向，为接下来要经历的实践环节打下坚实的基础。

（4）任务和内容：积极参与校内外的各种实践活动，了解社情、民情、校情，体

验社会生活，形成正确的社会意识和态度；领会教师在职业中所需要的素质要求、知识和能力结构，学习为人处事的经验和基本技巧。

(5) 要求：师范生应认真按照综合(社会)实践的要求参与各项实践活动；师范生每年应主动开展各项综合实践活动。

(6) 指导与管理：帮助师范生理解参与综合(社会)实践活动的重要性，包括其对促进在校学习的价值，对今后进行职业生活和工作的价值，对社会及人生的价值等；为师范生提供进入社会参与综合(社会)实践活动的机会，包括提供学校或有关企事业单位的各种信息；指导学生参与综合(社会)实践活动的方法，包括观察、访问、调查以及其他应注意的事项；督促和指导师范生对参与的综合(社会)实践活动进行理论和实践的反思，包括组织学生撰写调研报告、感想和体会，以促进师范生对社会和所从事职业的再认识与再思考。

(二) 专业技能训练的实施

教师专业技能是教师从事教育教学工作必备的专业性基本技能和技巧。加强对师范生的教师技能训练，必须充分发挥第一课堂的主要作用和第二课堂的补充作用，两个课堂紧密结合，互为补充，联成一体，营造课内、课外共同育人的良好环境。在技能训练的实施过程中要注意以下几点。一是从新生抓起，分阶段进行，循序渐进地展开。例如，第一、二学期主要抓学生的口头表达和书写技能训练，第三、四学期主要加强课堂教学技能和现代教育信息技术应用能力培养，第四、五、六学期主要加强课堂教学基本技能、教学研究能力和班主任工作能力培养。每一阶段训练内容要主次清晰，重点突出。二是以测促训，如对师范生普通话水平和“三笔字”书写能力的检查，主要通过普通话等级测试和“三笔字”测试来检验。将师范生过级成绩纳入学分管理，直接与毕业挂钩，促进师范生自觉达标。三是以赛促评，组织各项教学技能大赛，如演讲比赛、书写大赛、教学技能大赛等，促进师范生主动训练提高。

(1) 安排：大学一至三年级，利用每天课内及课外时间完成训练。

(2) 定位：让师范生掌握教学技能。

(3) 目的：通过微格教学训练和强化实践训练等方式，对师范生进行教师教学技能综合训练及检测，让师范生掌握多种教学技能，从而帮助师范生学会教学。

(4) 任务和内容：编写微格教学教案，模拟授课，观摩名师视频，对师范生教学中展示的教学语言、板书、教态、演示、信息技术运用等技能进行指导，参加学校组织的技能训练课程。

(5) 要求：在规定时间内参加学校组织的技能训练活动，按要求认真完成技能训练任务，根据指导教师点评意见加强薄弱环节的训练。

(6) 指导与管理：让师范生理解教师教学技能训练的重要意义和训练内容，组织师范生参加教师技能的实训，做好辅导和答疑工作，为师范生参加教师技能训练、指导提供服务和帮助。

(三) "4+1"跟岗见习的实施

"4+1"跟岗见习在师范生专业学习关键期大学三年级进行，采用"定点到校、任务驱动、双师指导、及时反馈"方式进行。师范生每周固定一天到中小学(幼儿园)见习，每次有明确的教学任务和观察任务，高校教师和基础教育学校教师双师共同指导，见习返校后及时交流，发现问题，总结收获。跟岗见习持续一整个学年，便于师范生全面了解中小学(幼儿园)的真实情况，对教育对象有持续的认识与了解。

(1) 安排：大学三年级，每周固定一天。

(2) 定位：促进师范生逐渐形成职业认同感，更加了解教育对象，逐渐掌握与教育对象交流的方法、课堂教学的技巧，为未来的教师职业做好准备。

(3) 目的：全面提高师范生课堂教学、班级管理、综合育人、沟通合作等综合素养。

(4) 任务和内容：观察教育对象、观察学校、了解学校日常流程；观摩课堂，熟悉课堂教学的各个环节；参与班级管理，获得班级管理的方法和技巧；发现教育问题，学会总结与思考。

(5) 要求：认真做好观察记录，完成每一次规定的见习任务，完成见习手册的内容。

(6) 指导与管理：见习前动员，一方面帮助师范生树立正确的见习观，另一方面帮助他们形成参加见习工作的正确态度，做一名合格的见习教师；见习中指导，采用"双导师"制，即高校教师和基础教育学校教师共同指导见习生；见习后研讨，每次见习结束及时总结，采用专题研讨与分组讨论相配合、线上分享和线下交流相结合的方式进行。

(四) 教育实习的实施

教育实习是师范教育实践教学的核心内容,它既是对师范生知识和能力的全面检测,也是师范生从准教师成为真正教师最后的关键一环,包括参观、助教、试教、协助班主任工作及参加教育行政工作等。教育实习不仅能锻炼和提高师范生的教育教学能力和职业技能水平,而且在巩固师范生的专业思想、培养师范生的师德、提升师范生的教育科研能力、增强师范生的社会服务意识等方面具有重要价值。

(1) 安排:大学三年级或四年级,课程计划内完成,时间为 10～18 周。

(2) 定位:学做教师,做好教师工作。

(3) 目的:全方位接触中小学(幼儿园)教育、教学过程。通过教育实习,树立现代教育观,养成良好的职业道德,践行为人师表的规范;熟悉中小学(幼儿园)教育、教学现状及学生身心特点;掌握教学基本方法,学会应用现代教育技术,学会做班主任工作的一般方法和技能;培养从事教育科研的初步能力,掌握教育调查的基本方法,全面培养素质及能力。

(4) 内容:课堂教学实习,班主任工作实习,教育科学研究实习等。

(5) 要求:备课,撰写教案,独立授课,开展班主任工作,进行教育调研。

(6) 指导与管理:做好教育实习动员工作,包括向学生提出实习目标、内容、要求和应该注意的事项;做好监督、指导工作,包括走访实习学校,了解和检查师范生在实习学校进行实习的情况,帮助师范生解决在实习期间遇到的各种问题和困难,与实习学校指导教师共商带教工作,听取他们的意见和建议,及时改进问题;做好师范生返校工作,包括向师范生反馈在实习学校的情况,组织师范生之间的交流;做好实习结束工作,包括检查师范生调研报告和教育实习完成情况,组织好教育实习小结和做好实习成绩评定工作。

(五) 教育研习的实施

教育研习可以安排在教育见习与教育实习之中,是师范生对见习、研习中出现问题的反思建构,主要内容包括对课程标准的研读、对教学设计的研习、对教学组织形式的研习、对教学方法的研习、对班级管理与班队活动的研习、对学生个别指导的研习等。教育研习也可以安排在教育实习之后,是师范生结合自身在教育实践中的问题,在理论导师与实践导师的共同指导下,确定研究课题,开展教学研究,撰写教学论文(毕业论文)等。

(1) 安排:大学三、四年级。

(2) 定位:培养师范生的科研能力、创新能力。

(3) 目的:伴随着见习和实习等实践活动的开展,对某一个感兴趣的问题进行理论和实践的反思,选题展开研究,培养师范生的科研意识和科研能力。

(4) 任务和内容:在实践活动中积累素材和数据,结合专业知识,撰写调研报告、研究论文。

(5) 要求:教育研究必须真题真做,有自己的独到见解。

(6) 指导与管理:做好教育研习的动员,让师范生了解教育研究的意义;指导师范生发现教育中的问题,帮助师范生掌握教育研究的基本方法和应该注意的事项;为师范生教育研究提供必要的条件和服务;具体指导师范生教育研究过程,鼓励师范生进行课题研究。

三、“4+1”实践教学体系的功能价值

“4+1”实践教学体系可以实现多方面的功能。总体功能是为师范生提供有可持续发展的实践环境,使师范生的各种素养、技能和综合能力得到有效训练。通过各项实践活动充实师范生的感性知识,提高他们的理性思考力,巩固和深化理论知识的学习,促进师范生在实践过程中自主探索、理论和实际相结合,成为教育理论知识和实际运用相结合的发现者和创造者,引导师范生在实践中提高自身的实践能力,尤其是将所学的理论用于解决实际问题的能力,通过创设各种类似于职业活动的情境,培养和造就师范生的创新精神、职业精神和合作精神。具体功能表现在以下几个方面。

(一) 有助于师范生践行师德

教育实习要求师范生从进校就要开始体验教师的身份,明白作为教师的责任和义务,在实践中以教师职业道德严格约束自己,体会仁爱之心的教育价值。师范生以一名未来教师的身份去观察、体验,目的是切身感受教师生活,强化从事教育职业的信念和践行教师的职业道德。

从教信念是教师职业发展的起点和专业成长的内驱力。教师职业情感单靠说教难以培育,只有依托教师教育实践活动来内化与发展,并且师范生从教信念的形

成并非是一蹴而就的，而是经历了对教师职业的“认知—认同—情感—信念”的逻辑发展过程逐步形成的。“4＋1”实践教学体系中的教育见习、教育实习使师范生有机会进入真实的教育教学情境，切身了解基础教育的发展现状，切实体验教师职业的崇高性，促使师范生教师职业价值认同、教师职业情感内化、教师职业行为外化，从而确定长期从教、终身从教的信念，促进每一位师范生的发展。因此，教育实践过程有助于师范生获得对教师职业的理性认知，建构对教师职业的“再认知”，形成教师职业价值认同。

（二）有助于师范生学会教学

如何提升教学能力离不开师范生对所学知识的理解、应用、实践体验和效果验证，即真正活化所学知识，内化到已有认知中，成为个人教育能力。作为师范生，既要掌握大量的专业知识，又需要有扎实的学识，更为重要的是要把所学知识运用到教育教学实践过程中，指导教育教学工作。同时，要通过教育教学实践活动检验所学知识，并在实践中获得鲜活的知识。

教学实践能力是面临各种教学情境时表现出来的各种能力的综合，是完成教育教学任务的关键。师范生在实践期间处于课程教学工作的现场，可以提升课堂设计能力、教学实施能力、教学评价能力等。通过一系列实践观摩教师教学、学生学习，师范生掌握正确的教学方法，真正学会教学。

（三）有助于师范生学会育人

“4＋1”实践教学体系作为全方位育人的重要组成部分，在立德树人的过程中发挥着独特而不可替代的作用。师范生通过观摩课堂组织、参与班会、组织班级活动、设计班会活动、与学生近距离接触等，有效提升自身的育人素养。通过教育实践教学，师范生参与班主任工作，进行班级管理，需要以高度的爱心、耐心、责任心去了解和观察学生，结合每位学生的家庭情况和性格特点因材施教，与学生建立亲密的关系，营造温暖和谐的班级环境。这一过程能强化师范生的育人技巧，增强使命感，明确自己在“培养担当民族复兴大任的时代新人”中所肩负的重要职责。因此，“4＋1”实践教学体系具有特殊的育人功能，能培养师范生在掌握科学知识的基础上，树立正确的人生观、价值观，增强社会责任感，涵养人文精神，掌握育人技巧。

（四）有助于师范生学会发展

师范生从大一到大四，通过不间断的教学实践，促进自身表达、人际交往、与人合作、自我反思等多种能力的发展。在综合(社会)实践、见习、实习过程中,师范生通过实践去行动、体验和尝试,以形成反思的经验。反思需要师范生进行思考、分析、综合,以形成理性认识,实践反思的目的在于促进自身发展,实践中的困惑及解决又是师范生深入理解知识,进一步提升能力的前提。自主反思能引导师范生把其教育实践中的见闻与其掌握的教育教学理论进行对接,并能够运用教育教学理论去分析、解释教育实践中的具体事件,通过反思提升运用教育教学理论描述与分析教育实践的能力。

总之,"4+1"实践教学体系构建了一种大教育观,师范生通过长时间、全方位、不间断地参与实践,了解教育对象、掌握教学技能、领悟教师职业素养,实现过程性养成教育。这一实践教学体系也有助于师范生增强实践感知,全面了解基础教育实际,经历并体验教育教学过程,将掌握的基础理论、基本知识和技能运用于实践,培养专业素养、实践能力和反思意识,从而促成全面发展。

课堂教学互动

1. 讨论:从自身出发,你认为可以从哪些方面提升自己的实践能力?

2. 讨论:各实践教学形式对师范生素养的要求各不相同,请谈一谈师范生需具备哪些专业素养才能更好地应对实践教学。

3. 讨论:在大学四年学习里,打算如何开展综合实践活动?

思考题

1. 请你结合自身的学习经历,谈一谈教育实践活动对你的影响。
2. 请查阅专业著作或期刊文献,思考还有哪些理论与实践教学相关。
3. "4+1"实践教学体系由哪几个实践教学环节构成?哪一个是最核心环节?
4. 实践教学有哪些功能价值?谈谈你的看法。

第九章

09

教师专业发展规划

本章内容概述

希望成为一个什么样的教师？怎么做才能成为这样的教师？希望在多长时间内成为这样的教师？师范生对这些问题的思考和回答涉及教师专业发展的规划。本章主要介绍教师专业发展规划的基本概念，使师范生了解教师专业发展规划的意义，学会确立自己的专业发展目标，明确专业发展各阶段的主要任务，从而确认职业选择，增强职业认同，促进专业学习与发展。

本章内容结构图

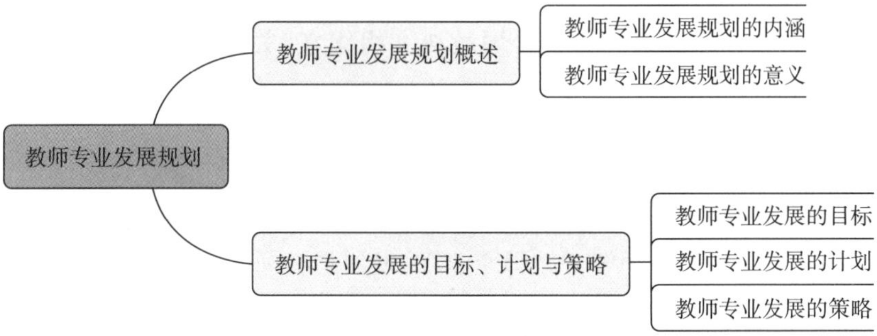

本章学习目标

◆ 了解教师专业发展规划的内涵、其意义，具备教师专业发展规划的意识。

◆ 了解教师专业发展规划的主要内容，主要了解教师专业发展的目标、计划和策略。

◆ 重点了解专业发展目标确立的方法，能够确立适合自己的教师专业发展目标。

◆ 能够根据教师专业发展的目标，选择适合自己的专业发展计划与策略。

第一节
教师专业发展规划概述

目前，我国在教师专业发展的促进机制上大致存在两种不同的取向：一种是外部取向，重视教师教育的作用，通过学历提升、课程改革，尤其是教师职后培训体系的建立和改革而进行；另一种是内部取向，通过教师的自我知识更新和研究进修，设计一种在自主发展意识调控下的教师专业发展路径。内部取向越来越受关注，因为如果没有教师自己积极主动地参与，其专业发展就会失去动力。

一、 教师专业发展规划的内涵

（一）教师专业发展

1966 年，国际劳工组织与联合国教科文组织在《关于教师地位的建议》中提出：应把教师职业作为专门职业来看待。20 世纪 80 年代之后，教师专业发展逐渐成为世界各国教育发展与改革的中心议题之一。

从国内外已有的研究来看，学术界对教师专业发展的诠释是丰富的。关于“教师专业发展”主要有两种理解：“教师专业”的发展与教师的“专业发展”。前者意指教师教育（尤其是师范教育）形态的历史演变；后者则强调教师发展成为专业人员的过程。我国学术界把这一概念更多地理解为教师专业素质及专业化程度的提高，强调教师专业发展要素的内生性与自觉性，以及发展的阶段性与动态性。关于这一概念的界定，比较具有代表性的观点认为，教师专业发展是以教师专业自觉意识为动力，以教师教育为主要辅助途径，教师的专业知能素质和信念系统不断完善、提升的动态发展过程。①

在新时代的背景下，教师在教育系统中的位置、角色与职责受到空前的冲击和挑战。为顺应时代要求，教师必须积极转变教育理念和自身角色，树立开放教育、

① 刘万海. 教师专业发展：内涵、问题与趋向[J]. 教育探索，2003(12)：104.

民主教育、生态教育的大教育观，不断增强、拓宽文化修养与专业视野，尤其要提高实践中的反思意识和行动研究。这些教育信念、动机、知识、能力、专业态度与规范等要素的调整与提高正是教师专业发展的内容。

（二）教师专业发展规划

当前的教育改革为教师的自主学习与发展营造了良好的大环境，教师需要具备自主发展的意识，从教育改革的大方向中确立自己的发展目标，在教育教学实践以及对教育教学的反思中发现自己的需求与不足，成为一个自我导向、自我驱动、自我调控的发展者，为此，教师应学会制订自己的专业发展规划。

对教师专业发展规划的理解与界定，目前已有的研究尚缺乏清晰的观点。有研究者认为，“教师专业发展规划是教师本人为自己的专业发展设计的一个蓝图，它可以为教师的专业发展提供引导和监控，也能为教师对自身专业发展的反思提供一个参照”。① 这一观点既涉及教师专业发展规划的内涵，又涉及教师专业发展规划的意义，是对教师专业发展规划内涵的基本理解。

根据人们对教师专业发展的研究，教师专业发展规划应重点关注两个方面的内容：一是教师专业发展的内容，即教师专业素养的构成；二是教师专业发展的阶段。关于第一点，需要注意的是，教师的专业素养有比较一致的标准和要求，但需要教师根据自己的情况，发展具有个性特点的教师素养，而不是千人一面，这也是教师专业发展自主性的体现。关于第二点，由于目前尚缺乏教师专业发展规划的理论，研究者大多将其等同于教师职业生涯规划，认为教师专业发展的阶段包括职前的师资培育阶段、任教初期乃至整个教师职业生涯，这为我们阐述教师专业发展规划提供了有益的参考。

二、教师专业发展规划的意义

（一）发展规划是教育改革对提升教师素养的内在要求

1. 新文科建设与教师专业发展规划

作为教育部“四新”建设的重要组成部分，“新文科”概念在教育部产学合作协同育人项目对接会上被提出，在 2019 年教育部等部门共同启动的“六卓越一拔尖”计划 2.0 中被正式推出，并进入政策实施阶段。

---

① 王少非.教师专业发展规划：意义 内容 策略[J].中国教育学刊，2006(2)：60.

教育部新文科建设工作会议于2020年发布了《新文科建设宣言》，对新文科建设的理念、原则、任务进行了勾勒，在一定程度上推动了新文科建设共识的形成。面对世界百年未有之大变局，要在大国博弈竞争中赢得优势与主动，实现中华民族复兴大业，关键在于人。高等文科教育应坚持以文化人，大力培养具有国际视野和国际竞争力的时代新人。应强化价值引领，牢牢把握文科教育的价值导向性，坚持立德树人，提高师范生的思想觉悟、道德水准、文明素养，培养担当民族复兴大任的新时代文科人才。

人才培养是新文科建设的主要任务之一。新文科建设对于推动文科教育创新发展、构建以育人育才为中心的哲学社会科学发展新格局、加快培养新时代文科人才、提升国家文化软实力都具有重要的意义。我们应以新文科建设的精神为指导，积极推进教师专业建设与发展。教师也应以新文科建设的精神为指导，制订专业发展规划，加快提升自己的教师专业素养。

2. 学生发展核心素养与教师专业发展规划

教育部委托课题、中国学生发展核心素养研究成果于2016年正式发布。中国学生发展核心素养以科学性、时代性和民族性为基本原则，以培养“全面发展的人”为核心，分为文化基础、自主发展、社会参与三个方面，综合表现为人文底蕴、科学精神、学会学习、健康生活、责任担当、实践创新六大素养。

自主性是人作为主体的根本属性之一。在核心素养的结构体系中，培养全面发展的人是其核心，学生的自主学习与发展则是其中的一个重要方面，两者的逻辑自洽性再一次凸显了自主性的地位和意义。“自主学习”是一个研究相对成熟的概念，根据研究者对自主学习的界定以及自主学习、自主发展两者之间的密切联系，可从过程这一维度对“自主发展”进行界定，将其分为三个方面：一是对自己的发展活动的事先计划和安排；二是对自己的发展活动的监督、评价和反馈；三是对自己的发展活动进行调节、修正和制约。

自主发展是对学生的要求，在需要终身学习的现代社会，自然也是对教师的要求，需要学生具备的素养，教师更需要具备，而且标准和要求只会更高，这是培养学生核心素养的现实要求。不仅如此，自主发展对教师的专业发展而言具有重要的意义。研究表明，促成教师的自主发展有助于提高教师的专业承诺以及教学效能感。① 并且，自主性对教师形成良好的教育观点和态度具有重要的作用，教师自主程度越高，他们的工作责任心就越强。

教师的自主发展与其专业发展规划是统一的，制订专业发展规划是自主发展的内在要求，也是自主发展的表现之一。教师专业发展规划是教师的自主规划，教师自主设计、实施、评价自身发展规划，并在日常教育教学中通过反思性行动、行动研究等方法对自身的发展规划进行调整。

3. 师范类专业认证与教师专业发展规划

教育部 2017 年印发《普通高等学校师范类专业认证实施办法(暂行)》，揭开了全国高校师范类专业认证的序幕。

“毕业要求”是专业认证体系的关键环节，体现了国家对专业人才培养“产出”的质量要求，是整个认证的核心，具有承上启下的作用。“学会发展”是毕业要求的专业标准之一，包括四个方面：要求师范类毕业生学会“自主学习”，具有“国际视野”，能够进行“反思研究”和开展“交流合作”。“学会发展”这一标准与教师专业发展规划具有密切的联系，尤其是“自主学习”的标准：“具有终身学习与专业发展意识。了解专业发展核心内容和发展阶段路径，能够结合就业愿景制订自身学习和专业发展规划。养成自主学习习惯，具有自我管理能力。”

首先，自主学习的标准明确提出了制订专业发展规划的要求，“能够结合就业愿景制订自身学习和专业发展规划”。其次，具有专业发展意识，了解专业发展核心内容和发展阶段路径，既是自主学习的要求和表现，也是制订专业发展规划的要求和表现。再次，具有“国际视野”既是新文科建设对高等教育学科建设与人才培养的要求，也是专业认证标准对师范类毕业生的素养要求，自然也是对教师专业素养的要求，是教师专业发展规划需要考虑的要点之一。最后，能够进行“反思研究”、开展“交流合作”是教师专业发展的重要推动力，同样是教师专业发展规划需要考虑的要点。

教师专业标准是师范类专业认证与教师专业发展规划需要共同研究、共同探讨的关键因素，师范类专业认证需要教师专业标准，教师在制订专业发展规划时同样需要依照教师专业标准，尤其是新手教师。在教师专业化运动中，各国的一个共

---

① Reilly D(2000). The Learner Centered High School Prescription for Adolescents' Success. Education, 121(2):219—228.

同趋势是制定教师专业标准,以严格规范教师的资质,其中尤以初任教师(或称新手教师)的专业标准备受重视和关注。① 在我国,新手教师的专业标准尚未建立,在这种情况下,教师尤其是新手教师在制订自己的专业发展规划时需要参照师范类专业认证的标准,为自己的专业发展奠定坚实的基础。

(二)制订专业发展规划是教师自主发展的现实需要

1. 教师专业发展存在的实际问题

很长一段时期内,我们主要通过外部社会组织的推动和制度的规约来促进教师的专业发展,这是一种教师发展的外塑模式。这种模式在一定时期和特定背景下可以快速、大幅度地提升教师的教学技能,也便于组织和操作,但存在一定的局限性。教师的专业发展主要停留在比较机械的专业化层面,教师的思维情感和体验的内在层面容易被忽略。事实上,教师的思维、情感等内在要素直接决定了教师的教学态度和教学动力等问题,外塑模式忽略了这些要素,忽略了教师的主体性,使得教师的专业发展处于一种比较被动的状态,缺乏持久性、深入性和创造性,影响了教师的深层次发展。

教师的工作任务比较繁杂,他们经常陷入要求多、检查多、考核多、了解少、帮助少的困境,对自身的专业发展可能无暇顾及。教师尤其是带毕业班的教师受制于升学的压力,容易迷失专业发展中的自我。受现行管理规范的束缚,教师在教学岗位上往往只能按部就班,如同流水线上的工人,处于"任务控制"之下。教师专业发展在很多情况下是教育行政部门或学校的规定和要求,教师专业发展的自主性还不够。

从积极的意义而言,教师专业发展实践活动中遇到的问题和干扰也是促进其发展的驱动力。作为专业发展的主体,教师应保持对自己专业发展的关注,结合自己发展的现实,主动挖掘专业生活中的有利因素和机遇,制订个人专业发展规划。专业发展规划的制订过程应是一个自下而上和自上而下相结合、教师始终参与其中的过程。自上而下能引领教师发展的方向与高度,自下而上则能保证教师的个性化发展和创造活力。

只有教师本身最了解自己的专业发展需求和发展的薄弱点,因此,专业发展更多地应该是教师在专家的引领下自主探索的过程,而不是一刀切的"硬性要求"。

① 付亦宁,周川.美、加、澳初任教师专业标准及其对我国教师教育的启示[J],江苏高教,2020(2):78—84.

人作为发展的主体，不仅要把握个体与外部世界的关系，改造外部世界，同时也需要将自我当作认识的客体和对象，主动地加以改造并适应外部世界。

2. 发展规划对教师专业发展的现实意义

学校是一个制度化的教育空间，再加上教学内容的相对固定与教学形式的相对单一，教师的日常教育教学工作容易变得单调、乏味。教育本应该是一项持续更新的创造性活动，但常常陷入以机械操作为主要特征的体力劳动的范畴。一些教师凭借着已有的经验开展工作，即便这些经验已经偏离教育规律或是落后于时代要求，也难以促使他们主动变革。教师不能对当下的自身作出具有革新意义的反思，这对于教师的专业发展而言是令人担忧的一件事。

因此，教师专业发展规划的介入至关重要，可以引导教师认真评估职业生涯，对自身存在的问题保持清楚的认识与适度的焦虑。教师专业发展规划更能作为教师自我反省的日常工作，始终陪伴教师左右，不断地督促并提醒教师进行反思与批判，产生对专业本领的忧患意识，并为之付出不懈的努力。只有注重教师专业发展规划，教师才能真正地站上专业发展的起点，并全身心地投入其中。

制订发展规划的重要内容之一是要明确个人的人生与事业发展目标，这一目标是制订专业发展规划的基础和前提。在确立目标的过程中教师要深入地进行自我分析，明确内心的需要，正确认识自身的特质，综合优势、劣势以及潜在的发展可能，评估个人目标与现实之间的差距，进而树立明确的专业发展目标与人生理想。有效的发展规划会为教师提供详细的发展计划和明确的发展策略，在这两部分内容中，对发展重点的选择是在全面分析的基础上，结合教师潜在能力的出现点而最终确定。换言之，教师的未来发展重点一定是有利于发掘教师潜能并使其持续增值，也必将会是增强个人实力和竞争能力的重要突破点。

在发展过程中教师会不断地获得学校提供的各种形式和内容的资源。教师有了专业发展规划的指导，在面对各种资源时就可以主动地甄别其是否符合自己的发展需要，对于适合的资源要抓住机遇，并充分挖掘资源带给自己的发展动力，使潜在的发展可能变为现实的发展成果。专业发展规划的终极目标之一是帮助教师增加实现自我价值的可能，从而使教师

知识链接

推荐阅读

在心灵和精神的层面获得满足感和幸福感。有效的专业发展规划可以使教师体验到工作中带来的成就感，从而激发其朝着下一个目标努力奋发，这样教师时刻都生活在一种积极的心理状态下，生活的质量自然也会有所提高。

课堂教学互动

讨论：教师专业发展规划与教师专业认证标准的内在联系。

思考题

1. 教师专业发展规划与教师教育具有怎样的内在联系？

2. 教师专业发展规划是否需要建立在新文科建设、学生发展核心素养以及师范类专业认证标准的基础上？

3. 就教师的个性化发展而言，制订教师专业发展规划具有怎样的意义？

第二节
教师专业发展的目标、计划与策略

目光长远,对未来有思考、有规划是人的重要素养之一。师范生的职业选择较为明确,大多数师范生会选择成为一名教师,因而考虑教师专业发展具有较强的现实意义。了解教师专业发展规划的基本知识,掌握教师专业发展规划的基本方法,具备教师专业发展规划的基本能力,是师范生的重要素养之一。

一、 教师专业发展的目标

确立发展目标是教师专业发展规划的第一步,对教师接下来制订专业发展规划、选择专业发展策略起到关键性作用。专业化以及专业发展目标既是教师职业发展的要求与目标,也是师范生素养养成的要求与目标,是联系师范生专业学习与职业发展最关键的一环。

(一) 教师专业发展目标的确立

有效的专业发展规划需要首先确立切实可行的专业发展目标。发展目标的确立需要遵循一定的步骤,进行相关因素的分析。

1. 自我分析:客观地认识自己

自我认识包括对自己的性格、能力、兴趣、需要等个性因素进行全面的分析,充分认识自己的优势与劣势;寻找专业发展的方向,在最适合自己的领域谋求最佳发展。自我分析的核心是分析自己的专业发展需求,同时考虑自己的优势与劣势。以优势为例,试问:自己做过什么,即人生经历和体验中有哪些方面能体现自己的长处?学了什么,即专业、选修、自学了什么?有什么独到的长处?最成功的地方是什么,其成功的必然性是什么?从中能否归纳出自己性格的优势?

教师制订专业发展规划必须了解自己现有的发展水平,最重要的两个方面是:内在专业结构和专业发展的意识。前者着重确定自身内在专业结构所存在的不足，从而有针对性地确立发展目标；后者着重了解自己所具备的专业发展准备和自我发展的能力。需要注意的是，不能将自我分析与专业发展需求的背景隔离开来，必须同时考虑国家教育事业的发展趋势以及所在学校的特色与发展规划等情况。

2. 环境分析：把握专业发展的机遇

需要分析的环境包括经济环境、社会环境、组织环境（对于教师而言通常是指学校）等方面。一般来说，这些既是教师专业发展规划的外部条件，也是与教师专业发展规划休戚相关的发展环境，是对发展机遇的评估。发展机遇评估应包括：分析环境的特点，环境的发展变化情况，环境与自己的关系，自己在环境中的地位，环境对自己提出的要求，环境对自己有利或不利的条件等。长期的发展规划更多地注重社会环境分析，短期的发展规划则比较注重组织环境的分析。通过组织环境的分析，评估组织内有哪些短期发展的机遇；通过社会环境的分析，结合本人的具体情况，评估有哪些长期发展的机遇。发展机遇的评估有利于专业发展目标的确立。

要收集专业发展的信息，把握专业发展的方向，以抓住专业发展的机遇。具体的做法是：分析学校的发展目标、计划以及对教师的要求；分析学生的需求及其成长对教师的要求；平衡自身需求、学校需求和学生需求三者的关系；认识自己与学校相互配合的情况，学校的发展方向与自己的专业发展规划是否冲突；分析专业发展的资源条件，包括：环境提供了哪些条件？从自己的需要出发，还需要哪些条件或资源？如何获得这些资源？获得这些资源需要付出多大代价或成本？这些成本与可能的收益是什么关系？等等。

3. 目标分析：确立专业发展的志向

首先要明确自己的专业发展路径，是走教学路径、学术路径还是行政路径？不同的发展路径对教师的素养要求不同，其今后的发展阶梯也不同。教师在路径抉择中需要明确三个问题：想往哪一路径发展？适合往哪一路径发展？可以往哪一路径发展？每个人的志向和优势不一样，适合的发展路径也不一样，有的适合教学路径，有的适合学术路径，有的适合行政路径。权衡确定自己的发展路径需要综合考虑自己的性格、能力、兴趣、需要以及社会或组织环境等条件。

路径确定之后，接着就要确定现实的发展目标。教师专业发展理论认为，良好的专业发展实践应该基于个体发展的需求，同时保持自我需求与社会、学校和学生需求的平衡;根本目标指向学生的学习,把自我发展目标与学生的需求联系起来;体现学校愿景,反映国家对教师的要求;借助专业发展标准来制订和实现专业发展目标。① 需要指出的是,教师专业发展目标的确立涉及教师内在的专业知识、能力结构和专业素养的提高,因而不能完全以职业阶梯的攀升来替代专业发展。

(二) 教师专业发展目标的构成

1. 教育信念与情感

教育信念在一定程度上决定着教师专业发展的过程和结果,因为教师即使精熟各种知识技能,如果缺少对专业的热爱和坚强的信念,则很难将其身心完全投入教育教学过程中,也很难具有高度的责任心与敬业精神。② 职业信念与对待职业的情感态度具有密切的联系。同教育信念一样,积极的情感态度为教师专业发展提供了强大的动力。教师的情感态度越来越成为教师专业素养中的重要内容,成为促进与制约教师专业发展的关键因素。

调查研究表明,特级教师专业发展动力包括对教育的热爱、成就感和责任感等,其中对教育的热爱又包括对教育教学、所教学科以及学生的热爱。很多特级教师都表示他们十分热爱教育教学这个过程,在这个过程中,他们能感受到幸福、活力和思考带来的快乐。一些特级教师提到他们十分喜爱自己所教授的学科。在反复品味专业知识中,他们能够感受到成长和收获,并且作为所钟爱学科的传播者,他们感到很幸运。他们非常喜欢学生,和孩子在一起能让他们感到年轻,如沐阳光,能够得到心灵上的满足。③

2. 职业道德修养

教师的职业道德修养包括对教育事业的态度与理解、对学生的态度与行为、对日常教学工作的态度与行为等几大方面。对教师个人来讲,树立远大的抱负,把教育事业当作崇高的事业去追求,会使教师获得专业发展持续不竭的强大动力,使其始终能够以一种奋发向上的精神从事教学工作,这是教师专业得以最大程度发展、个人价值得以最大程度实现的前提。不仅如此,立志献身教育事业也是教师思想觉悟的体现,是新时代人民教师立德树人的要求。

---

① Hassel E. Professional development:learn from the best[DB/OL]. www. ncrel. org,2005-08-30.

② 胡惠闵,王建军. 教师专业发展[M]. 上海:华东师范大学出版社,2014:9,84.

③ 王海平. 优秀教师专业发展的动力构成——对41位中学特级教师的访谈分析[J]. 上海教育科研,2016(5):45—49.

教师对学生有积极的态度，尊重、爱护学生，把学生当作具有自我意识的人，处于成长过程中的人，具有独特个性的人，就会尊重学生的想法，关心学生的需要，就会设法通过各种途径激发学生的学习动机，支持和帮助学生主动学习、自主学习，致力于增强学生的自我发展能力。教师对日常教学工作有积极的态度，就会主动承担教学责任，认真对待工作，积极投入工作，愿意在提高工作质量和效率上花时间、费气力。

教师应积极贯彻党和国家的教育方针政策，自觉遵守教育法律法规，理解教育工作的意义，具有爱岗敬业精神。新时代的教师应坚持把立德树人作为教育的根本任务，将学生的知识学习、能力发展与品德培养相结合，重视学生德智体美的全面发展。教师应认同教育教学工作的专业性、创造性和示范性，教书育人，为人师表，具有良好的职业道德修养。

3. 专业知识与跨学科知识

专业知识始终是教师不可或缺的基本素养，它是教师为学生提供教育的基础，也是教师专业发展的起点。作为一名合格的教师，应掌握教育学、心理学、学科教学法的基本原理和主要方法，理解所教学科的结构体系、基本知识与技能、基本思想与方法，掌握所教学科课程资源开发与校本课程开发的主要方法等，这是保障学生形成完备知识体系的基础。在专业知识当中，提高学科内容和教学法知识对教师专业发展至关重要。教师如果不具备扎实的学科内容知识，就不可能教好这门课程。

教师应当不断增强学科整合的意识，在扎实掌握学科知识的基础上，了解所教学科与其他学科的广泛联系，具有相应的自然科学和人文社会科学知识，不断提高自身的综合素养，这样才能在实践中将不同学科有机地整合在一起，为学生提供更优质的综合课程，这是国家核心素养对学生的要求，更是对教师的要求。现阶段我国在跨学科的教育改革中，应当对教师的跨学科素养提出明确要求，在教师的培养阶段，避免学科背景过于单一的情况发生，同时，还应加强不同领域间的合作交流，为教师跨学科素养的提高提供一个实践的平台，这也是新文科建设的要求。

4. 专业能力与素养

教师应具备的专业能力包括处理教学内容、设计教育教学活动、良好的表达与交流、领导与管理学生、教育教学研究、课程资源开发等等。不论时代如何发展，专业能力都是教师必备的基本素养。无论是新任教师还是熟手型、专家型教师，都需要发展这些能力并精益求精，引导学生沉浸于深度学习过程中，克服学习困难，发展学生核心素养。教师要学会与同事协作，在和谐融通的人际环境中促进专业素养的快速提升。教师是联系学生、家长与社会的重要角色，因此，教师要具备能够与家长和社会人员进行合作、协商的技巧，充分利用一切可获得的资源促进学生的成长，这些都是教师应具备的重要素养。

未来的教师专业能力应更多地指向掌握学生学习过程的教学技巧，包括计划、实施、监督、调整和评估学生的学习过程。如，教学活动开展前，教师要积极配置课堂学习资源，充分利用教学材料，对知识进行使用、开发与研究，这是一个连续的决策过程，也是需要教师综合运用许多教学技能的过程；教学过程中，教师要能够有组织、有计划地协调教学的各个环节，并保持良好的课堂学习秩序，这需要一些运用变化刺激、提问和强化等手段的技能，让学生合作并专注于学习任务，促进有效学习的发生。

二、 教师专业发展的计划

专业发展是一个长期的过程，贯穿教师的一生。对于教育专业发展的不同阶段，学者们提出了不同的见解，但概括起来一般分为新手型教师、熟手型教师、专家型教师三个发展阶段。新手型教师一般是指教龄在 0～5 年以下的青年教师，熟手型教师是指教龄在 6～14 年、成为业务骨干的教师，而专家型教师是指教龄 15 年以上且具有特级教师资格或高级职称的教师。

（一）新手型教师的专业发展要点

1. 设计合理的“理想自我”

每个人都有两个“自我”，一个是“现实自我”，即自己的现实情况；另一个是“理想自我”，即通过努力将来要实现的“自我”。新手教师在入职之初，面对角色转化和角色差异以及工作经验缺乏带来的教学压力，首先要学会客观地看待“现实自我”，合理设计自己的发展目标，认同自己的职业角色；坦然面对社会现实和人际竞争，耐得住寂寞和清贫，不畏各种冲击和挑战；与他人建立良好的人际关系，尊重他人的个性，集思广益，与同事携手愉快地合作；不断寻找有效的沟通方式，与学生建立融洽的师生关系，从中找到自己的位置，逐渐缩短“理想自我”与“现实自我”之间的差距，从而顺利走过职业成长初期。

2. 坚持专业学习，注重平时积累

与职前教育阶段的专业学习不同，首先，新手教师的专业学习更具有实践性、情境性，更注重理论与实际的紧密结合以及专业知识的实效性；其次，教师专业学习的重点更明确，知识更新不断，教师学习就一刻不止，在教学方法、学科知识、现代教育技术等多方面都需要多加积累；最后，教师的专业学习是一种深度学习，深度学习是培养高阶思维能力的学习方式，要求学习者进行主动学习、探究学习和理解学习，以掌握更深层次的思维能力，包括问题解决能力、迁移运用能力、批判性思维等。新手教师的专业学习一般通过以下几个方面来进行：一是阅读教育教学理论书籍及专业报刊，提高专业素养；二是虚心向身边的名师请教，汲取宝贵的教学经验；三是积极参加教研活动和教育培训活动，取人之长，补己之短。

3. 开展教学科研，密切联系实际

教师不但是教学活动的实践者，也是研究者。参与科研是教师专业发展的必由之路。成就名师，不能只是埋头苦干，更要学习和掌握教育规律，提高教育理论水平，只有这样，教师的工作才会事半功倍，教师自身才能得到快速发展。新手教师参加科研不同于专业的理论工作者，应该更为注重解决实际教学中遇到的问题，注重研究的实践性。科研选题应该从自己熟悉的领域出发，以行动研究、案例研究为主，将理论落实到实践，在实践中检验理论，从而在实践中提升自己。一个问题就是一项研究，一项研究就意味着一个创造，一个创造便会产生一种价值。在教学研究中，把教学中存在的问题变成有价值的研究课题，不但可以帮助教师解决实际教学中的困难，还可以加深教师对教育问题的理解，在研究与解决问题中获得更好的发展。

4. 理解、关注学生，融入学生

理解、关注学生，与学生和谐相处，成为深得学生喜爱的教师是每位新教师的重要目标。因此，新手教师应该主动走进学生的内心世界，深入了解每位学生的特点，熟悉不同成长阶段学生的心理特点和问题。在与学生的互动中尽可能多地影响学生，在教育教学中产生巨大的亲和力，实现与学生的心灵接触，从而使学生由“亲其师”到“信其道”，既能对学生的进步产生巨大的影响，又能提高学生对自己的认可度，并且在与学生的沟通交流中不断丰富教学实践，成为学生真正喜爱的老师。“好的开始是成功的一半”，新手教师处于专业发展的初始阶段，也是极其重要的阶段，正如“一年之计在于春”，教师在这一时期的状态决定着今后的发展，因此，在入职初期，新手教师就应该不断寻求专业发展道路，使自己尽快成长起来。

（二）熟手型教师的专业发展要点

1. 正确认识与对待“高原现象”

进入这一阶段，熟手型教师的教育教学技能不断提高，在家庭、事业各方面都步入了稳定期，但容易在长期单调乏味、周而复始的教学活动中丧失年轻时的理想和目标；或者在获得了一定的社会认同后产生自满心理，过早地将自己的教学模式固定下来，忽视了对教学过程的创新和改进，从而进入职业发展的“高原期”，甚至产生职业倦怠感。熟手型教师要认识到“高原现象”是职业发展中一种规律性的现象，同时也是因为自己的一些消极因素造成的。在职业“高原期”，需要合理归因，积极面对，客观看待自身存在的问题和专业发展的现状，进行合理的调整和拓展，为自己找到新的发展目标和前进方向，通过自己的努力，最终可以克服“高原期”的问题，并有可能为今后的发展奠定良好的基础，使专业发展更上一层楼。

2. 努力寻找专业发展的突破口

要想攀登高峰，就要找到适合的路。作为一名熟手型教师，在教育教学的各个方面均有了一定的积累和沉淀，对专业和自我的认识有了质的提升。这时，能否正确客观地认识、分析自己，并在此基础上寻找适合自己的发展定位，就显得尤为重要。正所谓“金无足赤，人无完人”，每个教师都有自身的优势，因此要在准确定位自己的基础上，找到专业发展的突破口，以新的目标激励自己，充分发挥自己的优势，引领自己走向职业生涯的更高峰。在这一阶段中，增强成就意识非常重要。成就意识是激发教师智能潜力的催化剂，作为教师，只要有了积极的教育态度，就会有突破常规的超越。如果拥有了成就意识，教师就会不满足于现状，会努力去探求更高的发展目标，表现出教育的主动性和创造性，并且享受着探索路上的种种欢乐，把发展和成就看作人生最大的乐趣和最大的满足之一。

3. 坚持自我反思，获得可持续发展

具备强烈的自我反省意识，能够帮助熟手型教师获得可持续的专业发展。教

师反思的维度可以从四个方面入手。第一，从自己的经历中反观自己。每一位教师的成长经历都蕴含着他自己的体验、经验，反映出他所处的环境和所过的生活。然而，仅仅拥有经历并不意味着已经对它们进行了反思，只有对它们进行理解、分析和批判，才能促进教师的发展和进步。第二，通过学生的眼睛审视自己。从学生的角度反思自己的教学行为及其结果是教师有效教学的重要保证。许多优秀教师正是通过学生的反应和学习效果来调控自己的教学进度和教学行为，并把学生的学习效果作为自己教学成效的日常反思尺度。第三，从同事的反馈中检查自己。教师只有借助于他人的评判，尤其是同事的建议和帮助，才能在观察、认识自己的教学实践时更客观，批判性反思才更有效。第四，从理论解读中反省自己。系统的理论分析可以帮助教师审视那些教学中的直觉判断和缄默知识，帮助教师认识与理解自己的行为和思想，而且还可以为他们的实践提供多种可能。

4. 利用外部资源，加速专业发展

教师专业能力的突破性发展，既需要在校内与同事的相互合作，也需要在更广阔的领域内与同行进行多方面的交流。只有这样，教师才能不断提高他们的理论修养，不断学习到各种前沿的教育理论和教育科学知识，从而摆脱停滞状态，走出职业发展的“高原期”，获得新的发展。处于成熟期的教师，大多已经确立了自己的骨干地位，在发展的校内校外条件上都有了一定的积累，因此要有意识地利用好这些条件和资源，为自己创造最优的发展环境。如主动要求承担额外的责任或任务，进一步展示自己的能力；主动参与教学科研项目，得到专家的引领；等等。

（三）专家型教师的专业发展要点

1. 具备高尚师德，提升专业发展的境界

师德对于教育的成败具有举足轻重的作用。高尚的师德包括对教育事业的热爱、强烈的事业心和奉献精神，科学的世界观和积极向上的人生态度，强烈的责任感以及对学生的尊重、关心和爱护，处处为人师表，以身作则。师爱是师德的核心，师爱是一种强大的力量，它不仅能够提高教育质量，也会促进学生的成人和成才，影响学生的身心发展、人格形成、职业选择和人生道路的转变。教师的师德是教师个体人格魅力的反映。在学生心目中，教师是社会的规范楷模、道德的规范楷模，教师的人格是师德的有形表现，高尚而富有魅力的教师人格能产生身教重于言教的良好效果，教师的人格对年轻心灵的影响，是任何教科书、道德箴言，任何奖励和惩罚制度都不能替代的一种教育力量。

2. 建构起博学精深的专业知识和能力

一般地说，专家型教师的知识完整地包括普通文化知识、学科专业知识和教育学科知识三个方面的内容。强调教师对普通文化知识的掌握，是因为普通文化知识本身具有陶冶人文精神、涵养人文素质的内在价值，它能丰富人的文化底蕴，使人性更加完满。专家型教师对普通文化知识的掌握不仅要渊博，而且要精深，要内化到个体知识结构中去。掌握学科专业知识，要求教师不仅对自己所教学科的基本内容有深入透彻的了解，还要了解学科的架构、发展脉络及学科信念等内容。教育学科知识包括教育学、心理学、生理学、教学法及教育科学研究等方面的知识，专家型教师要具备丰富的教育理论以及指导教育实践的能力。

专家型教师的专业能力除了应具有精湛教学能力、组织管理能力、决策能力、交往能力外，还必须具备较强的教育科学研究能力。这是专家型教师区别于一般教师的根本所在。众所周知，进行教育科学研究是一个复杂的认识过程，了解一些科研知识，掌握一些具体研究方法，只是为进行科学研究提供基础，具备一定的科研能力才是从事科研工作的根本前提。教育研究能力是一个综合的能力结构，一般来讲，它包括以下六种能力：定向能力、理论思维能力、创造能力、动手实践能力、评价分析能力、组织科研活动的能力。六种能力在每个人身上的不同发展水平，就形成了每个人不同的研究风格。

3. 勇于创新，在专业领域具有创造性

是否具有创造性是区分“教育家”与“教书匠”的重要标志。专家型教师不是传声筒，仅把书本内容由口头传达出来；也不是照相机，只把书本复呈出来，而是艺术家、创造者。学生创新精神和创新意识的培养乃至创新素质和创新能力的提高都与教师有着最为直接的关系。没有教师的创造性，很难培养出适应未来社会发展需要的创造性的学生。专家型教师要具有创新意识、创新精神和创新能力，即具备教育发展的前瞻能力，能迅速感悟、准确判断处于生成和变动的教育过程中可能出现的新趋势和新问题；具有教育智慧，及时把握教育时机，能根据实际环境选择和决策，调节自己的教育行为；尊重科学，不盲从和迷信权威，有创新的教学模式、创新的教学方法和新颖别致的教学内容；善于进行科学研究，能创造性地把新思想、新观点、新方法融会到自己的思维模式和工作模式中去，对解决问题有自己独特的见解和主张。

三、教师专业发展的策略

综合相关的研究成果我们可以发现，影响教师专业发展水平和速度的主要因素有以下几种，即教育理念、职业技能（学科知识、教学法知识、人际沟通知识）、职业态度/个性品质、专业发展策略、工作环境、工作经验等。关键问题是，这些因素究竟在何种程度上影响教师专业发展的速度和水平？某些因素对教师专业发展水平和速度的影响是否更为直接、更为关键、更为重大？

基于一些因素对教师专业发展有着更为直接、关键和重大的影响，我们可以通过对那些影响教师专业发展关键因素进行有计划的干预，调节教师专业发展的水平和速度，从而大大加快教师专业成长的步伐，使教师实现高水平快速专业发展。有鉴于此，我们尝试提出以下教师专业发展的策略。

（一）自主学习，不断完善专业知识结构

不同的知识对于人有不同的作用："读史使人明智，读诗使人聪慧，演算使人精密，哲理使人深刻，道德使人高尚，逻辑修辞使人善辩。总之，知识能塑造人的性格。不仅如此，精神上的各种缺陷，都可以通过求知来改善——正如身体上的缺陷可以通过适当的运动来改善一样。"[①]名师窦桂梅在总结自己多年成长经验时，突出的一条就是"读书一生""必须靠读书学习进行自身的弥补和进修，要像海绵吸水一样不断地吸收和纳取"。[②] 还有钱梦龙、李镇西、邱学华、魏书生等，都很热爱读书，且手不释卷、笔耕不辍，正是这种对读书、学习的坚定和执着，才最终成就了他们的教育人生。人的成长是需要积累和积淀的，只有潜下心来读书、学习，才有可能沉淀下真知灼见，才能为教育人生的超越和发展奠定坚实的基础。学习化是当今时代的突出特征之一，在这个知识信息日新月异的社会，人们只有读书和学习才能永葆生命活力，才能紧跟时代发展，才能助力人生价值的实现和历史责任的担当。

（二）勤于思考和反思，提炼教育教学智慧

教师在读书、学习的同时，还要善于总结、反思，以此积累教育经验，锻炼教育

---

① ［英］弗兰西斯·培根. 人生论［M］. 何新，译. 长沙：湖南人民出版社，1987：205.

② 窦桂梅. 回到教育的原点［M］. 桂林：漓江出版社，2015：63.

的理性思维。善于思考和反思，主要是对教育教学过程的意识和监控，表现为不断地追问自己为何做、为谁做、怎么做、什么时候做、怎样才能做得更好等等。如果教师仅仅满足于获得经验而不能对经验进行深入的思考，那么自身的发展将受到很大限制。无论是教育知识的积累、教育主张的提出，还是教育思想的提炼，都需要认真、持续、深入的思考。只有经过深思熟虑的主张才能真正站得住脚，才能够经得起推敲，也才是真正接近教育规律的。一个优秀的人之所以优秀，不完全取决于他自身的经验和阅历，还取决于他能够在多大程度上汲取与借鉴其他优秀者的经验和教训。李吉林的情境教育思想、洪宗礼的母语教育思想、钱梦龙的导读艺术等，无不是基于教育教学实践而提出的真知灼见。直接源于实践的东西是鲜活的、真切的、丰富的，但却是有局限的，其适用性、推广性明显不足，但是，在对这些实践经验进行抽象、提炼、概括基础上提出的理论主张，则具有较强的推广性和普遍的适应性，且抹去了不必要的“枝叶”，留下的都是“根本”的特征和内涵。

（三）勇于创新和实践，探索教育真知灼见

教育到底是科学还是艺术，这是学术界一直在争论的问题。如果教育是科学，就有其内在的运行规律，教育工作者只要遵循这些规律，按部就班地工作，就能达到某种可以被预知的教育效果。但现实又不完全是这样，同样的教育方法由不同的教师实施，在不同的教育情境中面对不同的教育对象，其教育成果又是各不相同的。这说明教师对教育规律和教育方法的运用有一定的创造性和艺术性。“教学有法，但无定法，贵在得法”，非常精辟地说明教育既是科学又是艺术。科学的价值在于求真，艺术的生命在于创新，现代教师要实现较高层次上的专业成长就要具有较高的创新素质。教师在具有丰富的教育经验之后，完全有条件对已有的教育理论或主张进行二次加工，也可以建构全新的、有特色的教育主张或理论，然而这些创见不一定都是合乎实践逻辑的，需要有足够的勇气进行试验和探索，在实践中进行检验。无论是历史上教育家的教育思想，还是现实中著名教师的教学主张，几乎都是经过了无数次的试验而获得的，比如陶行知当年创办晓庄试验乡村师范学校，梁漱溟勇敢地开展乡村教育试验，晏阳初在法国对华工进行语言教育，陈鹤琴创办了中国首个幼教试验基地，等等。

课堂教学互动

讨论:教师专业发展的路径有哪些？如何选择适合自己的专业发展路径？

思考题

1. 教师专业发展规划主要包含哪些内容？制订教师专业发展规划的关键是什么？

2. 教师如何确立适合自己的专业发展目标？专业发展目标由哪些要素构成？

3. 新手教师专业发展的要点有哪些？为了获得可持续的发展,可以采取哪些专业发展的策略？

第十章

10

师范生素养养成教育平台创设

本章内容概述

师范生素养养成教育具有实践性、过程性、体验性、渗透性的特点。对于师范生来说，实践教学与理论教学同等重要。因此，设计一个有益于师范生素养养成教育的平台，能够优化师范院校动态育师的过程，提高教育教学质量，改善师范生的学习与实践体验，形成以学生为中心的教育教学社区。平台的创设对于培养符合国家要求的师范人才具有重要的价值和意义。本章对师范生素养养成教育平台的构成与实现进行探讨。

本章内容结构图

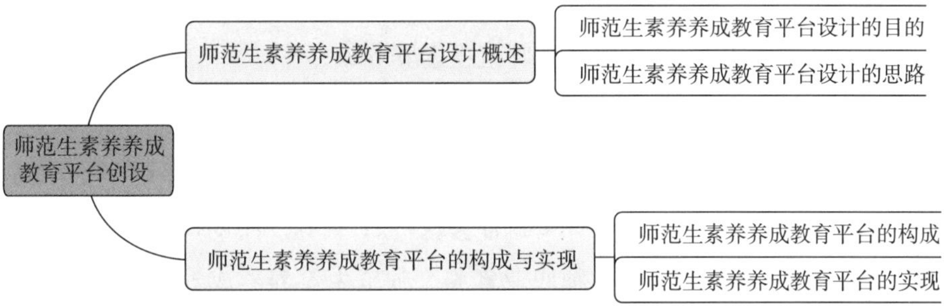

本章学习目标

- 了解师范生素养养成教育平台设计的背景和目的。
- 了解师范生素养养成教育平台设计的构成和实现。
- 能够理解如何通过师范生素养养成教育平台不断提升自身素养。

第一节
师范生素养养成教育平台设计概述

师范生素养养成教育不仅强调专业知识技能的学习，更注重教师职业信念、情感和能力的发展，它遵循教师的职业素养形成规律，具有实践性、过程性、体验性、渗透性的特点。那么，如何促进师范生素养养成的过程，进而培养出符合国家需要的高素质人才，这是目前高等师范院校关于师范生培养所面临的必须解决的问题。

一、师范生素养养成教育平台设计的目的

师范生素养养成教育平台设计的目的是为师范生构建一个跨地域和跨时空的学习实践平台，能够为师范生的教学实践创设情境，满足师范生专业发展的过程性需求，为师范生提供充分的职业体验，将师范生素养的养成融入教育教学，进而贯彻师范专业认证基本理念，最终实现师范生素养养成。

（一）为师范生的教学实践创设情境

无论是教师的职业情感、职业信念、职业道德，还是实践性知识，并不完全来源于课堂教学，更多来自师范生的日常教育实践，只有在长期不断的教育实践训练和体验下，师范生才能主动生成教师职业素养。师范生素养养成教育是基于实践取向的培养模式，体现出实践性的特点。这是因为师范生素养养成教育的过程是师范生不断地参与教育实践活动和体验的动态过程，这里的实践除了强调教育实践外，还强调在生活实践中的养成，在情境熏陶中的养成。

师范生素养养成教育平台能够为师范生的教学实践提供教学情境：在各类教育教学实训室中进行教学实践，促进他们将专业理论知识与教学实践相结合；可以不断磨炼师范生的教学专业技能，使之逐步提升；校外中小学教师所提供的线上实时教学场景、远程教学观摩以及学习社区互动等服务与资源，为师范生提供全方位的教育教学情境，并将自身与实际教学情境中的教学案例相对照，通过“实践—反

思—再实践—再反思”的良性循环过程，师范生能够在教育实践和生活实践中充分提高自己的教育教学实践能力。

（二）满足师范生专业发展的过程性需求

师范生素养养成教育需要一个长期的训练和培养过程，也可以说是一种动态的教育。它更强调实践、体验和活动的过程，这个过程是一个从量变到质变的发展过程。从师范生大学四年的培养来看，养成教育贯穿于师范生的一日学习生活乃至四年的所有学习生活中，而不仅仅只是在课堂，还包括课外的生活、课外的活动。在师范生素养养成教育过程中，师范生需要重视其过程性，在长期不断的教育实践、职业情感体验和教师文化熏陶的教育过程中，促进自身的专业发展。因此，养成教育强调反复实践、长期体验、环境熏陶的过程。

师范生素养养成教育平台不但可以为师范生提供学习与实践的实训场所，更可以为每位师范生提供个人成长记录，能够将他们每天的所学、所做、所思记录下来，不仅记录学习与生活，更记录自身的整个成长过程。通过平台，师范生能够回顾、反思自己的学习成长过程，了解自身存在的问题与不足，并借助平台所提供的环境与资源不断对自身进行完善，在潜移默化中不断发展自身的知识、能力和人格，从而实现从量变到质变的发展过程。

（三）为师范生提供充分的职业体验

师范生的职业情感、职业精神和专业素养是需要师范生通过长期地深入教育现场，在不断地参与不同形式的校内外教育实践活动中产生情感体验，从而转化为专业素养。因此，师范生素养养成教育具有体验性。养成教育强调让师范生在实践活动、校园文化中增进体验。师范生不仅应在实践活动和文化熏陶中听到、看到、感受到，更重要的是将这些感受转化为自身的认识，内化为自我素养。

师范生在校期间，一方面可以借助师范生素养养成教育平台所提供的专业实训场所，在不断进行教学实践练习的同时提升教师职业的专业素养；另一方面可以借助平台的网络技术、多媒体技术及交互技术，无须出校，即可随时随地远程观摩校外各类教育过程实景，并与自己的教学实践相对照，在实践活动中体验教师职业特点，感受教师人格特质，了解师生之间、生生之间的关系，并利用这一体验过程提高自身发展。此外，师范生素养养成教育平台可以通过设置文化走廊、教育长廊、作品展示厅等，对师范生进行职业熏陶，力求给予师范生充分的职业体验。

(四) 将师范生素养的“养成”融入教育教学

师范生素养养成教育更重视自我的、内在的、自觉的生成，是一个由内到外的教育过程，是一个潜移默化的自然生成过程，它修正了过去重视“教”的教育模式，而引入了“养”这个模式。“养”与学生的生活体验、文化熏陶密切相关，更加重视在日常教育生活和体验中渗透。养成教育更多地体现了“以人为本”的精神，更侧重于人的思想和精神素质方面的培养。

师范生素养养成教育平台的设计围绕“以学生为中心”，这个中心并不仅仅局限于课堂教学的场域，还要突出师范生的主体性作用，可以通过学习社区、个人成长记录、师生互动、生生互动等更全面地关注他们自入学后在思想意识、专业知识、实践能力、情感精神、职业规划等各个方面的情况；关注师范生的成长规律，使其不断适应学习的需要，与教师共同达到教学目标；关注师范生在专业、情感、实践、就业能力方面的成长，为其提供全程成长的服务与指导，使他们在潜移默化中完成素养的养成，实现全面发展。

(五) 贯彻师范专业认证基本理念

师范专业认证的基本理念是“学生中心、产出导向、持续改进”，这是贯穿认证始终的核心所在。

首先，“学生中心”强调教学模式应从传统的以“教”为中心向以“学”为中心转化，教学活动的展开与教学资源的配置都应从学生的角度出发，以学生为中心。师范生素养养成教育平台能够提供丰富优质的数字化资源，借助平台，一方面，教师从知识传授者转化为引导者，不断引导师范生通过平台提供的资源进行学习；另一方面，老师与师范生、师范生与师范生之间都可以跨时间、跨空间地进行教学活动、学习合作、互动研究等，并能够记录学习过程、学习成果，充分体现了以学生为中心的教学理念。

其次，“产出导向”将师范生在学校“学会了什么”和“能做什么”作为学习产出标准，师范生素养养成教育平台可以为师范生提供个人成长档案，以数字化的形式将师范生从入校到毕业的学习经历记录其中。师范生的个人成长档案包含其在校期间的所学、所做，能让师范生更精准地了解自身，并对照培养目标和毕业要求，根据自身特点以及社会需求进行改进、调整和优化，不断提高自身素养，进而满足师范专业人才培养的要求。

最后,"持续改进"要求对师范类专业教学进行全方位、全过程的跟踪与评价,并将评价结果用于教学改进,形成"评价—反馈—改进"机制,建立持续改进质量保障机制。师范生素养养成教育平台能够将教学过程与教学效果数字化,为教学评价提供量化标准,能够更精准、更有针对性地进行教学改进,从而推动师范专业人才的培养能力和培养质量不断提升。

根据师范专业人才培养目标,基于师范生"一践行三学会"的达成标准,对照核心素养的各方面要求,师范生素养养成教育平台的构建,不仅能够支持"强支撑课程+典型实践活动+文化熏陶"所构成的养成教育范式,更能对接师范专业认证的毕业要求,从而进一步保障师范生内外兼修的教育培养模式,切切实实地将师范专业人才素养的养成落到实处。

二、师范生素养养成教育平台设计的思路

随着微课、慕课、翻转课堂等新的教学模式不断出现,以混合学习理论为基础,传统学习与信息技术的深度融合成为教育教学的趋势所在。在混合学习理论中,面对面(Face-to-Face)学习和在线(Online)学习两种学习模式需要进行有机整合,即把传统学习方式的优势和 e-Learning(数字化或网络化学习)的优势结合起来。在混合学习理论的指导下,师范生素养养成教育平台被设计为由促进师范生素养养成实践性和体验性的线下平台及增强师范生素养养成过程性和渗透性的线上平台两部分构成,如图 10 - 1 所示。

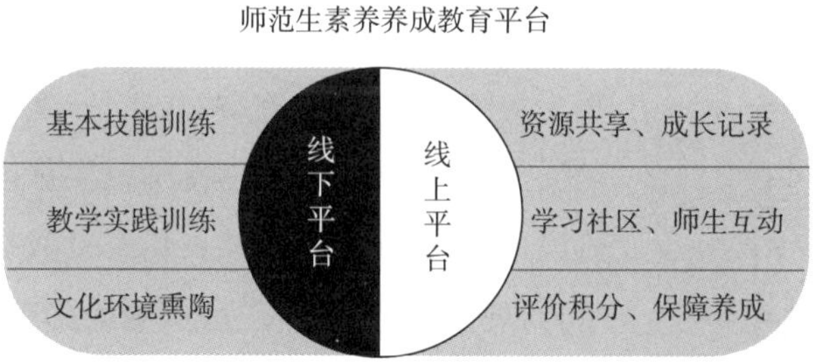

图 10 - 1　师范生素养养成教育平台设计思路

(一) 促进师范生素养养成实践性和体验性的线下平台

师范生素养养成教育基于实践取向的培养模式,体现出实践性的特点。对于师范生而言,实践与理论同等重要,教育实践的基础是师范生的专业能力。2012年,教育部颁布的《教师专业标准》中对教师的专业能力作出了明确区分,即教学设

计和实施能力、班级管理能力和教学教育能力、沟通与合作能力、反思能力和发展能力等。与教师专业能力相对应，良好的专业技能训练是培养师范生成为符合时代、国家需要的优秀教师所需的必要条件，也是一名合格教师所必备的基础能力。师范生专业技能主要包括书写及书面表达技能、普通话技能、教学设计技能、课堂教学技能、班级组织与管理技能、表达与沟通技能、多媒体教学技能等。这些技能的习得与提升不仅需要理论教学支持，更需要相应的教学环境开展训练。构建促进师范生素养养成实践性和体验性的线下平台，根据师范生专业技能训练需要设置对应的实训室，不仅可以为师范生在校期间全程提供专业技能训练的场所，也可以借助线下平台进行教育实践情境设计，让师范生将所学理论与实践知识融入实际教学情境中，通过解决各类教育教学实际问题，不断提升自身的专业技能水平，为更好地进行教育见习、教育实习乃至走上教师岗位打下坚实基础。

此外，构建具备教育文化熏陶的实训环境，使师范生在实训环境中不断体验教师职业的特点，潜移默化地被教育文化、教师影响、榜样感召等元素感染。这样一个良好的教师教育文化环境，有助于养成教师的职业情感和气质。这些精神、榜样、文化等有形或无形的教育元素，在日常教育生活和情境当中，不断内化并生成稳定的教师专业素养和职业性格，润物无声地促成师范生素养的养成，使师范生在日常教育实践和生活中自觉生成教师专业素养。

（二）增强师范生素养养成过程性和渗透性的线上平台

知识链接

《教师专业标准》能力解读

构建师范生素养养成教育的线上平台，能够将产出导向、过程记录、数据分析、个人成长、社区生活等集于一体，将师范生的学习、生活、实践紧密结合。构建线上平台，一方面可以将师范生从入学到毕业各个阶段、各个方面的个人成长信息以数据形式存入线上平台，展示师范生成长过程，描绘师范生发展轨迹，并通过在线社区的交流互动将师范生素养养成教育的观念渗透到师范生的每一次进步、每一点发展中，最终实现人才培养目标；另一方面可以将师范生在师范教育过程中所需完成的师范生素养目标依照师范生专业认证要求细分为各级标准，师范生可以借助平台对自己的成长过程进行数据分析，并对照标准明确自己所能达到的师范生素养养成等级，对标师范专业毕业达成要求，查漏补缺，不断提高自身素养，将师范生素养养成渗透到成长的各个方面，从而保障师范人才培养质量。同时，师范生素养养成教育平台根据师范专业认证进行模块设计，教学管理者按照师范专业认证“一践行三学会”的毕业要求，反向设计课程与养成教育内容，并将教学过程、教学内容转化为平台数据，教学管理者通过平台提供的数据对教学过程进行监控，对教学效果进行评价，实现教学管理的便捷与高效。

课堂教学互动

讨论：对于师范生素养养成教育平台的设计，你还有哪些更好的建议？

思考题

1. 你认为师范生素养养成教育平台是否必须包括线下平台和线上平台？
2. 设计师范生素养养成教育平台所要完成的目的有哪些？

第二节
师范生素养养成教育平台的构成与实现

将学生培养成为符合国家、社会要求的专业师范人才，是师范院校培养师范生的根本目的所在。师范生的养成教育是一个动态、发展、不断变化的过程，由低到高，由易到难，由简单到复杂。师范生素养养成教育平台将线下平台与线上平台两部分相结合，形成以学生为中心的教育教学社区，充分体现师范生素养养成教育实践性、过程性、体验性和渗透性的特点，不断促进师范生素养的养成。

一、师范生素养养成教育平台的构成

师范生素养养成教育平台由促进师范生素养养成实践性和体验性的线下平台及增强师范生素养养成过程性和渗透性的线上平台两个部分构成。其中，线下平台包括技能实训室以及职业体验环境；线上平台包括共享资源、学习社区、成长记录和评价积分等多种功能模块。

（一）线下平台构成

师范生素养养成教育线下平台以促进师范生素养养成实践性和体验性为目标，主要为师范生提供专业技能实践以及养成教育体验。

专业技能实践要为师范生提供能够进行专业技能训练的场景，线下平台要能够为师范生提供各类专业技能实训环境，其设计的依据是参照江苏省教育厅《关于加强师范类专业教师职业技能实训中心建设的通知》（苏教师［2015］32号）的要求。师范生素养养成线下平台的专业技能实训环境主要包括通用技能实训环境和专业技能实训环境。其中，通用技能实训环境包括语言技能实训室、书写技能实训室、现代教育技术实训室、微格教学实训室、心理健康教育实训室、远程教学观摩室、班级管理技能实训室、教育教学研习室、智慧教室等。专业技能实训环境包括中小学教育专业的音乐技能实训室、美术技能实训室、儿童科技活动指导实训室、形体与舞蹈实训室；学前教育专业的形体与舞蹈实训室、钢琴（含电钢琴）实训室、音乐教育活动实训室、美术教育活动实训室、教玩具实训室、幼儿活动模拟室、保育技能实训室、科学探究实训室、幼儿生活模拟馆等。各技能实训室具体功能与构成如下。

1. 通用技能实训环境

（1）语言技能实训室。该实训室用于师范生的普通话正音训练，教师口语表达训练，普通话国家级考试训练与测试，英语听说、口译、书面表达技能训练与测试（英语专业）等，主要配备语言学习训练系统、普通话等级水平测试训练系统、英语听说训练和测试系统（英语专业）。

语言技能实训室

（2）书写技能实训室。该实训室主要用于进行毛笔字、钢笔字、粉笔字书写训练，板书训练，黑板报及纸质板报设计与制作技能训练等，主要配备书写多媒体教学设备、书写桌、黑板、资料、工具以及展示柜、洗笔池等。

书写技能实训室

（3）现代教育技术实训室。该实训室主要用于办公自动化环境应用训练，录音教材、录像教材制作训练，计算机辅助教学环境的应用训练，对各种媒体进行有机组合的训练等，主要配备多媒体教学系统、交互式电子白板或大屏智能电视、多媒体计算机、数码相机、摄像机、扫描仪、打印机、实物展示台、录音话筒等。

现代教育技术实训室

（4）微格教学实训室。该实训室主要用于中小学教育教学活动模拟训练，幼儿园一日活动模拟训练等，主要配备控制室（包括主控电脑、服务器、监视器、录播控制设备等）和录播室[包括电子白板及投影系统、功放音箱、电脑、录播系统（含教师自动跟踪摄像系统、学生场景摄像机、声音采集系统、录播主机）等]。

微格教学实训室

（5）心理健康教育实训室。该实训室主要用于心理测量、咨询、辅导等相关技能训练等，主要配备心理测试系统、心理辅导工具以及访谈室设施等。

心理健康教育实训室

远程教学观摩室

(6) 远程教学观摩室。该观摩室主要用于中小学教育教学活动和幼儿园一日活动远程观摩，包括儿童行为观察分析等，主要配备高清视频会议系统，每个学段(幼儿园、小学、中学)至少 1 个互动教学点。

班级管理技能实训室

(7) 班级管理技能实训室。该实训室主要用于集体与个别教育技能训练、班队会情景模拟、班级环境布置技能训练、少先队队会仪式技能训练等，主要配备多媒体教学系统、党(团或队)旗、队鼓等。

教育教学研习室

(8) 教育教学研习室。该研习室主要用于教材分析教学、教学设计与反思、教育教学专题研讨、课程开发研究等，主要配备中小学各学科课程标准、教材、《3～6 岁儿童学习与发展指南》、幼儿园课程资源、多媒体教学系统、小型讨论桌椅等。

智慧教室

(9) 智慧教室。该教室主要用于师范生对现代智慧教学实践的训练，主要配备平板电脑或移动设备、课堂互动系统、多媒体教学系统、录播设备、计算机外围配套设备等。

2. 专业技能实训环境

音乐技能实训室

(1) 音乐技能实训室(中小学)、音乐教育活动实训室(学前)。该实训室主要用于小学生或幼儿歌唱、韵律、器乐、欣赏编排，小学生文艺活动组织和指导能力训练等，主要配备小学生(幼儿园)艺术活动常用乐器和多媒体教学系统。

美术技能实训室

(2) 美术技能实训室(中小学)、美术教育活动实训室(学前)。美术技能实训室(中小学)主要用于纸艺、泥艺、布艺、绘画等基本技能训练，中小学生美术活动组织和指导能力训练等，美术教育活动实训室(学前)主要用于纸艺、泥艺、布艺等基本技能与训练，儿童绘画教学与训练等，其主要配备石膏像、画架、实物橱、展示镜框、多媒体教学系统等。

儿童科技活动指导实训室

(3) 儿童科技活动指导实训室。该实训室主要用于小学《科学》和《综合实践活动》课程实验创设、演示技能训练及简单教具制作等，主要配备实验操作台，小学科学实验相关仪器、教具制作台及基本工具、多媒体教学系统等。

(4) 形体与舞蹈实训室。该实训室主要用于形体教学与训练,舞蹈、体操、武术等相关教学与训练等,主要配备压腿把杆、舞蹈垫、落地镜、钢琴、多媒体教学系统等。

形体与舞蹈实训室

(5) 钢琴(含电钢琴)实训室。该实训室主要用于钢琴集体教学,钢琴演奏技能训练,钢琴弹唱技能训练等,主要配备钢琴、电钢琴、多媒体教学系统等。

钢琴实训室

(6) 教玩具实训室。该实训室主要用于利用各种资源制作教玩具,经典玩教具操作及指导技能训练等,主要配备操作台、各类材料及制作工具、幼儿常用教玩具等。

教玩具实训室

(7) 幼儿活动模拟室。该模拟室主要用于幼儿园一日活动计划与实施能力训练,幼儿园环境创设能力训练等,主要配备班级区域设备、教玩具、多媒体教学系统等。

幼儿活动模拟室

(8) 保育技能实训室。该实训室主要用于幼儿卫生与保健教育活动基本技能教学与训练,0～6 岁婴幼儿保教技能训练,幼儿安全防护与救助的基本方法训练等,主要配备幼儿生理解剖模型和图例、仿真幼儿模型、幼儿保健及急救设施等。

保育技能实训室

(9) 科学探究实训室。该实训室主要用于幼儿园科学领域教育活动基本技能教学与训练,主要配备操作台、模型、标本、实验器材及相关用品、多媒体教学系统等。

科学探究实训室

(10) 幼儿生活模拟馆。该模拟馆主要用于幼儿园生活活动区(室)组织与指导能力训练,主要配备台面、幼儿洗手池等生活设施,冰箱、电磁炉等各种家用电器,多媒体教学系统等。

幼儿生活模拟馆

此外,教育与环境是分不开的,良好的职业体验环境带给师范生的不只是从感官获取的感知,还有对照自身后产生的感觉,是获得理解的过程。师范生不仅可以在教育实践活动中获得职业体验,还可以在职业体验环境中去听、去看、去感受,并将这些感观转化为对自身的认识,内化为自我的职业素养。师范生在基于身体的体验中理解教师职业的价值与意义,感受教师工作的伟大,进而增强职业认同。线下平台提供的职业体验环境包

职业体验环境

括文化走廊、教育长廊、作品展示厅等。

对于师范生而言,线下平台的技能实训室为其提供了日常专业技能训练和教育教学实践情境的场所:师范生利用书写技能实训室、语言技能实训室锻炼"三字一话"基本师范技能;利用现代教育技术实训室、教育教学研习室提升多媒体教学能力和教学设计能力;通过远程教学观摩室研究学习校外中小学教师的实时教学场景,并在微格教室中创设教学情境进行模拟授课,从而提高课堂教学能力与表达沟通能力;借助班级管理技能实训室和心理健康教育实训室不断提高班级组织与管理能力;利用智慧教室充分体验未来教育的教学方法与发展方向;将其他各类专业技能实训室与师范专业课程相结合,为自身的专业学习提供充分的教学环境保障。师范生通过日复一日、年复一年的训练与实践,不断提升与完善自身的专业技能,向成长为优秀教师不断努力。而线下平台所提供的职业体验环境更是让师范生在耳濡目染中不断增强对教师职业的理解与认同:文化走廊和作品展示厅将优秀学生的专业作品进行展示,让师范生漫步其中,参观并学习作品的优秀之处,感受作品中所蕴含的教师职业情怀,进而积极参与;教育长廊则将师范生的日常专业技能训练与师范文化(教育类名人名言、教育教学理论、中外教育家介绍等)相结合,使师范生在充满教师职业文化的环境中进行训练,既促进了师范生专业技能的提升,又为师范生指明了努力的方向。师范生在职业体验环境的熏陶作用下,不断内化并生成稳定的教师专业素养和职业性格,从而促成师范生素养的养成。

(二)线上平台构成

师范生素养养成教育线上平台围绕师范生素养养成的过程性和渗透性,同时结合国家师范类专业认证标准及要求,一方面将师范专业认证标准渗透入师范生素养养成的全过程,并将之作为师范生素养养成的主要目标;另一方面线上平台的资源将成为师范专业认证支撑材料的直接来源,实现过程培养、结果展示与专业认证相结合。

师范生素养养成教育线上平台主要由共享资源、学习社区、成长记录和评价积分等基本功能模块构成。

1. 共享资源模块

共享资源模块主要为师范生提供自主学习的优质资源,包括网络课程、优秀课例及名师录像等子模块。网络课程模块提供微课、慕课、翻转课堂等教学资源，师范生可以通过网络课程模块进行线上学习，既能实现线下课程与线上课程无缝对接，又能在特殊情况下（如疫情期间）将网络课程作为教学的主体；优秀课例模块提供精品课程、优秀课件、教案等教学资源，方便师范生浏览、下载，以及进行个性化学习，充分体现“以学习者为中心”；名师录像模块为师范生提供中小学及学前名师示范课、公开课录像等教学资源，师范生可以对照自身，汲取各家之长，不断提高自己的教学实践水平。

共享资源模块

2. 学习社区模块

学习社区模块主要为师范生及教师提供教学观摩、实践、反思、研讨与协作的功能，以实现教学实习和研习的一体化，包括教学观摩、课例评价、教学反思等子模块。师范生通过教学观摩模块对教师及学生的典型教学过程进行观摩学习，并对优秀教学课例进行评价，进而尝试进行教学实践，通过师生、生生协作不断对自身的教学进行反思。此外，学习社区模块还支持作品展示、作品点评以及优秀作品推送点赞等功能，师范生可以将自己每个阶段的作业、演讲授课视频、学习成果等上传至学习社区，师生可在作品记录下面留言点评，对于优秀作业和突出成果可以置顶推送点赞，形成平台热搜和榜样效应。

优秀作品展示

3. 成长记录模块

成长记录模块主要记录师范生在校期间不同阶段、不同方面的过程性学习成果，包括学习任务、每日成长、学习记录、作业作品、教学实践等子模块。学习任务模块主要为师范生提供从入学到毕业期间各阶段需要完成的学习任务；每日成长模块主要记录师范生每天的技能实践，如每日粉笔字和钢笔字书写的照片、每日读书心得等；学习记录模块主要记录师范生对各门课程学习的过程化内容，如学习笔记、听课记录、学习心得等；作业作品模块主要记录师范生每一阶段的学习成果，如教案设计、课程作业、绘画作品、朗诵演讲视频等；教学实践模块主要记录师范生进行教学见习、教学实习的实践内容，如微课教学、模拟课堂活动、模拟班级管理等视频。

成长记录模块

见习心得展示

4. 评价积分模块

评价积分模块主要对师范生各阶段性学习成果进行评价和计算积分，包括自我评价、生生互评、师生评价、养成积分等子模块。自我评价模块为师范生对自我成长提供评价功能；生生互评模块为师范生相互间的协作、交流提供评价功能；师生评价模块为教师提供给师范生的成长记录进行评分的功能；养成积分模块可以为师范生素养养成程度进行积分及评价。所有的评价积分均可以通过分值形式或图示形式展示。评价积分模块还可以根据师范专业认证要求将专业学习任务分解落实到大学阶段每个学期的培养过程中，设置具体任务与质量标准，并具备自动积分功能，通过分值高低对师范生学习情况进行适时监控，对师范生成长过程进行评价，以促进师范生素养的养成。

二、师范生素养养成教育平台的实现

师范生素养养成教育平台通过线下平台与线上平台相互配合运行，以情境驱动增强教育教学实践、全域融合促进职业体验、学习社区渗透师范生的成长、多元评价保障养成过程，涵盖师范生从入校到毕业的全部成长经历，形成富有特色的素养养成模式。

（一）情境驱动增强教育教学实践

根据教育部发布的《关于加强师范生教育实践的意见》(〔2016〕2 号)，师范院校“要采取观摩见习、模拟教学、专项技能训练、集中实习等多种形式，丰富师范生的教育实践体验，提升教育实践效果”。师范生素养养成教育平台通过网络技术、多媒体技术及交互技术构建出开放、平等、自由的线上平台，为师范生提供基于互联网交互技术的自主探索和协作交流的学习情境。

在该情境中，师范生的学习与实践具有显著的目标性和指向性，师范生可以在前置理论学习和微格实训基础上，实时远程对优秀中小学教师的教学过程进行教学观摩，学习他们在真实教学环境中的教学技能、授课方法以及处理各类教学事件的技巧等，不断加深对基础教育教学实践的理解与认识，再将自己的学习心得融入线下平台的教学技能训练中，不断磨合自身的专业技能水平和实践能力，从而得到自我提高与完善。

此外，师范生在进行校外实习之前，可以借助学习情境，提前模拟所要进行的教学环境，体验不同情境下的教学过程和方法技巧。在具体教育教学实践活动中，师范生可以随时随地参与线上交流互动，提交过程性学习材料；指导教师既可以在平台发布实践教学任务，也可以实时对师范生提交的成果进行批改、评价与指导。在实习结束之后的研习活动中，师范生可以借助平台中存储的成果材料，与指导教师和同伴展开互动交流，共同探讨教育实践中发现的问题或存在的困难；也方便指导教师对所指导的师范生进行评价，分析师范生在整个教育实践过程中技能提升的情况，总结普遍性问题并进行统一点评指导。

通过师范生素养养成教育平台所创设的情境，高等师范院校与中小学和幼儿园、师范生与中小学和幼儿园师生、课堂教学理论与基础教育实践教学等都得到有机结合，所有人都成为自觉性、能动性的独立主体，能够积极发挥创造能力，从而有效培养和提高师范生的教育教学实践能力。

（二）全域融合促进职业体验

“全域融合”是指利用师范生素养养成教育平台，将课内教学与课外教学、线上体验与线下体验等多元因子综合构建起立体化实践教学体系，给予师范生充分的职业体验。课内教学，重点在于利用平台的线下技能实训室突出教学内容的实践性，将所授知识对接现实学校教师岗位的教学，使之转化为鲜活的情境研讨、说读写训练、案例分析等实景实践，并借助线上平台远程观摩校外各类教育过程实景，与自身的教学实践相对照，使师范生在教学实践活动中增强职业体验；课外教学则围绕教师施教能力开展丰富多彩的特色文体训练活动，如诵读、演讲、课本剧表演、原创杂志、报纸、黑板报等，再通过平台以在线投票、微信公众号通知等形式将优秀作品不断推送给师范生，引发其对师范职业的兴趣，并激励师范生主动参与其中，使之在与教师职业相关的综合实践中不断获取职业体验。

此外，线上平台为师范生提供远程教学实践、虚拟课堂、教育教学问题案例等仿真模拟情境，师范生在融入情境完成相应任务的过程中，不断地将经历的感受转化为自身的认识，激发其职业情感的体验，内化为自我的素养；线下平台提供的文化走廊、教育长廊、作品展示厅等职业体验环境，可以让师范生在职业环境中不断增强职业体验，并将这些体验与感受转化为自身成长的动力，加强师范生对教师职业的热爱与自豪感，更能以环境育人的方式帮助师范生建立正确的世界观、人生观、职业观，从而促成师范生养成教育。

（三）学习社区渗透师范生的成长

师范生素养养成教育平台为师范生提供社交化的学习社区。以线下平台和线上平台为基础，与课堂教学联动，将学生、教师、班级、社团、兴趣小组等学习组织融入社交化互动学习的新型学习空间，即多维度学习社区。使师生之间、生生之间基于社区在互动中学习，在学习中互动，形成线上线下一体，满足师生的各种交流需求，构筑以学习社区人际交往为中心的社交化分享学习环境，打破课堂时间与空间的限制，形成“无边界课堂”，促进师范生的个人成长。

同时，师范生素养养成教育平台通过为师范生建立个人成长档案，将其在校期间的整个成长过程中的点点滴滴全部记录下来，进而将之融入学习社区。在社区中，师范生不仅可以在教师引导下借助平台所提供的线下教学环境与线上教学资源进行协作学习、合作探究，还可以集中推选师范生在校内外的学习实践过程产生的优秀作品、优秀案例等，通过线下教育走廊、文化长廊、教育作品展示厅进行实物展示，抑或通过线上平台进行在线展示，为师范生提供参与、协作、评议、研讨的体验，从而丰富师范生的成长经验，创造多样化的校内外、线上下、师生及生生间的教育养成环境，实现教师引导下的师范生自主、协作式学习，实现在学习中完善与提高。通过个人成长档案以及学习社区的建立，教师可以精确追踪师范生的发展轨迹，引导师范生成长，使师范生精准到位地达成毕业要求，实现培养目标。

（四）多元评价保障养成过程

建构并实施科学合理的评价体系，强化师范生养成过程的主动性、持久性、有效性，是提升师范生学习质量的重要保障手段和调控手段。评价体系建构的目的不能仅限于给出一个可以衡量师范生素养养成过程中各阶段的分值，应该明确通过评价确保师范生素养养成过程目标取向。因此，专业技能学习评价应以多元评价为核心，通过评价发现师范生养成过程中存在的问题，帮助他们完善自我、发展自我。

师范生素养养成教育平台通过现代信息技术创建了一个较为全面的、多元化的教学评价体系，极大地促进了师范生在成长过程中的主动性与协作性。平台提供了师范生自评、合作小组评价、生生评价以及指导教师评价等多元评价方式；对于不同的时空场景，平台提供了实（异）时评价、实（异）地评价；对于评价内容，平台提供了师范生的学习成果，记录他们的学习过程，如具体实践教学过程的完成情况、小组协作学习的参与情况、教育教学中师生互动的频率与效果、个人成长档案等，并通过对接师范专业认证的量化标准给予相应的评价分值，直观反映师范生是否能够达到预期培养标准。如此多元化的评价方式，能够帮助师范生从多方面准确把握自己的真实成长过程，帮助师范生认识自我，建立自信，更加有利于师范生个性的健全和学习潜能的激发，从而保障师范生素养的养成。

课堂教学互动

讨论：你认为师范生素养养成教育平台的线下平台和线上平台二者联系是否紧密？可以分开、相互独立吗？

思考题

1. 师范生素养养成教育平台的功能和构成都包括什么？

2. 师范生素养养成教育平台有哪些养成模式？

参考文献

[1] 褚宏启.核心素养的国际视野与中国立场——21世纪中国的国民素质提升与教育目标转型[J].教育研究,2016,37(11):8-18.

[2] 常飒飒,王占仁.欧盟核心素养发展的新动向及动因——基于对《欧盟终身学习核心素养建议框架2018》的解读[J].比较教育研究,2019,41(08):35-43.

[3] 蔡清田.核心素养的学理基础与教育培养[J].华东师范大学学报(教育科学版),2018,36(1):42-54,161.

[4] 曹利群.师范院校特色校园文化建设研究[J].学校党建与思想教育,2020(22):95-96.

[5] 丁晓玲.地方师范院校教师教育实践性特征的时代变化[J].北方民族大学学报(哲学社会科学版),2019(6):160-163.

[6] 丁兴琴.基于实践取向师范生培养"211"模式探索[J].中国高等教育,2018(23):56-58.

[7] 董武清.关于实践的本质及其深层含义[J].教学与研究,1993(3).

[8] 董伟.基于用户体验的在线教育平台学习效果影响因素研究[J].中国远程教育,2020(11):68-75.

[9] 丰玉芳.建构主义学习设计六要素在英语教学中的应用[J].外语与外语教学,2006(6):33-36.

[10] 冯雅静,王雁.普通师范专业融合教育通识课程的构建——基于实践导向的模式[J].教育科学,2020,36(5):70-77.

[11] 顾明远.论学校文化建设[J].西南师范大学学报(人文社会科学版),2006(9):67-70.

[12] 郭绍青,沈俊汝,张进良,等."互联网+"条件下"五位一体"协同教研模式研究[J].电化教育研究,2020,41(12):35-42.

[13] 何增颖.教师教学技能实训中心建设探索与实践[J].实验技术与管理,2016(8):210-212.

[14] 蒋盈,杨银.师范生学习共同体:价值意蕴、基本特征及其组织形式[J].福建师范大学学报(哲学社会科学版),2020(1):133-139.

[15] 李艺,钟柏昌.谈"核心素养"[J].教育研究,2015,36(9):17-23,63.

[16] 刘永凤.国际"核心素养"研究的最新进展及启示[J].全球教育展望,2017,46(2):31-41,98.

[17] 李红霞. 国外学者关于文化与学校文化的理解与启示[J]. 外国教育研究,2007(2):17－20.

[18] 梁淑琴. 国内外新兴教师教育模式及对我国教师教育改革的启示[J]. 教育理论与实践,2017,37(31):41－44.

[19] 李录琴,常宝宁. 三位一体教师教育实习实践模式研究[J]. 当代教育科学,2017(8):33－37.

[20] 李梁,李军红. 浅谈师范生实践性知识的生成与发展[J]. 高等工程教育研究,2017(3):124－128.

[21] 陆锦平. 师范生教育实践价值新论[J]. 教育评论,2017(2):127－131.

[22] 李壮成. 实践性教师教育之反思[J]. 教育发展研究,2016,36(2):15－18.

[23] 梁福成. 专业认证背景下师范生培养模式研究[J]. 天津师范大学学报(社会科学版),2019(4):64－68.

[24] 刘丽平,王强. 师范生专业技能训练的提升策略[J]. 教师教育研究,2019(5):77－75.

[25] 彭寿清,张增田. 从学科知识到核心素养:教科书编写理念的时代转换[J]. 教育研究,2016,37(12):106－111.

[26] 彭燕凌. 高师综合实践活动课程中学习共同体的构建与实践[J]. 教育评论,2015(2):118－120.

[27] 钱海锋. 教学实践能力的构成及其对教师教育的启示[J]. 教育评论,2015(4):77－79.

[28] 石鸥,张文. 学生核心素养培养呼唤基于核心素养的教科书[J]. 课程·教材·教法,2016,36(9):14－19.

[29] 邵朝友,韩文杰. 学科核心素养与核心素养的关系辨析——基于学科核心素养逻辑起点的考察[J]. 教育发展研究,2019,39(6):42－47.

[30] 孙红辉,王莲芬,李爱君. 大学物理案例式教学法应用探讨[J]. 课程教育研究,2014(34):156.

[31] 宋桂支. 地方院校师范生全程实践教学探索及反思[J]. 教育与职业,2015(24):100－102.

[32] 王俊民,丁晨晨. 核心素养的概念与本质探析——兼析核心素养与基础素养、高阶素养和学科素养的关系[J]. 教育科学,2018,34(1):33－40.

[33] 王先荣,高向东. 师范生反思性专业发展模式探析[J]. 江苏高教,2010(4):133－135.

[34] 王沛,康廷虎. 建构主义学习理论述评[J]. 教师教育研究,2004(5):17－21.

[35] 王作亮. 建构课堂学习共同体 提升师范生实践智慧[J]. 中国高等教育,2014(10):58－60.

[36] 王培喜,张炜. 师范生培养实践课程 CSC 模块体系创新研究[J]. 中国大学教学,2017(8):59－63.

[37] 王晓军. 构建"三位一体"的师范生实践平台:教师教育的新策略[J]. 教育发展研究,2016,36(5):79－83.

[38] 魏锐,刘坚,白新文,等. "21 世纪核心素养 5C 模型"研究设计[J]. 华东师范大学学报(教育科

学版),2020,38(2):20－28.

[39] 夏冬杰.以知识共享的视角谈教师学习共同体的构建策略[J].教育探索,2013(4):95－97.

[40] 夏永庚,黄曦彦.小学教育专业"多层次、全方位"实践教学体系构建研究[J].上海教育科研,2019(2):63－67.

[41] 夏永庚.教师实践能力结构及其培育:职前教育的视角[J].上海教育科研,2016(3):58－62.

[42] 徐苏燕."三方协同"模式下卓越教师培养的实践研究[J].课程·教材·教法,2017,37(8):104－109.

[43] 徐美.加强师范生实践反思能力的培养[J].中国教育学刊,2016(1):94－97.

[44] 许建峰.教学技能实训中心建设探讨[J].实验室研究与探索,2013(8):122－125.

[45] 杨志成.核心素养的本质追问与实践探析[J].教育研究,2017,38(7):14－20.

[46] 杨志成.学校文化建设的解构与建构[J].中国教育学刊,2014(5):41－44.

[47] 叶波.教师教育中教育理论知识意义阐释的困境与突破[J].中国教育学刊,2017(11):13－17.

[48] 杨跃,匡曼玉.论教师教育者的核心专业素养及其培育[J].现代教育管理,2020(1):85－91.

[49] 尹坚勤,田燕,陈华."反思性实践者":新时期学前教师教育特征解构与路径探讨[J].江苏高教,2019(12):49－54.

[50] 姚元锦,朱德全.师范生教学知识发展的影响因素分析:框架与实证[J].湖南师范大学教育科学学报,2018,17(2):37－47.

[51] 闫建璋,毛荟.师范生教育实践环节及保障机制探析[J].教育理论与实践,2017,37(19):34－37.

[52] 叶菊艳.各国教师教育取向及其核心素养主张[J].人民教育,2016(23):29－33.

[53] 杨进红.师范生实践课程体系建设及实施路径[J].教育与职业,2015(26):97－99.

[54] 周洪宇.核心素养的中国表述:陶行知的"三力论"和"常能论"[J].华东师范大学学报(教育科学版),2017,35(1):1－10,116.

[55] 钟启泉.核心素养的"核心"在哪里[N].中国教育报,2015－04－01.

[56] 张东娇.论学校文化的双重属性[J].教育理论研究,2016(2):37－42.

[57] 朱桂琴,刘舫."大学—政府—中小学"实践教学共同体的伦理审视[J].信阳师范学院学报(哲学社会科学版).2017(1):71－75.

[58] 朱桂琴.核心素养视域下的师范生实践教学变革:方向、困境与路径[J].教育发展研究,2017,37(12):46－51.

[59] 朱桂琴.论教师职前实践教学共同体的发展趋向及建构[J].国家教育行政学院学报,2016(11):76－81.

[60].张天雪.如何让"差生"走向"卓越"——"三位一体"小教师范生养成的个案研究[J].教师教育

研究,2016,28(6):44 - 49.

[61] 张霞.论教师教育实践取向的误识及其超越[J].中国教育学刊,2017(1):73 - 78,96.

[62] 张霞.教师教育实践取向的异化与理性回归[J].当代教育科学,2016(20):25 - 29.

[63] 赵家春,李中国.从实习场到实践共同体:教师职前实践的组织建设策略[J].教育发展研究,2015,35(18):73 - 79.

[64] 张晋.高职实践教学的内涵及其特征[J].继续教育研究,2009(8):115 - 117.

[65] 张家华,邓倩,周跃良,石俊杰.基于人机协同的师范教育实践改革与平台设计[J].教育发展研究,2021(1):35 - 40.

[66] 冯广艺,陈春生,陈强.教师通艺综论[M].武汉:湖北教育出版社,2004.

[67] 顾明远.李吉林和情境教育学派研究[M].北京:教育科学出版社,2011.

[68] 李英杰,等.基于学生发展核心素养的学业标准.小学语文[M].北京:北京师范大学出版社,2020.1:37 - 38.

[69] 彭上观,林天伦,熊建文.混合式教育实习模式的理论与实践[M].广州:广东高等教育出版社,2020.

[70] 魏书生.学生核心素养教育教师指导读本[M].天津:天津教育出版社,2018.

[71] 魏薇,路书红,王红艳,张萍.中外教育经典案例评析[M].济南:山东人民出版社,2005.

[72] 薛彦华,蔡辰梅.全人教育理论与实践[M].北京:北京师范大学出版社,2019.

[73] 杨秀玉.教育实习:理论研究与对英国实践的反思[M].北京:中国社会科学出版社,2017.

[74] 张秀.高效课堂的34个细节[M].天津:天津教育出版社,2018.

[75] 周成平.魅力教师的修炼——100个优秀教师魅力修炼心得[M].南京:江苏人民出版社,2007.

[76] 成尚荣.核心素养的中国表达[M].上海:华东师范大学出版社,2018.

[77] 戴建兵.教育见习与实习[M].北京:高等教育出版社,2017.

[78] 胡杰.社会参与素养的培育模型与干预机制[M].上海:华东师范大学出版社,2020.

[79] [美]罗斯玛丽·希普金斯,雷切尔·博斯塔德.面向未来的核心素养[M].高振宇,译.上海:华东师范大学出版社,2020.

[80] 施久铭.核心素养的中国实践[M].上海:华东师范大学出版社,2018.

[81] 肖思汉,雷浩.基于核心素养的课程建构[M].上海:华东师范大学出版社,2018.

[82] 徐莉.未来课程想象力[M].上海:华东师范大学出版社,2019.

[83] 杨九诠.学生发展核心素养三十人谈[M].上海:华东师范大学出版社,2017.

[84] [美]亚瑟.L.科斯塔,贝纳·卡利克.聚焦素养:重构学习与教学[M].滕梅芳,陆琦,沈宁,译.福州:福建教育出版社,2018.

[85] 郑钢.美国如何培养核心素养——走进美国校园与课堂[M].上海:华东师范大学出版

社,2018.

[86] 周健.走向核心素养的新加坡教育——新加坡学校和课堂观察[M].福州:福建教育出版社,2020.

[87] 张慧群.学科核心素养与学科课程群[M].上海:华东师范大学出版社,2019.

[88] 钟启泉.核心素养十讲[M].福州:福建教育出版社,2018.

[89] 周灵.融合式媒介素养教育研究[M].北京:中国广播影视出版社,2018.

[90] 上海市学习基础素养项目组.素养何以在课堂中生长[M].上海:华东师范大学出版社,2017.

[91] 贺宏志,胡晓松,田汉族.学习型社会建设的理论与策略研究[M].北京:首都师范大学出版社,2009.